文學과 人間

文學과 人間

이병철 지음

국학자료원

▮ 드리는 글 ▮

　학교시절 그저 읽는 것을 즐겨 책과 함께 했던 그 때와는 달리, 대학에서 문학과 관련된 강의를 맡으면서 정작 자신의 전공이란 울타리에서 걸음을 옮겨 놓지 못한 것 같다. 그렇다고 전공의 폭도 넓히지 못한 나로서는 작은 부끄러움마저 든다. 이 책은 그런 마음에서 첫걸음을 떼어 문학과 관련한 교양교재의 부족에 적으나마 일조를 하고픈 마음에서 출발했다.
　문학 읽기의 필요성에 대해 의문을 제기하는 이에게, 나는 언제나 어떤 현학적(衒學的)인 대답보다 서슴지 않고 '즐거움과 보람'이라 말해 왔다. 따라서 이러한 필자의 욕구와 현실의 결핍을 모아 대학인으로서 문학의 이해와 감상을 위한 과정으로, 여러 선행 연구자들의 문학에 대한 다양한 이론을 통해 문학이해의 새로운 시각을 확보하고자 한다. 아울러 문학 속에 녹아 있는 인간 존재의 다양한 삶의 모습과 가치, 그리고 시대를 아우르는 인간 본질을 다양한 문학 텍스트를 토대로 감성적 지성을 고양하고 싶다.
　이 책의 체제는 총 5부로 묶었다. 1~4부는 각 부마다 문학의 이해를 위한 관련 논의를 정리해 놓았으며, 각 부는 5장씩 편성하고 문학 강독의 깊이를 더하고자 논의의 공간을 마련하여 강의의 편이를 더했다. 그리고 5부는 근대 계몽기 논설자료 텍스트를 선별해 수록함으로써, 순수국어의 관심과 독해를 높이고 전환기 우리 민족의 삶과 현실 모습을 이해하도록 했다. 요즘 대학은 실용과 편리로 교양과목의 위기, 교양의 부재를 절감하고 있다. 더욱이 문학은 외국어나 컴퓨터 교육에 의해 그 위치까지 걱정해야 할 상황에서 미력하지만, 본 저서를 통해 문학의 존재 의미를 일깨우고 말라붙은 지성인의 사유 공간을 채워주길 바라는 마음이다.

끝으로 부족하기만 한 강의 자료를 한 권의 책으로 엮어보라는 격려 아닌 용기로, 힘을 더해주고 조언을 아끼지 않은 동료 교수와 후배들에게도 이 지면을 통해 사의를 표하고 싶다. 아울러 불황의 시기에도 흔쾌히 출판을 받아 주신 국학자료원 사장님과 가족 여러분께 깊은 감사를 드린다.

2009年 2月 1日 白楊山 硏究室에서

著者 謹識.

┃차 례┃

드리는 글

제1부. 문학적 상상력

1. 문학의 이해와 방법	15
1.1. 내적접근 방법(내재비평)	16
1.1.1. 절대주의적 관점의 방법	17
1.2. 외적접근 방법(외재비평)	17
1.2.1. 표현론적 관점의 방법	17
1.2.2. 반영론적 관점의 방법	18
1.2.3. 효용론적 관점의 방법	19
1.3. 여러 가지 비평 방법	20
1.3.1. 구조주의적 방법	20
1.3.2. 기호학적 방법	21
1.3.3. 신비평적 방법	21
1.3.4. 문학 사회학적 방법	22
1.3.5. 정신 분석학적 방법	22
1.3.6. 신화 비평적 방법	23

1.3.7. 역사 철학적 방법	23
1.3.8. 역사주의적 방법	24
1.4. 감상의 실제	24
1.4.1. 절대주의적 관점	24
1.4.2. 표현론적 관점	25
1.4.3. 반영론적 관점	26
1.4.4. 효용론적 관점	27
2. 근대적 담론의 형성과 국문운동	32
3. 근대 계몽기 논설자료 강독	43
3.1. 독립신문 논설(1896.6.6)	43
3.2. 매일신문 논설(1899.1.26~27)	45
4. 슬견설風犬說과 뫼비우스의 띠	48
5. 김현감호金現感虎와 선덕왕善德王의 지기삼사知幾三事	52

5.1. 김현이 호랑이와 정을 통하다	52
5.2. 선덕여왕이 미리 알아낸 세 가지 일	56

제2부. 문학과 생활

1. 한국문학 개론	59
1.1. 한국문학의 범위	59
1.2. 한국문학의 갈래	62
1.3. 한국문학의 특질	65
2. 붓을 들게 하는 수필隨筆의 멋	76
3. 수필문학 감상	80
3.1. 피딴문답皮蛋問答	80
3.2. 무소유無所有	82
3.3. 이해의 초점	85

4. 시^詩 속에 묻어나는 삶의 미학^{美學}　　　　　　　　86
5. 석문^{石門}, 신부^{新婦}, 즐거운 편지　　　　　　　　93

제3부. 문학의 재인식

1. 문학의 존재 양상　　　　　　　　　　　　　　97
   1.1. 문학적 경험과 가치　　　　　　　　　　　97
   1.2. 과학적 언어와 문학적 언어　　　　　　　　98
   1.3. 문학의 기원　　　　　　　　　　　　　　100
   1.4. 문학의 효용에 관한 두 견해　　　　　　　101
   1.5. 실용적 문학관과 수사학의 관계　　　　　　102
   1.6. 한국문학의 미의식과 '멋'의 개념　　　　　104
   1.7. 전통의 현대적 계승　　　　　　　　　　　105
   1.8. 문학 작품의 미적 구조　　　　　　　　　　106

2. 민족문학으로서의 한국문학   109
   2.1. 민족문학의 개념   109
   2.2. 민족문학 개념의 상호관계   110
   2.3. 구비문학^{口碑文學} 111
   2.4. 한문문학^{漢文文學} 112
   2.5. 국문문학^{國文文學} 112

3. 수로부인^{水路夫人}과 가락국기^{駕洛國記} 114
   3.1. 수로부인^{水路夫人} 114
   3.2. 가락국기^{駕洛國記} 115

4. 철학 속의 문학   119

5. 서울, 1964년 겨울   123

제4부. 문학의 생명력

1. 한국문학^{韓國文學}의 연속성^{連續性}   153
2. 관련 내용의 이해   163
   2.1. 이식문화론^{移植文化論}과 전통단절론^{傳統斷絶論}의 극복   163
   2.2. 이광수의 신종족론^{新種族論}   165
   2.3. 식민사관^{植民史觀}   166
   2.4. 문학의 소재적 특성   166
   2.5. 문화변동의 이론   167
   2.6. 근대의식 형성   167
   2.7. 민족문학^{民族文學} 형성   168
   2.8. 전통^{傳統}   169
3. 아이로니컬한 비극과 반전   169
4. 검은 고양이   182
5. 미래의 성^性   196

제5부. 근대 계몽기 논설자료 텍스트

01~03. 『독립신문』   203
04~07. 『매일신문』   210
08~15. 『제국신문』   217

제1부.
문학적 상상력

1. 문학의 이해와 방법

문학은 인간에게 즐거움과 정신적 깨달음을 주는 언어활동이며 예술이다. 즐거움이 문학의 미적 측면이라면 정신적인 깨달음은 공리적인 측면이라 할 수 있다. 우리는 이러한 문학을 토대로 삶의 가치를 실현함은 물론 정신적 깨달음을 통해 자아의 만족과 자아의 완성을 도모한다.

따라서 문학은 개인적인 생활에 머무르는 것이 아니라 사회와 역사를 아우르는 총체적 삶이고 체험이다. 우리는 문학을 감상함으로써 자아의 정서를 확장하고 완성하며, 인간적인 삶의 의미를 추구하며 역사에 대한 사명의 길을 모색하게 될 것이다. 문학은 단순히 하나의 물적 대상으로만 존재하는 것은 아니다. 작자와 작품, 그리고 독자의 구도 속에서 살아 있는 구체화된 현상이다.

즉 문학은 창작의 주체인 작자와 그것을 수용하는 독자와의 관계 속에서 존재하고, 모든 작품은 현실 세계를 그 대상으로 삼고 있으므로 현실이라는 외적대상 역시 문학을 이루는 요소라 할 수 있다. 따라서 문학은 작자와 독자, 세계와의 관계 속에서 파악될 수 있는데, 이러한 요소들과의 관계 속에서 어디에 중점을 두고 문학을 평가하느냐에 따라 그 이해의 방법도 다양해 질 수 있게 된다.

1.1. 내적접근 방법(내재비평)

작품을 작품에 한하여 논의하는 방법으로 작품을 하나의 완결체로 보아 구조나 형식, 운율 등을 감상의 분석 대상으로 한다. 이 연구방법의 전제가 되는 것은 문학작품을 그 자체로 하나의 독립된 존재로 보는 것이다. 작품을 이해하는데 필요한 자료는 작품밖에 없으며, 작품 속에 모든 것이 갖추어져 있다는 전제를 지닌다.

또한 작품의 언어적 구조를 중시함으로 언어의 이미지나 비유, 상징 등에 주목하고 부분들의 유기적(有機的)으로 통합되어 있는 작품의 구조를 분석하고자 한다. 특히 시에 있어서 시어의 관계, 행, 연과 전체 작품의 상관관계, 운율과 의미의 관계 등 문학의 언어 연구에 주력하므로 언어에 민감한 시의 분석에 뛰어난 성과를 나타낸다.

하지만 장편소설의 경우 현실반영의 비중이 크므로 절대주의적 관점은 잘 적용되지 않으며, 문학의 언어가 궁극적으로 역사성을 배제할 수 없다는 점을 고려하지 않았다. 따라서 문학의 외적인 사항들은 문학작품의 올바른 평가와 이해를 그르친다고 본다. 문학 작품이 문학의 궁극적인 실체라는 사실을 고려할 때, 이와 같이 일체의 문학 외적 정보를 배제한 상태에서 작품 자체만을 문제 삼는 구조론(構造論)은 작품 해석의 폭을 좁힌다는 단점에도 불구하고 매우 중요한 의미를 지닌다고 하겠다.

1.1.1. 절대주의적 관점의 방법

① 작품을 작자나 시대, 환경으로부터 독립시켜 이해한다.
② 문학 작품은 고도의 형상적 언어로 조직된 자율적인 체계이다.
③ 작품 속에 작품을 이해하고 평가하는 데 필요한 요소들이 갖추어져 있다.
④ 작품을 유기적인 존재로 파악하기 때문에, 부분들이 유기적으로 통합되어 있는 작품의 구조를 분석하고자 한다.
⑤ 작품의 내적 요소만을 감상의 대상으로 작품의 언어적 구조를 중시한다. 즉 언어의 이미지와 비유, 상징 등을 주목한다.

1.2. 외적접근 방법(외재비평)

문학 작품의 이해와 감상에 문학 작품 자체보다는 그 형성이나 창작에 관계된 외부적 요인들을 중시하는 방법이다. 즉 작품의 이해·감상이나 연구에 작품의 주변 요건을 고려하는 방법으로 문학 작품을 사회와 문화, 제도의 한 부분으로 본다. 이러한 문학 연구의 방법은 문학 밖에서 유입된 사상이나 시대성, 인생관 등의 요건에 관심을 갖거나, 또는 이런 관점에서 문학을 이해하고 작자의 문학 세계에 대한 이해에 접근하게 된다. 따라서 문학 작품의 본질을 파악하기 위하여 작자라든가, 독자, 동시대적 사회의 취향, 사조 등을 고려한다.

1.2.1. 표현론적 관점의 방법

① 문학 작품은 작자의 체험이나 사상, 감정 등을 표현한 것으로, 이는 인간은 누구나 무엇을 표현하고자 하는 욕구가 있다는 전제

개념인 것이다.

② 작품을 창작한 작가에 대한 연구를 '작가론(作家論)'이라고 하는데, 이것은 한 인간이 작가로서 갖고 있는 창조적 능력에 관심을 두는 것이다. 즉 작가의 심리상태에 대한 연구로 심리주의 비평과도 통한다.

③ 작품을 창작한 작자의 창작의도에 대한 연구와 작자에 대한 전기적(傳奇的) 연구이다. 즉 성장배경, 가계, 학력, 교우관계, 생활환경, 취미, 영향을 받은 사상, 병력(病歷) 등의 조사로 이것은 역사·전기적 비평 방법과 통하기도 한다.

④ 작자가 표현하고자 의도한 것과 그것이 실제로 표현된 결과인 작품이 서로 일치해야 표현론적 관점이 성립하는데, 실제로는 그 의도와 결과가 일치하지 않는 경우가 있다. 처음부터 작자의 의도를 가지고 작품을 이해·평가하려 한다면 의도의 오류를 범하기 쉽다.

1.2.2. 반영론적 관점의 방법

① 실제로 인간의 삶은 현실세계에서 영위되고 있기에 작품은 인간의 현실적 삶을 내용으로 삼고 있다 할 수 있다. 곧 문학 작품은 현실세계의 반영이다.

② 반영론적 관점을 문학 작품에 기계적으로 적용시키면, 작품을 작품으로서가 아니라 실제 사실들의 조립체로 보거나 시대와 역사의 자료로 보게 되는 한계를 지닌다.

③ 문학이 단순한 상상력의 산물이 아닌 구체적 현실을 토대로 출발한다는 점을 일깨워 주며, 문학 작품의 이해가 곧 구체적 삶의

현실과 시대 및 역사의 이해에까지 확대될 수 있음을 인식하게 한다.
④ 작품과 그 작품이 내용으로 삼는 현실세계 사이에 일정한 관계가 성립될 수 있다. 따라서 작품이 대상으로 삼은 현실세계에 관한 연구와 작품에 반영된 세계와 대상세계를 비교, 검토하는 연구 방법이다.

1.2.3. 효용론적 관점의 방법

① 독자가 능동적인 주체가 되고, 일반 독자들이 쉽게 실천할 수 있는 관점이다.
② 독자가 작품에서 느낀 의미와 작품의 객관적 의미가 항상 일치하지 않는다. 즉 독자가 주관적으로 느낀 의미를 작품의 진정한 의미라고 생각할 수 있다.
③ 그 시대 최고의 지적 지성과 정신을 토대로 객관적이고 타당한 기준이 도입되어, 독자의 감동이 구체적으로 작품의 어떤 면에서 촉발되는가를 검토한다.
④ 문학은 독자에게 미적 쾌감과 교훈, 감동 등의 효과를 주기 위해 창작한 것이다. 따라서 작품이 독자에게 어떤 효과를 어느 정도 주었느냐에 따른 영향력과 가치를 평가하려 한다.
⑤ 독자가 작품을 읽는 것은 가치 있는 경험과 체험을 나누어 가짐으로써, 삶에 대해 새로운 인식을 하기 위한 것이다. 독자는 작품을 읽고 그 의미를 획득하는 주체라는 전제 의미를 지닌다.

문학을 어떻게 이해하고 접근해야 하는가? 이상의 내용에서 알 수 있듯, 문학 작품은 다양한 의미를 갖고 있기 때문에 이것을 편중되지 않게 총체적으로 이해하기 위해서는 다각도의 접근이 필요하다. 곧 작품을 어떤 하나의 관점으로만 평가하거나 바라본다면 그 작품의 부분적 의미만을 볼 가능성이 있다.

따라서 설내주의적 관점은 물론 표현론, 반영론, 효용론적 관점에서 부분적 적용이 아닌 상호 유기적인 통일성의 관점으로, 종합적인 접근과 연구의 필요성이 제기되기도 하는 것이다. 이처럼 종합주의적 관점은 무엇보다 주관성을 배제하고 객관성을 유지하게 하여 작품의 균형 있는 관점을 잃지 않게 한다.

1.3. 여러 가지 비평 방법

1.3.1. 구조주의적 방법

이 연구 방법은 문학의 외부적 요건을 가능한 한 배제하면서 작품의 유기적인 구조와 의미를 작품의 내적인 곳에서 찾자는 것이다. 그래서 작품을 이루는 여러 요소인 음성적 요소, 의미적 요소, 서사적 상황 등과 구조에 대한 분석에 관심을 갖는 것이다. 레비스트로스 등에 의해서 설정된 구조 개념을 살펴보면 첫째, 전체는 집합체와 다른 개념으로 전체에는 부분이나 요소가 서로 관련성을 갖고 거기에는 일련의 법칙이 존재한다. 둘째, 구조적 전체는 구성의 법칙에 의거하는데, 이 때 그 법칙들이 구조를 이룬다. 셋째, 구조의 법칙은 자율성에 의거한다. 이는 구조의 자족성(自足性)을 지칭한다.

1.3.2. 기호학적 방법

의미를 전달하는 모든 사물이나 언어를 보는 방식이다. 그 중에서 언어는 가장 중요한 기호 체계에 속한다고 보고 있다. 이들 기호의 체계는 모두 나름의 규칙을 가지며, 그 규칙에 따라 적용된다. 이것은 마치 언어가 일정한 문법에 따라 소리로 조직되면서 뜻을 나타내는 것과 같은 이치다.

여기서 결국 유형을 같이 하는 기호 체계에는 동일한 문법이 존재한다는 결론을 얻게 된다. 그래서 문학 작품의 경우 단어나 어구가 기호가 되든지 아니면 하나의 사건, 인물의 행동 등이 하나의 기호 체계를 형성하게 된다. 같은 기호 체계를 이루는 문학 작품은 궁극적으로 같은 문학 세계나 사회적 표현이라는 관점이다.

1.3.3. 신비평적 방법

이 비평은 엄격하게 작품을 작품 그내로의 상태에서 이해하고 평가하는 방법이다. 따라서 작품의 효과적인 이해는 객관주의적 입장에서 분석하는 길밖에 없다고 본다. 이 비평 방법도 주로 시를 대상으로 의도적 오류와 감정적 오류를 배제한 상태에서 작품 자체에만 관심을 갖고 의미론에 입각한 단어·비유·이미지·상징 등을 주로 고찰하는 방식을 취한다. 그래서 신비평은 단어 사이의 관계라든지 의미의 세부가 지니는 의의, 또는 이미지나 상징적 행과 행, 연과 전체가 갖는 상관 관계를 파악하는 데 힘쓴다.

1.3.4. 문학 사회학적 방법

　문학을 사회현실 또는 사회학적 관점을 통해서 다루는 것을 뜻하며, 문학 사회학적 방법은 문화권에 따라 적용범위와 갈래, 정의가 상당한 차이를 갖고 있다. 문학 사회학적 방법은 첫째, 문학의 소재가 지닌 제약성을, 이를 생성해 낸 사회·경제적인 각도에서 따지는 경우와 둘째로, 표현 형태와 문예의 양식을 이와 상관관계를 가지는 사회 구조나 제도의 변천에서 찾는 경우가 있다.

　그리고 셋째는 작자의 사회적 출신 계층과 사회적 신분 관계와 작품과의 관계를 검토하는 경우이며, 넷째는 독자 내지 청중들의 입장에서 작품이 그들에 미치는 영향을 분석·검토하고 문학 작품을 기계적 또는 기술적으로 복사하였다는 측면에서 여러 가지 정치·사회적 측면을 연구하는 경우로 정리할 수 있다.

1.3.5. 정신 분석학적 방법

　'심리학적 방법'이라고도 하는 문학 연구 방법으로 프로이트의 정신 분석학의 이론에 근거하여 작가의 창작심리, 작품 속 등장인물의 심리분석, 독자에 대한 심리적 영향 등을 분석하는 방법이다. 프로이트는 인간의 정신적 심리세계를 자아의 세계와 무의식의 세계로 나누고, 문학 작품에는 철저한 의식의 통제가 이루어지는 자아의 세계와 그렇지 못한 무의식의 세계가 더불어 나타난다고 보았다.

　즉 인간의 무의식인 세계, 잠재적인 의식의 세계가 자아와의 갈등과정에서 드러남으로써 의식의 세계에서 용인되지 않은 동성연애, 근친상간 등의 무의식 세계가 드러난다고 보고 있다. 그리고 문학 작품을 그 작품을 쓴 작자의 정신의 반영이나 투사(投射)로 보아 작품과 작자의 경험을 긴밀히 연결시킬 뿐만 아니라, 상징이나 이미지의 처리도 이런 정신세계의 표현으로 보고 있다. 특히 작중인물의 성격 연구의 측면에 크게 기여했다.

1.3.6. 신화 비평적 방법

'원형(原型)비평'이라 불리기도 하는 문학 연구 방법으로, 현대의 문학 작품 속에 그림자를 던지고 있는 신화의 자취를 찾아보려는 비평 방법이다. 따라서 여기서 말하는 원형이나 모티프, 또는 상징이나 구조는 고전적인 형태가 아니라 순환적인 성격을 갖고 있어서 역사적 시간을 넘어서서 연속체로 존재한다고 본다. 현대문학 작품에서 표현된 세계나 이를 구성하는 구조의 밑바탕에는 원형적인 신화의 세계가 시공을 뛰어 넘어, 재생산된 것이라는 관점에서 원초적인 경험의 세계 속에서 그 틀과 뿌리를 찾으려는 연구 방법이다.

1.3.7. 역사 철학적 방법

종합적인 문학 연구 방법의 하나이다. 어느 한 방식에 의한 문학 연구보다는 문학 작품과 그 연구를 사회의 한 반영으로 보는 사회학적 방법과 역사주의 방법에 관심을 두면서 궁극적으로는 철학적인 역학관계(力學關係)의 변화라는 측면과 결부시켜 관찰하는 방법이다. 따라서 이 방식은 사회의 변화, 즉 그 사회를 이루고 있는 인간의 세계관적 변화를 반영한 관점에서, 문학은 총체적인 의미를 다양하고 포괄적으로 표현한 매체라고 본다.

그래서 거기에 표현된 세계, 작자와 사회의 사상이나 철학을 종합적으로 검토하는 방식을 취한다. 작품의 내적인 측면에 주로 관심을 갖는 절대주의적인 비평도, 외적인 측면에 관심을 갖는 역사주의 비평 방식도 포용되는 종합주의적 방법이 역사 철학적 방법의 예이다. 여기서는 문학의 사회적, 역사적 역할이 철학적 판단 기준에 의하여 강조되면서 현실과의 관계에 대하여 관심을 갖는다.

1.3.8. 역사주의적 방법

문학 작품을 그 자체만으로는 이해할 수 없다고 보아, 작품 발생의 배경이 되는 작자와 사회 등 역사적 사실을 중시한다. 그래서 작품의 원전을 확정하는 문제나 언어의 역사성을 검토하는 문제, 작자의 생애에 대한 고찰, 작자와 작품에 대한 평판, 작자와 작품의 상호 연관성, 작자가 살던 시대에 대한 고찰 등 실증적(實證的)인 작업에 연구의 초점을 맞추는 방법이다. 아울러 이 방법은 작품의 외적인 요소에 치중하여 작품 자체의 심미적 가치를 등한시하기 쉬우나 문학 작품을 그것을 생성해 낸 사회와 관련시켜 검토함으로써 객관성을 얻을 수 있고, 역사적인 맥락 속에서 연속적인 문화의 형태로 볼 수 있다는 장점이 있다.

1.4. 감상의 실제

1.4.1. 절대주의적 관점

　　冬至ㅅ들 기나긴 밤을 한 허리를 버혀 내여
　　春風 니블 아레 서리서리 너헛다가
　　어론님 오신 날 밤이여든 구뷔구뷔 펴리라. [黃眞伊]

이 시조는 임에 대한 그리움이라는 주제를 표현하는 데 있어서, 참신한 비유적 언어를 사용하고 있는 점에서 독창적이다. 즉 일상적 자연 현상에 지나지 않는 '밤'을 의인화하여 표현함으로써, 임과 함께 오래도록 밤을 지새우고 싶은 서정적 자아의 간절한 심정을 함축적으로 표현하였다. 아울러 3·4조의 정형적 음수율과 종장의 파격(破格)을 통해 언어의 새로운 조직과 결합이 새로운 의미를 창조한다.

1.4.2. 표현론적 관점

그가 일어서자 T씨가 들어왔다. 그는 나가려던 발길을 멈칫하였다. 형제의 시선은 마주친 채 잠시 동안 계속하였다. 그 사이에 그는 T씨의 안면 전체에서부터 퍼져 나오는 강한 술의 취기를 인식할 수 있었다.
"T! 내 마음이 그르지 않은 것을 알았다고!"
"하…… 하……"
T씨는 그대로 얼마든지 웃고만 서 있었다. 몸의 땀내와 입의 술내를 맡을 수 없이 퍼뜨리면서!
"T야…… 네가 내 말을 이렇게나 안 들을 것은 무엇이냐? T! 나의 ……"
"자 이것을 좀 보시오! 형님! 이 팔뚝을!"
"본다면!"
"아직도 내 팔로 내가…… 하…… 굶어 죽을까봐 그리 근심이시오? 하……"
T씨가 팔뚝을 걷어든 채 그의 얼굴을 뚫어질 듯이 들여다볼 때 그의 고개는 아닌 수그러질 수 없었다. [이상, <12월12일>]

작자는 조부의 재산을 독차지한 백부의 양자로 고독하게 자랐다. 주인공 X는 가난으로 고통 받으며 가난에서 벗어난 뒤에도 동생 T와 대립하는 불행한 운명을 지닌 비극적 인물이다. 이 작품에는 작자의 심층부에 자리 잡고 있는 백부와 실부에 대한 동시적 증오감이 표현하려는 의도가 담겨 있다. 그리고 형의 도움에도 마음의 문을 열지 않는 동생을 통해 형은 철저히 비판받는데, 작자의 심층 심리에서 볼 때 X(백부)는 T(실부)를 질식시키는 악마와 같은 존재이며, T의 비틀어진 인간성은 작자가 받은 정신적 외상(外傷)의 표출이라 할 수 있다.

1.4.3. 반영론적 관점

바람도 없는 공중에 수직의 파문을 내이며 고요히 떨어지는 오동잎은 누구의 발자취입니까.
지리한 장마 끝에 서풍에 몰려가는 무서운 검은 구름의 터진 틈으로 언뜻언뜻 보이는 푸른 하늘은 누구의 얼굴입니까?
꽃도 없는 깊은 나무에 푸른 이끼를 거쳐서 옛 탑 위의 고요한 하늘을 스치는 알 수 없는 향기는 누구의 입김입니까?
근원은 알지도 못할 곳에서 나서 돌부리를 울리고 가늘게 흐르는 작은 시내는 굽이굽이 누구의 노래입니까?
연꽃 같은 발꿈치로 가이 없는 바다를 밟고 옥 같은 손으로 끝없는 하늘을 만지면서 떨어지는 해를 곱게 단장하는 저녁놀은 누구의 시입니까?
타다 남은 재가 다시 기름이 됩니다. 그칠 줄 모르고 타는 나의 가슴은 누구의 밤을 지키는 약한 등불입니까? [한용운, <알 수 없어요>]

한용운은 민족대표 33인 중에 한 사람으로 독립 운동가이며, 이 작품은 3·1운동 이후에 쓰였다. 1920년대 당시의 많은 시(詩)들이 일제 하의 억압된 조국의 현실과 울분, 독립을 향한 의지를 노래했다. 이 시는 감추어진 채 존재하는 '누구'에 대한 간절한 그리움을 노래한 작품이다. 여기서 '누구'란 같은 작자의 작품 「님의 침묵」에 등장하는 '임'과 마찬가지로 일제하에서 주권을 빼앗긴 조국을 상징한다. 한용운에게 조국은 신비하리만큼 성스럽고 고귀한 존재이다. 시인은 고요히 떨어지는 오동잎, 푸른 하늘, 알 수 없는 향기, 작은 시내, 저녁 놀 등 모든 자연 현상을 조국의 아름다운 모습으로 느끼며, 어두운 밤과 같은 식민 통치의 시련에 굴하지 않고 상실된 조국을 되찾기 위해 강한 저항의 의지를 불태우고자 한 것이다.

1.4.4. 효용론적 관점

> 죽는 날까지 하늘을 우러러
> 한 점 부끄럼이 없기를,
> 잎새에 이는 바람에도
> 나는 괴로워했다.
> 별을 노래하는 마음으로
> 모든 죽어 가는 것을 사랑해야지.
> 그리고 나한테 주어진 길을
> 걸어가야겠다.
> 오늘 밤에도 별이 바람에 스치운다. [윤동주, <서시>]

이 작품은 개인적 삶의 문제를 주제로 삼고 있다. 독자 입장에서는 작자의 체험이나 생각과는 별도로 자신의 삶의 체험에 비추어 공감할 수 있고, 그렇지 않은 경우 삶의 새로운 의미를 발견할 수도 있는 것이다. 이 시에서 가장 감동적인 부분은 "죽는 날까지 하늘을 우러러 한 점 부끄럼이 없도록" 살겠다는 표현이다. 돌이켜보면 우리는 열심히 살고자 하지만 진실로 자신에게 엄격하고 스스로의 잘못을 과감히 비판할 수 있는 사람은 그리 흔하지 않다. 이 작품을 통해서 우리는 삶의 작은 존재조차도 고뇌하며, 순수와 순결을 잃지 않으려는 작자의 섬세한 마음과 타인과 세상을 사랑하며 살 수 있는 생활 태도, 그리고 자신이 옳다고 믿는 것을 진지하게 추구하는 지성인의 자아성찰의 인생관을 배울 수 있는 것이다.

▌생각해 봅시다 ▌

(가). 이광수는 1892년 2월 28일 평북 정주군 갈산면 익성리에서 태어났다. 그 때 마흔이 넘은 아버지 李鍾元은 無爲徒食하고 있었고, 겨우 이십대 초의 어머니 혼자 집안을 고되게 꾸려갔다. 그러다가 이광수가 11세 되던 해인 1902년에 당시 유행하는 콜레라로 인해 부모가 연달아 죽고 만다. 두 명의 누이동생과도 헤어져, 이광수는 이집 저집 떠돌아 다녔다. 이러한 춘원의 생애에서 轉機를 이루는 맨 처음 사건은 박찬명 대령과의 만남이다. 11세에 고아가 된 춘원이 동학의 간부 박찬명 대령의 비서 겸 심부름꾼으로 몸을 의지한 것은 13세 때였다. 실제 인물인 박찬명에게 딸 예옥이 있었는지의 여부는 확인할 길이 없으나, 춘원의 자서전 속에는 박찬명 대령에게는 딸 예옥이 있었고, 그녀가 자기를 사랑했다는 것, 그러나 그 사랑이 이루어지지 못했음을 한탄하고 있다. 박찬명 대령은 일본 헌병대에 끌려갔다가 귀양 가서 죽고, 예옥은 헌병 보조원에게 시집갔다가 버림받고 결국 그의 어머니와 함께 중이 되어 세상을 등졌다고 했다. 박찬명의 집에서 춘원이 구원을 받고 가족 대접을 받았다는 점은 사실일 것이요, 그 딸과의 관련은 허구인지도 모른다. 그렇지만 박응진 진사에 의해 고아인 이형식이

구제되어 배움에 눈떴다는 것, 그 딸 영채와 그가 약혼하였다는 것, 서로 잊지 못했다는 것 등 「무정」의 인물설정은 춘원에겐 自敍傳的 사실이다.

(나). 홍부의 귀속신분이 양반이든 아니든 서민들은 관계치 않는다. 작품 속의 홍부의 신분이 양반이기도 하고 아니기도 한 것도 이 때문이다. 반면, 놀부의 귀속신분은 천민으로 서민들과 가깝지만 이들은 오히려 무한한 거리감을 느낀다. 문제는 獲得身分인 것이다. 부모로부터 물려받은 귀속신분보다 사회에서 스스로 확보한 획득신분이 이 작품에서는 중시되고 있는 것이다. 시대 자체가 사람의 지위가 貴賤에서가 아니라 貧富에 의해 좌우되는 시대로 변한 것이다. 그러므로 수탈당한 홍부는 서민들과 같이 하층민에 속한다. 반면 부를 축적하여 얻은 놀부의 획득 지위는 특권층에 속하는 것이다. 곧 서민들과는 대립된다. 이제 부자는 상류 계층이고 가난한 자는 천민층이다. 서민들은 불의한 방법으로 수탈을 하고 돈을 번 놀부가 박을 통하여 敗家亡身하자 쾌재를 부른다. 이것은 홍부와 처지가 같은 서민층의 놀부류의 특권층에 대한 적대 의식에서 나왔다. 이제 「홍부전」의 주제는 분명해졌다. 공동사회에서 이익사회로 전환된 상황에서는 빈부의 갈등이 그것이다.

(다). 「추천사」는 그 부제가 말하고 있듯이 춘향의 독백으로 「춘향전」을 배경으로 하고 있다. 그러나 이 작품을 이해하는 데 「춘향전」의 이야기 전체를 자세히 알아야 할 필요는 없다. 다만 춘향의 괴로움과 인간적인 운명을 이해하는 것으로 충분하며, 그것은 이 작품의 문맥 가운데서 충분히 나타나 있다. 그리하여 이 작품을 끝까지 읽고 나면

여기 나오는 그네가 단순히 놀이를 위한 것이 아니라, 춘향이 자기 자신의 괴로움과 운명을 벗어나려는 수단으로써의 그네임을 알게 된다. 작품 전체에서 네 번이나 되풀이되고 있는 '밀어라' 또는 '밀어 올려 다오'라는 간절한 부탁은 바로 그 괴로움의 정도와 그것으로부터 벗어나려는 몸부림을 나타내는 것이다.

(라). 판소리 일반이 지닌 서사적 구조의 근본 원리는 '정서적 긴장과 이완의 반복'으로 요약할 수 있다. 歌唱의 형식과 내용의 양면에서 추출된 '창 – 아니리'와 '비장[崇高] – 골계'의 구조는 엄밀하게 일치하는 것은 아니나 매우 흡사한 성격을 지닌다. 즉 청중의 정서적 관련을 강화했다가 늦추고, 작중 현실에 몰입시켰다가는 해방시키는 것이다. 작품 유형, 口演 상황, 그리고 唱者의 長技에 따라 두 요소의 배분이나 결합 방식은 달라지지만, '긴장 – 이완'을 반복하는 수법은 늘 유지된다. 판소리의 특징을 지적할 때 흔히 청중을 '울리고 웃기고' 한다는 말을 쓴다. 이는 정서적 이완, 몰입과 해방을 달리 지적한 것이다.

1. (가)를 통해 아래와 같은 대응이 성립한다. 괄호 안에 알맞은 인물은 누구이며, (가)는 작품을 무엇과 연결시켜 이해하고 있는지 생각해 보자.

   박찬명 – 박웅진
   예 옥 – (   )
   (   ) – 이형식

2. (나)에서 「흥부전」이 반영한 사회는 어떤 것인지 생각해 보고 아울러 작품을 무엇과 연결시켜 이해하고 있는지 구체적으로 설명해 보자.

3. (다), (라)의 내용을 요약해 보고, 각각 어떠한 관점을 토대로 문학 작품을 이해하고 있는지 발표해 보자.

▎도움말 ▎

1. (가) 김윤식, 「이광수와 그의 시대」, 이광수의 「무정」에는 작자의 삶과 심리가 표현되어 있다. (가)는 작자의 전기적 사실을 바탕으로 그의 생각과 심리, 기질 등이 작품에 반영된 것으로 보는 표현론적 관점의 이해를 나타낸다. 박찬명 – 박응진 / 예옥 – 박영채 / 이광수(작자) – 이형식.

2. (나) 이상택, 「고전소설의 사회와 인간」, 「흥부전」에는 공동사회에서 이익사회로 전환된 상황에서의 빈부의 갈등이 반영되어 있다. "소설은 현실과 인생의 거울이다."의 말처럼 (나)는 작품을 그것이 쓰인 시대 상황과 연관지어, 사회의 모습이 작품에 드러난다고 보는 반영론적 관점의 이해이다.

3. (다) 김종길, 「시를 어떻게 읽을 것인가」, 서정주의 「추천사」를 이해하기 위해서는 작품 자체의 문맥, 시어, 어조 등을 파악해야 한다는 내용이다. (다)는 작품을 작품 자체로 존재하는 것으로 보고, 작품의 내적 구조의 분석에 치중한 절대주의적 관점으로 기술하고 있다. 그리고 (라)는 김홍규, 「판소리의 서사적 구조」, 판소리의 '창 – 아니

리'의 구조가 청중의 정서적 긴장과 이완, 몰입과 해방에 영향을 끼친 다는 내용을 말하고 있다. 또한 (라)는 독자의 입장에서 작품을 통해 인식되는 교훈 및 즐거움, 감동 등을 중시하는 효용론적 관점임을 알 수 있다.

2. 근대적 담론의 형성과 국문운동

19세기는 한국 사회가 새로운 근대적 사회로 다가서기 위해 극심한 혼란과 혼동, 변혁을 겪어야 했던 시대였기에 이 시기에 대한 지칭도 다양한 이해의 접근을 발견할 수 있다. 백철(1947)은 '신문학 태동기'로 조연현(1961)은 '근대문학의 태동'으로, 이어 김현·김윤식(1973)은 '계몽주의 시대'라 하였고 조동일은 (1986) '근대문학으로의 이행기'라고 하여 그 표현을 달리하였다. 그리고 최근에 권영민(1999)은 '개화계몽시대'라는 용어를 사용하여 19세기 중반에서 1910년까지로 그 시기를 한정하고 있다.[1]

이들은 이렇게 서로 달리 명칭을 붙였지만 시대구분이라는 점에서 19세기 중반부터 3·1 운동 직전까지를 포함하고 있어 큰 차이를 드러내지 않는다. 여기서 문학사의 시대구분에서 고려해야 하는 시대적 순서 개념과 문학의 본질 개념을 생각해 본다면 이 시기는 '근대 계몽기'라는 명칭이 적절하다고 본다. 한국 사회는 근대적 변혁과정에서 보수와 진보, 수구와 개화의 대립적 갈등을 겪어야 했지만, 내외적으

---

1) 백철,『조선 신문학 사조사』, 수선사, 1947. 조연현,『한국 현대문학사』, 인간사, 1961. 김현·김윤식,『한국 문학사』, 민음사, 1973. 조동일,『한국문학통사』, 4권, 지식산업사, 1986. 권영민,『서사양식과 담론의 근대성』, 서울대학교출판부, 1999.

로 반봉건과 반외세 운동을 주축으로 하는 계몽운동이 사회사상으로 대두한 혁신과 변화가 한국 근대화 과정에 녹아 있기 때문이다.

19세기 후반 한국 사회의 변화 과정에서 근대로의 진로를 가장 상징적으로 드러내고 있는 역사적 사건은 1876(강화도조약)년의 개항에 의한 문호개방이라 할 수 있다. 하지만 한국인에게 있어 개항은 당시 외세의 압력과 강요에 의해 이루어진 것으로 주체적 진로의 선택이 아니었다. 그러므로 개항 이후 밀려드는 외세의 힘을 막아내지 못한 것은 어쩌면 당연한 결과였고 침략적인 외세의 위협 앞에서 국가와 민족을 지킬 수 있는 주체적 역량을 확립하지 못한 채 혼란을 거듭해야 했다.

돌이켜 보면 조선 후기의 모습은 18세기 이후의 이미 북학파들에 의해 제기된 해외통상의 중요성을 져버리고 중국을 거쳐 들어오던 서구문물마저 양이(洋夷)라 하여 외면한 것은 널리 알려진 사실이다. 더욱이 천주교를 서학(西學)이라 지칭해 탄압하면서 집권층의 쇄국(鎖國)은 권력의 옹호에만 집착하고 있어 국가나 사회 전반의 변화를 가져올 수 없었다. 특히 1866(병인양요)년과 5년 이후 1871(신미양요)년, 또 다시 일어나게 되는 두 차례에 걸친 문호개방이나 통상요구를 주체적으로 수용하지 못하고 10년 뒤인 고종 13년(1876)에 조선은 일본의 강압에 굴복하여 개항을 서둘러야만 했다.

이렇게 조선은 근대 계몽기라는 다양하고 복잡한 시대적 상황을 자율적인 개국(開國)으로 이끌 수 없었다. 하지만 국가의 정치적 사회적 혼란 속에서도 체제 변혁의 새로운 가능성을 보여준 것이 있다. 이것이 바로 1894년의 일어난 동학농민운동과 갑오개혁이다. 먼저 동학농민운동에서 우리가 주목할 사실은 이 운동을 통해 제기된 여러 가지 담론의 개혁성이다. 동학(東學)이란 말은 글자 그대로 서학에 대응하는 말이다. 이 운동의 개혁적 의의도 침략적인 외세에 항거하여 그들을 배척함은 물론이요, 지배계층의 횡포에 저항하고 봉건적 사회 체제를 변혁시키고자 했던 점에서 찾을 수 있다.

실상 동학농민운동을 통해 혁명적 주체로 등장한 농민 계층은 조선 사회를 지탱해 온 기층세력(基層勢力)의 기반으로서 실제적 생산력을 지니고 있었으나 정치적으로 또는 사회·문화적으로 모든 담론의 공간으로부터 그들은 철저히 소외되어 제 목소리를 낼 수 없었다. 하지만 동학의 이념이 되었던 '인내천(人乃天)'은 인간의 존재를 하늘과 연결시켜 놓음으로써 개인의 존엄과 신성한 권리를 통해 평등의 의미를 새롭게 인식하게 했다.

이것은 엄격한 신분적 계급 사회에 묶여 있던 조선의 평민들에게 자기 주체에 대한 새로운 혁명적 인식을 가능하게 한다. 아울러 정치·사회적 담론 공간에 새로운 주체로서 근대 계몽의 담론 기반과 기층세력의 개혁운동에 대한 이념적 토대를 제공하는 계기가 되었다. 특히 동학농민운동의 수습 과정에서, 이른바 같은 시기에 갑오개혁은 정치·사회적 개혁으로 주목할 만하다. 결과적으로 정치적인 면에서 내각 제도가 성립되어 전제적 군주제의 약화를 가져 왔고 사회적으로는 반상제도의 계급타파와 공·사노비의 폐지, 과부 재가의 허용 등을 통해 재래의 폐습을 개혁해 왔던 것[2]이다.

더욱이 1894년 7월 19일 의정부의 학부아문(學部衙門)에 국문 표기법의 규정과 국문 교과서의 편집을 담당하는 편집국을 신설하여 국가 차원의 혁신적인 어문정책[3]을 시도한다. 그리고 같은 해 11월 21일에

---

2) 유병기·주명준, 『한국사』, 양문출판사, 1982, 269~270쪽.
3) 갑오경장과 함께 1896년 새로운 교육을 위한 제도적 정비가 이루어진다. 1895년 고종의 칙령으로 발표된 홍범 14조에서 근대교육의 필요성을 강조하고 그 실시 방법을 규정하는 등의 조치를 통해 교육조서를 발표하여 소학교 교원을 양성하는 한성사범학교(1895.5.1)

는 고종의 칙령이 발표된다. 즉 칙령 제1호 공문식(公文式)이 공포되어 정부의 공문서에 해당되는 법률 칙령을 모두 국문으로 발표하고 한문을 곁들여 쓰거나 국한문을 혼용하여 적도록 하였다. 따라서 이전까지 공문서에 쓰이지 못했던 한글이 한자와 함께 사용됨으로써 일시에 한글의 지위를 격상시켰고 한글에 대한 인식을 높이는 계기가 되었으며, 공적인 문체의 변혁과 함께 국민들에게 문자 생활과 문학 활동의 새로운 변화를 가능하게 했다.

아울러 갑오개혁을 통해 학사(學事)를 담당하던 예조(禮曹)가 폐지됨에 따라 전통적인 한학에 의존하여 관료를 선발하던 과거제도를 폐지하고 신식 교육을 실시하는데, 이른바 『전고국조례(銓考局條例)』(1894.7.12)를 통해 국가에서 실시하는 보통시험에 국문을 정식과목으로 선정한다. 특히 대중을 독자층으로 하는 국문 신문이나 잡지, 교과용 도서나 외국 문물을 소개하는 서적의 국문 간행이 이루어지면서, 국문을 해독하는 계층의 확대[4]를 가져왔으며, 국문 사용이 일반화되기에 이른다.

를 개교한다. 이것은 이후 한국 최초의 근대적 관립교원양성학교로 그 의미를 지니게 된다. 그리고 전국에 걸쳐 관공립의 소학교를 설립하기에 이른다. 특히 이러한 시기를 틈타 기독교의 선교활동을 중심으로 하는 사설교육기관은 이보다 앞서 이미 전국으로 확대되고 있었다. 그 실례가 배재학당(1885)과 이화학당(1886)이다. 이러한 국내의 분위기는 1900년대로 이어지면서 사립 중등교육기관으로 양정의숙(1905)과 휘문의숙(1906)이 개교한다. 이렇게 근대에 대두된 새로운 교육운동은 변화하는 세계 속에서 민족을 돌아보고 그 안에서 자신의 주체와 새로운 학문의 각성을 통해 가치의 창출을 가능하게 한다. 이것이야말로 지식으로서의 학문으로의 강한 힘과 설득력을 부여했을 것이다.

4) 당시 국문에 대한 활발한 연구의 기반을 확보한 것은 지석영이었다. 그는 국문론(1896), 신정국문(1905), 언문(1909) 등을 통해 이론적 기반을 제공했다. 이후 주시경에 의해 대한국어문법(1906), 국어문전음학(1908), 국어문법(1910), 말의 소리(1914) 등 다양한 저술이 뒤를 이어 국문의 새로운 길을 열어 놓았다. 더욱이 이러한 노력에 힘입어 정부 차원의 변화도 있었다. 1907년 학부 안에 국문 연구소를 두어 국어국문에 대한 연구를 국가적 차원에서 실시하게 되었는데, 독립협회의 중심인물인 윤치호를 비롯해 주시경, 이능화, 권보상, 이종일, 어윤적 등이 이를 담당했다.

한편 독립협회는 1896년 결성된 정치적 개혁 운동으로, 앞서 언급한 동학농민운동과 함께 주목되는 또 하나의 민중적 운동이라 할 수 있다. 대외적으로는 자주독립과 대내적으로는 근대적 민권 사상에 기초한 개혁을 시도하면서 서재필(徐載弼), 이상재(李商在), 윤치호(尹致昊) 등을 중심으로 구국(救國) 운동을 전개한다. 곧 외세에 영합하여 혼미만을 거듭하고 있는 정부를 비판하고 열강의 침략 행위를 규탄하면서 근대적 정치 이념과 사회적 실천의 새로운 가능성을 제시하기에 이른 것이다.

이렇게 독립협회를 통해 새로운 정치·사회적 실천 가능성을 엿볼 수 있었던 것은 독립신문의 기반 아래 만민공동회라는 대중적 정치 집회를 도모함으로써 그 주장이 가능했다. 다시 말해 독립신문은 누구나 쉽게 익힐 수 있고 사용할 수 있는 국문으로, 사실상 우리의 현실은 물론 정보와 지식을 널리 공유함으로써 대중성의 기반과 참여의 문을 열어 놓았다. 아울러 처음으로 민간주도에 의해 독립신문을 발간하면서 국문 신문의 출발점이 되었고 국문체 신문의 활성화를 가져 온다.

실제로 독립신문이 국문체를 수용한 후에 그리스도신문(1897.4.1), 협성회회보(18981.1), 매일신문(18984.9), 제국신문(18988.8.10), 경향신문(1906.10.19) 등이 국문으로 창간된다.[5] 이처럼 독립신문은 중국

---

[5] 이와 관련해 창간 당시는 대한황성신문(1898)이 국문체를 수용하였다가 황성신문으로 개제하면서 국한문체를 수용하였고 대한매일신보(1904)는 창간 당시부터 국문체로 출발하였으나 1905년 8월 15일부터는 국한문혼용체를 사용했으며 이후 1907년 5월 23일부터는 국문판 대한매일신보를 별도로 발간하기도 한다. 즉 두 문체의 병존을 실시한 것이다. 그리고 만세보(1906)는 한자에 국문을 병기한 부속국문체 형태의 국한문혼용체를 수용하였고 대한민보(1909)의 경우도 국한문체를 수용하였다. 이렇게 국문체와 국한문혼용의 절충적인 형태가 나타난 것과 관련해 권영민은 문자생활에 있어 지배적인 위치를 차지하고 있던 한문의 정보기능이나 문화적 역할이 현저하게 축소되고 국문의 활용 범위가 널리 확대되어간 것은 사실이다. 그러나 국문만을 전용하고자 했을 때, 한문을 중심으로 했던 지배층의 문자 생활을 갑작스럽게 국문으로 변혁시키기 어려운 한계를 드러내게

의 한문이 아닌 조선의 글로서 국문의 독자성과 고유성을 강조하며, 사회적 또는 정치적 내용의 담론을 대중적으로 확산하여 폭넓은 독자층을 확보하기에 이른다. 특히 한글의 띄어쓰기를 처음으로 규범화해 한글의 실용성과 활용성을 높였고 한글에 대한 새로운 인식을 시도한 것은 큰 의미라 하겠다.

① 우리가 독납신문을 오늘 처음으로 츌판ᄒᆞᄂᆞᄃᆡ 조션 속에 잇ᄂᆞᆫ ᄂᆡ외국 인민의게 우리 쥬의를 미리 말슴ᄒᆞ여 아시게 ᄒᆞ노라 우리는 첫ᄌᆡ 편벽 되지 아니ᄒᆞ고로 무슴 당에도 상관이 업고 샹하귀쳔을 달니 ᄃᆡ졉 아니 ᄒᆞ고 모도 죠션 사름으로만 알고 죠션만 위ᄒᆞ며 공평이 인민의게 말 ᄒᆞᆯ터인ᄃᆡ 우리가 셔울 빅셩만 위ᄒᆞᆯ게 아니라 죠션 젼국 인민을 위ᄒᆞ여 무슴 일이든지 ᄃᆡ언ᄒᆞ여 주랴홈 졍부에셔 ᄒᆞ시ᄂᆞᆫ 일을 빅셩의게 젼ᄒᆞᆯ터이요 빅셩의 졍셰를 졍부에 젼ᄒᆞᆯ터이니 만일 빅셩이 졍부 일을 자셰이 알고 졍부에서 빅셩에 일을 자셰이 아시면 피ᄎᆞ에 유익ᄒᆞᆫ 일만히 잇슬터이요 불평ᄒᆞᆫ ᄆᆞ음과 의심ᄒᆞᄂᆞᆫ 싱각이 업서질 터이옴 우리가 이 신문 츌판 ᄒᆞ기ᄂᆞᆫ 취리ᄒᆞ랴ᄂᆞᆫ게 아닌고로 갑슬 헐허도록 ᄒᆞ엿고 모도 언문 으로 쓰기ᄂᆞᆫ 남녀 샹하귀쳔이 모도 보게홈이요 ᄯᅩ 귀졀을 ᄶᅦ여 쓰기ᄂᆞᆫ 알어 보기 쉽도록 홈이라 우리ᄂᆞᆫ 바른 ᄃᆡ로만 신문을 ᄒᆞᆯ터인고로 졍부 관원이라도 잘못ᄒᆞᄂᆞᆫ이 잇스면 우리가 말ᄒᆞᆯ터이요 탐관오리 들을 알면 셰샹에 그 사름의 ᄒᆡᆼ젹을 펴일터이요 ᄉᆞᄉᆞ빅셩이라도 무법ᄒᆞᆫ 일ᄒᆞᄂᆞᆫ 사름은 우리가 차져 신문에 셜명ᄒᆞᆯ터이옴.

② 우리 신문이 한문은 아니 쓰고 다만 국문으로만 쓰는거슨 샹하귀쳔이 다보게 홈이라 ᄯᅩ 국문을 이러케 귀졀을 ᄶᅦ여 쓴 즉 아모라도 이 신문 보기가 쉽고 신문 속에 잇ᄂᆞᆫ 말을 자셰이 알어 보게 홈이라 각국

된다. 더구나 국문체 자체의 어법적인 규범도 제대로 확립되어 있지 못했던 점도 국문체의 사회적 확대에 장애가 되었다고 말한다. 따라서 이러한 현실적 어려움 때문에 국문에 대한 높아진 관심에도 불구하고 국문체와 한문체의 절충적인 국한문체의 모습이 대두되기 시작한 것이다. 권영민, 『서사양식과 담론의 근대성』, 서울대학교출판부, 2005, 41~42쪽.

에셔는 사름들이 남녀 무론ᄒ고 본국 국문을 몬저 빅화 능통ᄒ 후에야 외국 글을 빅오는 법인ᄃᆡ 죠션셔는 죠션 국문은 아니 빅오드릭도 한문만 공부 ᄒ는 ᄭᆞ닭에 국문을 잘아는 사름이 드물미라 죠션 국문ᄒ고 한문ᄒ고 비교ᄒ여 보면 죠션 국문이 한문보다 얼마가 나흔거시 무어신고ᄒ니 쳣ᄌᆡ는 빅호기가 쉬흔이 됴흔 글이요 둘ᄌᆡ는 이글이 죠션글이니 죠션 인민 들이 알어셔 빅ᄉᆞ을 한문ᄃᆡ신 국문으로 써야 샹하귀쳔이 모도보고 알어 보기가 쉬흘터이라 한문만 늘 써 버릇ᄒ고 국문은 폐ᄒᆞᆫ ᄭᆞ닭에 국문으로 쓴건 죠션 인민이 도로혀 잘 아러보지 못ᄒ고 한문을 잘 알아보니 그게 엇지 한심치 아니ᄒ리요 ᄯᅩ 국문을 알아보기가 어려운건 다름이 아니라 쳣ᄌᆡ는 말마듸을 쎼이지 아니ᄒ고 그져 줄줄너려 쓰는 ᄭᆞ닭에 글ᄌᆞ가 우희 부터는지 아릭 부터는지 몰나셔 몃번 일거 본 후에야 글ᄌᆞ가 어듸부터는지 비로소 알고 일그니 국문으로 쓴 편지 ᄒᆞᆫ쟝을 보자ᄒ면 한문으로 쓴 것보다 더듸 보고 ᄯᅩ 그나마 국문을 자조아니 쓰는 고로 셔툴어셔 잘못 봄이라 그런고로 졍부에셔 ᄂᆡ리는 명녕과 국가 문젹을 한문으로만 쓴즉 한문 못ᄒᆞ는 인민은 나모 말만 듯고 무슴 명녕인줄 알고 이편이 친이 그 글을 못 보니 그 사름은 무단이 병신이 됨이라 한문 못 ᄒᆞ다고 그 사름이 무식ᄒᆞᆫ 사름이 아니라 국문만 잘 ᄒᆞ고 다른 물졍과 학문이 잇스면 그 사름은 한문만 ᄒᆞ고 다른 물졍과 학문이 업는 사름 보다 유식ᄒ고 놉흔 사름이 되는 법이라 죠션 부인네도 국문을 잘ᄒ고 각ᄉᆡᆨ 물졍과 학문을 빅화 소견이 놉고 힝실이 졍직ᄒ면 무론 빈부귀쳔 간에 그 부인이 한문은 잘 ᄒᆞ고도 다른것 몰으는 귀족 남ᄌᆞ보다 놉흔 사름이 되는 법이라 우리 신문은 빈부귀쳔을 다름업시 이 신문을 보고 외국 물졍과 ᄂᆡ지 ᄉᆞ졍을 알게 ᄒᆞ랴는 ᄯᅳᆺ시니 남녀노소 샹하귀쳔 간에 우리 신문을 ᄒᆞ로 걸너 몃 달간 보면 새 지각과 새 학문이 싱길걸 미리 아노라.

『독닙신문(1896.4.7. 논셜)』

위의 예문 ①, ②는 1896년 창간한 독립신문의 논설 부분이다. 내용을 둘로 나누어 구분한 것은 좀 더 의미를 구체화하고자 함이다. ①은 독립신문이 추구한 기본적 편집 태도에 해당되는 내용으로 그들이 지향하는 사회적 이념과 가치를 잘 드러내고 있다. 위의 내용을 토대로 볼 때, 독립신문은 조선 속에 있는 내외국인들에게 우리의 주장을 미리 밝혀 알게 함이고 당파를 초월하여 편벽됨이 없이 상하귀천(上下貴賤)을 가리지 않고 공평하게 조선만을 위해 인민에게 말할 것이라 한다.

더욱이 신문 발행을 통해 이익을 취함이 아니므로 값을 저렴하게 하고 백성의 사사로운 일을 포함해 정부 관원의 잘못이나 탐관오리는 자세히 밝혀 폐할 것임을 분명히 하고 있다. 이 같은 독립신문의 창간 취지는 단순히 표명으로만 그치지 않았다. ②의 내용을 통해 알 수 있듯 국문전용이라는 혁신적인 편집태도를 밝혀 국문이 한문보다 편리하고 우수하다는 한문 배제의 논리를 구체화 하고 있다.

여기서 특히 주목되는 부분은 국문의 빠른 이해를 위해 띄어쓰기를 규범화하여 적용하고 있다는 점이다. 이것은 독립신문이 추구하는 이른바 사회·문화적 민주주의의 지향을 추구한 것으로 새로운 의식의 출발점이 된다. 남녀를 불문한 평등과 상하와 귀천을 가리지 않는 다시 말해 누구나 국문의 기사를 읽고 그 기사를 통해 새로운 지식과 학문을 지니게 된다는 것은 조선 사회의 신분적 경직성과 차별성을 부정 내지 파괴한다는 뜻을 담고 있다. 따라서 국문체의 사용은 국문의 단순한 사용을 넘어 한문과 변별되는 주체적 독자성과 고유성을 인식하는 계기를 마련한다. 또한 신문의 정치·사회·문화적 담론 공간의 형성을 가능하게 하여, 근대적 담론의 확대 과정을 주도하게 된다.

여기서 잠시, 혹자는 근대 계몽기에 널리 확대된 국문운동이 실제의 언어생활에서 완전한 국문 전용의 확립을 실현하는 단계에까지 도달하지 못했음을 지적하면서, 국문의 제도적 확대와 기반을 인정할 수 없다고 한다면, 이것은 오히려 바른 이해가 아니라고 본다. 물론 1894

년에 이미 황제의 칙령에 의해 국문을 중심으로 하는 공문서의 표기를 규정했음에도 불구하고 1900년대로 이어지면서 점차 이 규범이 흔들리기 시작한다.

이후 관보 3990호(1908.2.6)에 의해 정부 공문서에 국한문체의 수용을 공식화하기도 한다. 교과용 도서의 출판에서도 국한문체가 큰 호응을 얻기도 한다. 그러나 언어의 환경적 측면을 고려해 본다면 국문체와 국한문체의 선택은 표기 문제에 국한된 언어의 결정만을 의미하진 않는다. 즉 복잡한 사회·문화적 배경을 지니고 있기에, 좀 더 다양한 시선의 접근을 필요로 한다. 위에서 언급한 것처럼 이전 시대 한문을 사용했던 배경에서, 한문의 쇠퇴와 함께 국문의 대두와 발전이 이루어졌고 아울러 그 절충의 형태로 또는 대안적 방편으로 국한문체가 확대되고 있음은 주지의 사실이기 때문이다.

요컨대 이것은 그 자체가 사회·문화의 체계에 혁신적 변화를 의미한다는 말이다. 한문의 쇠퇴가 곧 그것을 기반으로 했던 지배층의 붕괴를 뜻한다면, 국문의 새로운 인식과 영역의 확대는 평민층과 여성의 비약적 성장을 말하는 것이다. 따라서 새롭게 등장한 국한문체는 곧, 근대 계몽기의 지식층 내지 지배계층의 의식적 변화 속에서 형성된 절충적 언어의 형태를 보여주고 있음은 당연하다. 동시에 조선시대 한문의 전통적 글쓰기를 벗어나 한문을 배격하고 국문이라는 하나의 주체적 언어를 통해 언문일치의 이상을 실현하게 한, 문자 개혁으로써 사회·문화적 변혁으로의 그 의미를 규정할 수 있다.

① 夫 邦國之獨立은 惟在自强之如何耳라 我韓이 從前 不講於自强之術ᄒ여 人民 自錮於愚昧ᄒ고 國力이 自趣衰敗ᄒ야 遂至於今日之艱棘ᄒ야 竟被外人之保護ᄒ니 此皆不致意於自强之道故也라 尙此因循玩愒ᄒ여 不思奮

勵自强之術이면 終底於滅亡乃己니 奚但今日而止哉아

『대한자강회월보(1906.7)』

② 近聞혼즉 學部에서 國文硏究所 設ᄒ고 國文을 硏究혼다 ᄒ니 何等 特異 思想 有혼지는 知치 못ᄒ거니와 我의 愚見으로 其 淵源 來歷을 究之己甚ᄒ는대 歲月만 虛費ᄒ는 것이 必要치 아니 ᄒ니 但其 風俗에 言語와 時代에 語音을 入道에 博採ᄒ여 純然흔 京城 土語로 名詞와 形容詞 等類를 區別ᄒ여 國語字典一部를 編成ᄒ여 全國 人民으로 ᄒ여금 全一흔 國文과 國語를 用케ᄒ되 其 文字의 高低와 淸濁은 前人의 講定한 者가 己有ᄒ니 可히 取用홀 것이요 新히 怪癖혼 說 倂起ᄒ여 人의 耳目만 眩亂케 홈이 不可혼가 ᄒ노라

『대한매일신보(1908.3.1)』

③ 今日에 通用하는 文體는 名 비록 國漢文 倂用이나 其實은 純 漢文에 國文으로 懸吐혼 것에 지ᄂ지 못ᄒᄂ 거시라 今에 餘가 主張하ᄂ 거슨 이것과는 名同實異ᄒ니 무어시뇨 固有名詞나 漢文에서 온 名詞 形容詞 動詞 등 國文으로 쓰지 못혼 것만 아직 漢文으로 쓰고 그 밧근 모다 國文으로 ᄒ쟈 홈이라 이거슨 實로 窮策이라고 홀 수 잇깃스나 그러나 엇지 ᄒ리오 경우가 이러ᄒ고 ᄯ 事勢가 이러ᄒ니 맛은 업스나 먹기는 먹어야 살지 아니 ᄒ깃는가 이럿케 ᄒ면 著者 讀者 兩便으로 利益이 잇스니 넓히 넑히움과 理解키 쉬운 것과 國文에 鍊熟ᄒ야 國文을 愛尊ᄒ게 ᄒᄂ 것이 讀者의 便의 利益이오 著作ᄒ기 容易홈과 思想의 發表의 自由로움 과 複雜혼 思想을 仔細히 發表홀 슈 잇슴이 著者 便의 利益이며 ᄯ로혀 國文의 勢力이 오를지니 國家의 大幸일지라

『황성신문(1910.7.27)』

위의 내용에서 볼 수 있는 것처럼 ①은 순 한문체에 국문으로 토를 달아 놓은 수준으로 한문 위주의 국한문체다. 따라서 한문 투를 벗어

나지 못한 상태라 할 수 있다. 그러나 이러한 한문 우위의 국한문체는 ②의 예문과 같은 수준으로 점차 변하여 널리 사용되고 있다. 물론 이같은 국한문체의 표기 방식이 일상의 언어를 그대로 구현하는 것이 아니기에 여전히 한문 투의 표현이 그대로 남아 있는 것은 사실이다. 따라서 국한문체는 실상의 언어 현상을 제대로 반영하지 못하고, 오히려 일상적 언어생활의 토대는 국문체를 통해 성장하고 확립되고 있었다.

곧 "~하라, ~하노라, ~함이라, ~이라, ~하겠는가, ~일지라." 등의 문장 종결은 화자의 감정이나 견해를 직접적으로 드러내어 화자의 주관적 견해나 의지를 분명하게 표출하며, 청자나 독자로 하여금 정서적 감흥과 행동의 변화를 유발하게 하는 적절성을 지닌다. 이 같은 국한문체의 특성은 설명이나 설득의 문체로서 근대 계몽기 신문의 논설 양식에 자연스럽게 정착되고 있었다. 그리고 예문 ③처럼 국어의 통사구조를 바탕으로 국문과 한자를 혼용하는 방식으로 그 구조가 점차 바뀌고, 국문 문장이 부분적으로 한자로 표기되는 방식에 다양한 형태를 드러낸다.

물론 ③의 내용적 언급에서도 알 수 있듯, 한자의 표의(表意) 문자적 성격을 고려해 "고유명사나 한문에서 온 명사, 형용사, 동사 등 국문으로 쓰지 못한 것만 아직 한문으로 쓰고 그 밖은 모두 국문으로 하자 함이라. 이것은 실로 궁책이라고 할 수 있겠으나 그러나 어찌 하리오. 경우가 이러하고 또 사세가 이러하니."라고 하여 국한문체의 기능성을 통해 근대 계몽기의 새로운 사상과 지식을 공유하고자 했다.

이렇게 국한문체는 초기에 한문 구에 국문으로 토를 달아 놓는 ①에서, 점차 ②와 ③으로의 변화를 통해 이전의 한문체를 벗어나 국문체를 수용하는 과정에서 국한문이란 중간 단계의 언어적 성격을 발견할 수 있다. 이러한 사실에서 주목할 것은 근대 계몽기는 무엇보다 이

전 시대에 비해 국문에 대한 새로운 자각과 주체성을 확립하는 과정으로 국문의 확장과 국문을 기반으로 한 다양한 사회·문화적 담론의 참여내지 확대를 가져왔음을 알아야 한다.

3. 근대 계몽기 논설자료 감독

3.1. 독립신문 논설(1896.6.6)

남편과 안히란거슨 평싱에 쓰고 단거슬 흠의 견듸고 만스를 서로 의론ᄒ야 집 안 일을 ᄒ며 서로 밋고 서로 공경 ᄒ고 서로 ᄉ랑 ᄒ야 안히는 남편이 무슴 일을 ᄒᄂ지 알고 남편은 안히가 무슴 일을 ᄒᄂ지 알아 서로 돕고 서로 훈슈 ᄒ야 셰상에 뎨일 죠흔 친구 ᄀᆺ치 지내야 홀터인ᄃᆡ 죠션 사롬들은 당초에 안히를 엇을 ᄯᅦ에 그 부인이 엇던 사롬인 줄도 모로고 녀편네가 그 사나희를 엇던 사롬인 줄도 모로면셔 눔의 말만 듯고 혼인 홀 째 샹약 ᄒ기를 둘이 서로 ᄉ랑 ᄒ고 공경 ᄒ며 밋부게 평싱을 ᄀᆺ치 살자 ᄒ니 이런 쇼즁흔 약속을 서로 ᄒ며 서로 보지도 못ᄒ고 서로 성품이 엇던지 모로고 이런 약죠들을 ᄒ니 이러케 흔 약죠가 엇지 셩실이 되리요 집에 하인을 ᄒ나 두랴고 ᄒ드릭도 그하인을 미리 보와 얼골이 엇더케 싱겟ᄂ지나 알고 그 하인이 이왕에 엇던 사ᄅᆷ인지나 무러보아 대강 합의흔 후에야 하인으로 쟉졍 ᄒ고 몃 히를 부려 본 후에 만일 사롬이 챡실 ᄒ면 그 ᄯᅢ는 더 친밀이 부리고 더 즁흔 쇼림을 맛기거늘 사나희와 녀편네가 평싱을 ᄀᆺ치 살며 집안을 보호 ᄒ고 ᄌ식을 싱휵 ᄒ자 ᄒ면셔 빅디에 모로는 사롬들이 이런 약죠들을 ᄒ니 실샹 싱각 ᄒ면 엇지 우습지 안 ᄒ리요 눔의 나라에셔는 사나희와 녀편네가 나히지각이 날만흔 후에 서로 학교든지 교당이든지 친구의 집이든지 못고지 굿흔디셔 만나 만일 사나희가 녀편네를 보아 수랑홀 싱각이 잇슬것 굿흐면 그 부인 집으로 가셔 자죠 차자 보고 서로 친구 굿치 이삼년 동안 지낸 보아 만일 서로 참 수랑흐는 무음이 싱길 것 굿흐면 그째는 사나희가 부인 드려 주긔 안히 되기를 쳥 흐고 만일 그 부인이 그 사나희가 무음에 맛지 안 홀것 굿흐면 안히 될슈가 업노라고 디답 흐는 법이요 만일 무음에 합의 홀것 굿흐면 허락흔 후에 몃 돌이고 몃 해 동안을 또 서로 지내 보아 영령 서로 단단히 수랑 흐는 무음이 잇스면 그째는 혼인 퇴일흐야 교당에 가셔 하느님끠 서로 밍셰흐되 서로 수랑 흐고 서로 공경 흐고 서로 돕겟노라고 흐며 관가에 가셔 관허를 맛하 혼인 흐는 일즈와 남녀의 셩명과 부모들의 셩명과 거쥬와 나흘 다 졍부 문젹에 긔록 흐여 두고 만일 사나희든지 녀편네가 이 약속 흔디로 힝신을 아니 흐면 그째는 관가에 쇼지 흐고 부부의 의를 끈는 법이라 이런 고로 사나희가 언제든지 주긔의 안히을 수랑 흐고 위흐고 밋고 도와 주고 녀편네가 주긔의 남편을 수랑 흐고 공경흐고 밋고 의지 흐거니와 죠션 모양으로 서로 모로는 사름들 끼리 사룸의 평싱에 뎨일 쇼중흔 약죠을 흐고 안히굿흔 쇼중흔 직무와 남편 굿흔 큰 직칙을 서로 맛기니 첫지는 모로는 사름들 끼리 엇지 참 수랑흔 무음이 서로 잇스며 쏘 혼인 흐기를 ᄋᆞ히들 끼리 흐니 이 ᄋᆞ히들이 무슴 지각이 잇서 사나희가 안히를 디졉홀 줄을 엇지 알며 계집 ᄋᆞ히가 남편이 무엇신지 알 묘리가 잇스리요 사름이 스믈 이삼셰가 되어야 겨오 지각이 나고 셰샹이 엇던줄을 알고 올코 그르고 주긔가 무슴 일을 흐는지 아는 거슬 조곰만흔 어린 ᄋᆞ히들을 압제로 혼인을 식혀 서로 살나 흐니 이 ᄋᆞ히들이 어려슬 째에 혼인이 무엇슨줄 모로고 부모가 흐란디로 흐엿거니와 지각들이 는 후에는 후회 흐는 사롬들이 만히 잇는지라 그런 고로 음심 잇는 사나희들은 쳡을 엇고 음힝을 흐는 폐단이 싱기는거슨 다름이 아니라 주긔의 안히를 참 수랑 흐지 아니 흐는거시요 죠션 녀편네들을 압제로 풍속을 문드러 흐고스픈 말도 못 흐게 흐눈 식듦에 쇽에 분 ᄒ고 원통ᄒᆫ 일이 잇서도 감히 말을 못 ᄒ니 이런 부부 사ᄂᆞ 집 안이 엇지 화목 ᄒ며 복이 잇스리요 ᄯᅩ 예일 국가에 히론 일은 골격이 자라기 젼에 ᄋᆞ히들이 혼인을 ᄒ야 ᄌᆞ식들을 나흐니 그 ᄌᆞ식들이 튼튼치가 못ᄒ고 사름의 씨가 차차 주러 가ᄂᆞᆫ지라 ᄋᆞ히들이 혼인 ᄒᄂᆞᆫ 일은 정부에셔 금치 안 ᄒ여셔ᄂᆞᆫ 못ᄒᆯ 터이요 ᄯᅩ 사나희가 혼인 ᄒᆯ ᄯᅢ에 무슴 버리를 ᄒ든지 ᄌᆞ긔 안희의 의복 음식을 당히 줄만 ᄒ지 못ᄒ면 놈의 녀ᄌᆞ를 ᄌᆞ긔 안히로 다려 오ᄂᆞ거시 무렴치 ᄒ고 무경계 ᄒ줄노 만국이 다 싱각 ᄒ더라. [〈논설〉, 1896년. 6월 6일]

3.2. 매일신문 논셜(1899.1.26~27)

가) 녯젹에 셔양 어느 나라에 ᄌᆡ샹 ᄒᆞᆫ 분이 잇ᄂᆞᆫᄃᆡ ᄆᆞ음을 극히 발쇼 착되 큰 병통 ᄒᄂᆞᆫ이 잇스니 귀인의 풍긔로 쳡을 미우 죠와ᄒᄂᆞᆫ지라 그런 고로 빈긱과 노복이 감히 몬져 말을 못ᄒ고 그 눈치만 싸라셔 말 ᄒ더니 ᄒ로ᄂᆞᆫ 겨을을 당ᄒ야 그 ᄌᆡ샹이 느즉히 긔침ᄒᄆᆡ 슈십 인 빈긱이 ᄎᆞ례로 드러와 안질ᄉᆡ 날로 긔운이 훈훈ᄒ야 밧계 찬 거슬 돈연히 모로더니 그 ᄌᆡ샹이 뭇기를 오늘 텬긔가 아마 미우 온화ᄒ지 모든 사름이 일제히 응셩ᄒ야 ᄀᆞᆯᄋᆞᄃᆡ 오늘 텬긔가 대단히 온화ᄒ야 양츈 ᄀᆞᆺ쇼이다 ᄒ니 그 ᄌᆡ샹이 대희ᄒ야 호긔발월ᄒ더니 ᄒᆞᆫ 사름이 밧긔 나가셔 굴근 고두름 ᄒᆞ나흘 죠희에 싸셔 그 ᄌᆡ샹 압희 드리며 말ᄒ되 소인이 맛춤 옥슌 ᄒᆞ나를 어덧습기에 밧치나이다 그 ᄌᆡ샹이 밧아 펴보니 이에 어름이라 크게 놀나 유리창에 가리운 빅사쟝을 밀고 보니 마당 압 나뭇 가지에 고두름이 밋치고 다니ᄂᆞᆫ 사름이 치위에 구속ᄒ야 허리를 펴지 못ᄒᄂᆞᆫ지라 그 ᄌᆡ샹이 크게 ᄭᅢ닷고 크게 감동ᄒ야 빈긱을 ᄃᆡᄒ야 눈물을 머금고 말ᄒ되 내가 요만 부귀를 가지고도 사쟝 ᄒᆞᆫ 겹을 격ᄒ야 밧겻 텬긔가 져러틋 엄한ᄒᆞᆫ 거슬 젼연이 몰낫스니 구즁에 계신 인군ᄭᅴ셔야 아모리 발고 어지신들 신하가 알외지 안이ᄒ면 민간질고

제1부 문학적 상상력 | 45

로 엇지 시러곰 다 통쵹ᄒᆞ시리요 ᄒᆞ고 고두름 드리던 손을 향ᄒᆞ야 졀을 ᄒᆞ며 ᄀᆞᆯ♡ᄃᆡ 만일에 션싱이 아닐넌들 내가 지샹이 되야셔 거의 나라를 그릇칠 번 ᄒᆞ얏노라 ᄒᆞ고 화원을 불너 민간 살림사리 ᄒᆞᄂᆞᆫ 그림을 그리라 ᄒᆞ니 그 화원이 비단 그림만 명화가 아니라 본ᄅᆡ 유심ᄒᆞᆫ 사ᄅᆞᆷ으로 디방에 만히 단여셔 민간질고를 ᄌᆞ셰히 아ᄂᆞᆫ 고로 항샹 ᄆᆞ음에 싱각ᄒᆞ기를 내 ᄒᆞᆫ 번 민간질 고도를 그려 당죠 지샹의 드려셔 민간에 가싀 가난을 조곰 짐쟉ᄒᆞ게 ᄒᆞ리라 ᄒᆞ더니 맛ᄎᆞᆷ 그 지샹의 말을 듯고 불승기희ᄒᆞ야 십폭 그림을 일필휘지ᄒᆞ니 ᄒᆞᆫ 폭은 봄에 밧슬 가ᄂᆞᆫᄃᆡ 녀인이 머리에 밥그릇을 니고 등에 아히를 업고 민발노 오다가 가시를 발고 압흐를 익의지 못ᄒᆞ야 ᄒᆞᆫ 발들고 셔셔 급히 그 가쟝을 부르ᄂᆞᆫ 형샹이요 한 폭은 여름에 논 기음을 ᄆᆡᄂᆞᆫᄃᆡ 불ᄀᆞᆺ흔 볏치 나리쏘이여 등이 타셔 죽을 디경인ᄃᆡ 거머리ᄂᆞᆫ 다리에 붓터 ᄲᅡ러 피와 ᄯᅡᆷ이 아올너 흐르ᄂᆞᆫ 형샹이요 한 폭은 가을에 타쟉을 ᄒᆞᄂᆞᆫᄃᆡ 논두럭 좁은 길노 남ᄌᆞᄂᆞᆫ 자긔에 벼 뭇슬 지고 압셔고 녀인은 소의게 벼를 싯고 뒤를 ᄯᅡ라 오다가 소가 짐을 논 쇽에 너멋드리ᄆᆡ 남ᄌᆞ가 급히 도라보다가 실족ᄒᆞ야 짐진 치 잣바진 형샹이오 ᄒᆞᆫ 폭은 겨을에 나무를 ᄒᆞᄂᆞᆫᄃᆡ 범의게 놀나 피홀 곳슨 업고 놉흔 남무에 올나 안져셔 치위를 못견ᄃᆡᄂᆞᆫ 형샹이요 [〈논설〉, 1899년. 1월 26일]

나) ᄒᆞᆫ 폭은 베를 짜ᄂᆞᆫᄃᆡ 졀믄 녀인이 츈곤을 못익의여 베틀 위에 안져 죠을다가 악ᄒᆞᆫ 시누의게 ᄲᅡᆷ을 맛고 우ᄂᆞᆫ 형샹이요 ᄒᆞᆫ 폭은 남ᄌᆞ가 젼쟝에 나가ᄂᆞᆫᄃᆡ 늘근 부모와 졀믄 안히가 눈물을 ᄲᅮ리고 쟉별ᄒᆞᄂᆞᆫ 형샹이요 ᄒᆞᆫ 폭은 탐관이 학민 ᄒᆞᄂᆞᆫᄃᆡ ᄇᆡᆨ셩을 잡아다가 밍쟝ᄒᆞ야 피 흐르고 안히는 돈을 올니며 방면ᄒᆞ야 쥬소셔 ᄒᆞ고 이걸ᄒᆞᄂᆞᆫ 형샹이요 ᄒᆞᆫ 폭은 감옥 즁에 병든 옥슈가 창살노 ᄂᆡ다보며 옥관을 ᄃᆡᄒᆞ야 병원에 보ᄂᆡ쥬기를 원졍ᄒᆞ되 옥관이 쳥약불문ᄒᆞᄂᆞᆫ지라 옥슈가 울고 셧ᄂᆞᆫ 형샹이요 ᄒᆞᆫ폭은 걸인인ᄃᆡ 늘근 부부가 ᄒᆞ나ᄂᆞᆫ 판슈요 ᄒᆞ나ᄂᆞᆫ 곰븨팔노

셔로 잇글고 로샹 힝인을 향ᄒ야 구걸ᄒᄂ는 형샹이요 ᄒᆫ 폭은 도적이 빅쥬 대도샹에 발검 탈ᄌᆡᄒᄂ는 형샹이라 그 ᄌᆡ샹이 대희ᄒ야 십쳡 병풍을 ᄭᅮ며 가지고 례궐폐현ᄒ야 알외오ᄃᆡ 근일 텬긔가 극한ᄒ기로 소신이 병풍 ᄒᆞᆫ 좌를 진헌ᄒᄋᆞᆸᄂᆡ다 왕이 보고 무러 ᄀᆞᆯᄋᆞᄃᆡ 이 그림이 엇지ᄒᆫ 리치뇨 그 ᄌᆡ샹이 낫낫치 엿ᄌᆞ온ᄃᆡ 왕이 불승악연ᄒ야 양구에 ᄀᆞᆯᄋᆞᄃᆡ 내가 구즁에 잇셔셔 밧갓 ᄉᆞ졍을 드시 못ᄒᄂ는 고로 빅셩들이 다 호의호식ᄒ고 안락태평ᄒᄂ는 줄노 짐쟉ᄒ엿더니 오ᄂᆞᆯ이야 비로소 내 빅셩의 가ᄉᆡᆨ 가난과 리별 가련과 탐관의 학민과 옥졍의 불심과 도적의 힝흉ᄒᄂ는 것을 알앗도다 ᄒ고 그 ᄌᆡ샹의 손을 잡고 유톄 탄식 왈 경이 안일넌들 모를 번ᄒ엿다 ᄒ시고 어시에 대발령ᄒ야 디방 관리를 각별 튁ᄎᆞᄒ야 보ᄂᆡ고 그 병풍을 편뎐에 치고 죠셕 진어홀 ᄯᆡ면 왕왕이 근시를 ᄃᆡᄒ야 그 그림을 ᄀᆞᆯᄋᆞ치며 말솜ᄒ기를 이 밥 ᄒᆞᆫ 슐에 빅셩의 신고가 알알이 든 거시라 ᄒ니 그림으로 슈년지ᄂᆡ에 기국이 대치ᄒ야 셔양에 뎨일 부강ᄒᆫ 나라이 되고 그 ᄌᆡ샹과 그 손이 다 긔공각에 드러가셔 지금 몃빅 년이 되도록 ᄎᆚ다온 일홈을 사름마다 칭숑ᄒᆫ다 ᄒ니 우리나라 ᄌᆡ샹 문졍에 단니ᄂ는 손님이 ᄒᆫ 집에 고두름 드리ᄂ는 이가 ᄒᆫ 분식만 되고 졍부 대신이 합력ᄒ야 민간질고도 병풍 ᄒᆞᆫ 좌를 만드러 진헌ᄒ량이면 불출긔년에 대한이 동양 두등 부강지국이 되야셔 젼일에 빈약ᄒ던 슈치를 가히 ᄒᆫ번에 목욕ᄒ야 씨슬 줄노 아노라. [<논셜>, 1899년. 1월 27일]

생각해 봅시다

1. 독립신문의 논설(論說)에서 필자가 언급한 나라의 폐단(弊端)이 구체적으로 무엇인지 자세히 읽고 모두 제시해 보자.

2. 독립신문의 논설에서 제시한 신가정(新家庭) 상(像)의 모습과 과거 조선시대의 가정 상을 비교해 가며, 그 차이점을 얘기해 보자.

3. (가), (나)의 내용을 토대로 재상(宰相)이 왕에게 드린 십 첩 병풍(屛風)의 그림은 무엇을 형상화 한 것인가. 당시의 시대적, 사회적 현실과 관련하여 생각해 보자.

4. 필자의 중심 내용이 잘 드러날 수 있도록 독립신문의 논설과 매일신문의 논설을 각각 300자 내외로 요약하여 발표해 보자.

4. 슬견설風犬說과 며비우스의 띠

(가) 어떤 손(客)이 나에게 이런 말을 했다.
"어제 저녁에 아주 처참한 광경을 보았습니다. 어떤 불량한 사람이 큰 몽둥이로 돌아다니는 개를 쳐서 죽이는데 보기에도 너무 참혹(慘酷)하여 실로 마음이 아파서 견딜 수가 없었습니다. 그래서 이제부터는 맹세코 개나 돼지의 고기를 먹지 않기로 했습니다."
이 말을 듣고 나는 이렇게 대답했다.
"어떤 사람이 불이 이글이글하는 화로를 끼고 앉아서 이를 잡아서 그 불 속에 넣어 태워 죽이는 것을 보고 나는 마음이 아파서 다시는 이를 잡지 않기로 맹세했습니다."
손이 실망하는 표정으로
"이는 미물이 아닙니까? 나는 덩그렇게 크고 육중한 짐승이 죽는 것을 보고 불쌍히 여겨서 한 말인데, 당신은 구태여 이를 예로 들어서 대꾸하니 이는 필연코 나를 놀리는 것이 아닙니까?"

하고 대들었다. 나는 좀 구체적으로 설명할 필요를 느꼈다.

"무릇 피(血)와 기운(氣)이 있는 것은 사람으로부터 소, 말, 돼지, 양, 벌레, 개미에 이르기까지 모두가 한 결 같이 살기를 원하고 죽기를 싫어하는 것입니다. 어찌 큰 놈만 죽기를 싫어하고 작은 놈만 죽기를 좋아하겠습니까? 그런즉 개와 이의 죽음은 같은 것입니다. 그래서 예를 들어 큰 놈과 작은 놈을 적절히 대조한 것이지 당신을 놀리기 위해서 한 말은 아닙니다. 당신이 내 말을 믿지 못하겠으면 당신의 열 손가락을 깨물어 보십시오. 엄지손가락만이 아프고 그 나머지는 아프지 않습니까? 한 몸에 붙어 있는 큰 지절(支節)과 작은 부분이 골고루 피와 고기가 있으니 그 아픔은 같은 것이 아니겠습니까? 하물며 각기 기운과 숨을 받은 자로서 어찌 저 놈은 죽음을 싫어하고 이놈은 좋아할 턱이 있겠습니까? 당신은 물러가서 눈 감고 고요히 생각해 보십시오. 그리하여 달팽이의 뿔을 쇠뿔과 같이 보고 메추리를 대붕(大鵬)과 동일시하도록 해 보십시오. 연후에 나는 당신과 도(道)를 이야기하겠습니다."

라고 했다. [이규보, <슬견설(虱犬說)>]

(나) 수학 담당 교사가 교실로 들어갔다. 학생들은 그의 손에 책이 들려 있지 않은 것을 보았다. 학생들은 교사를 신뢰했다. 이 학교에서 학생들이 신뢰하는 유일한 교사였다. 그가 입을 열었다. 제군, 지난 1년 동안 고생 많았다. 정말 모두 열심히들 공부해 주었다. 그래서 이 마지막 시간만은 입학시험과 상관이 없는 이야기를 하고 싶었다.

나는 몇 권의 책을 뒤적여 보다가 제군과 함께 이야기해 보고 싶은 것을 발견했다. 일단 내가 묻는 형식을 취하겠다. 두 아이가 굴뚝 청소를 했다. 한 아이가 얼굴이 새까맣게 되어 내려왔고 또 한 아이는 그을음을 전혀 묻히지 않은 깨끗한 얼굴로 내려왔다. 제군은 어느 쪽의 아이가 얼굴을 씻을 것이라고 생각하는가?

학생들은 교단 위에 서 있는 교사를 바라보았다. 아무도 얼른 대답을 하지 못했다. 잠시 후에 한 학생이 일어섰다. 얼굴이 더러운 아이가 얼굴을 씻을 것입니다. 그런데, 그렇지가 않다. 교사가 말했다. 왜 그렇습니까? 다른 학생이 물었다. 교사는 말했다. 한 아이는 깨끗한 얼굴, 한 아이는 더러운 얼굴을 하고 굴뚝에서 내려왔다. 얼굴이 더러운 아이는 깨끗한 얼굴의 아이를 보고 자기도 깨끗하다고 생각한다. 이와 반대로 깨끗한 얼굴을 한 아이는 상대방의 더러운 얼굴을 보고 자기도 더럽다고 생각할 것이다. 학생들이 놀람의 소리를 냈다.

그들은 교단 위에 서 있는 교사에게 눈을 떼지 않았다. 한 번만 더 묻겠다. 두 아이가 굴뚝 청소를 했다. 한 아이는 얼굴이 새까맣게 되어 내려왔고 또 한 아이는 그을음을 전혀 묻히지 않은 깨끗한 얼굴로 내려왔다. 제군은 어느 쪽의 아이가 얼굴을 씻을 것이라고 생각하는가? 똑같은 질문이었다. 이번에는 한 학생이 얼른 일어나 대답했다. 저희들은 답을 알고 있습니다. 얼굴이 깨끗한 아이가 얼굴을 씻을 것입니다.

학생들은 교사의 말을 기다렸다. 교사는 말했다. 그 답은 틀렸다. 왜 그렇습니까? 더 이상의 질문을 받지 않을 테니까 잘 들어주기 바란다. 두 아이는 함께 똑같은 굴뚝을 청소했다. 따라서 한 아이의 얼굴이 깨끗한데 다른 한 아이의 얼굴은 더럽다는 일은 있을 수가 없다. 교사는 분필을 들고 돌아섰다. 그는 칠판 위에다 '뫼비우스의 띠'라고 썼다. 제군이 이미 교과서를 통해서 알고 있는 것이지만 이것 역시 입학시험과는 상관없는 이야기니까 가벼운 마음으로 들어주기 바란다.

면에는 안과 겉이 있다. 예를 들자. 종이는 앞뒤 양면을 갖고 지구는 내부와 외부를 갖는다. 평면인 종이를 길쭉한 직사각형으로 오려서 그 양끝을 맞붙이면 역시 안과 겉 양면이 있게 된다. 그런데 이것을 한번 꼬아 양끝을 붙이면 안과 겉을 구별할 수 없는 즉 한쪽 면만 갖는 곡면이 된다. 이것이 제군이 교과서를 통해서 잘 알고 있는 뫼비우스의 띠이다. 여기서 안과 겉을 구별할 수 없는 곡면을 생각해 보자. [조세희, <뫼비우스의 띠>]

▎생각해 봅시다 ▎

1. (가)의 슬건설에서 '손(客)'과 '나' 사이에 견해 차이가 생기게 된 것은 무엇 때문이며, 손(客)을 통해 우리가 궁극적으로 깨달아야 할 것이 있다면 무엇인지 논의해 보자.

2. (나)에서 뫼비우스의 띠를 각자 만들어 보고 '뫼비우스의 띠'가 지닌 의미와 수학 교사의 이야기가 담고 있는 내용은 어떤 관련이 있는지 토론해 보자.

3. 슬건설의 '나'와 뫼비우스의 띠를 설명하는 '수학 교사'와의 공통점을 찾는다면 무엇이고, 그들을 통해 내가 깨달은 것은 무엇인가? 의견을 나누어 보자.

4. (가)의 사고 과정이 어떻게 진행되었고, 결론은 어떻게 나왔는가? 손(客)과 나의 관계로 설명해 보자.

5. 김현감호金現感虎와 선덕왕善德王의 지기삼사知幾三事

5.1. 김현이 호랑이와 정을 통하다

신라 풍속에 해마다 2월이 되면, 초파일(初八日)부터 15일까지 도읍의 남녀들이 다투어 흥륜사(興輪寺)의 전탑(殿塔)을 빙빙 도는 복회(福會)를 행했다. 원성왕(元聖王) 때에 김현(金現)이라는 낭군(郎君)이 있어 밤이 깊도록 쉬지 않고 홀로 탑을 돌고 있었다. 그때 한 처녀가 염불을 하면서 김현의 뒤를 따라 도는 것이었다.

돌다가 서로 마음이 맞아 눈을 주더니 이윽고 탑 돌기를 마치자 으슥한 곳으로 끌고 들어가 둘은 정을 통했다. 처녀가 집에 돌아가려 하자 김현이 따라 나섰다. 처녀는 그러지 말라고 사양하고 거절했지만, 김현은 우기며 따라갔다. 처녀는 길을 가다가 서산(西山) 기슭에 이르자 한 초가집으로 들어갔다.

그곳에 있는 웬 늙은 노파가 처녀에게 물었다.

"함께 온 자는 누구냐."

처녀가 사실대로 말하자 늙은 노파가 말했다.

"비록 좋은 일이나 없는 것만 못하다. 그러나 이미 저지른 일이니 어쩔 수가 없구나. 은밀한 곳에 숨겨 두어라. 네 형제들이 해할까 두렵다."

하고 처녀는 김현을 이끌어 구석진 곳에 숨겼다. 조금 뒤에 세 마리 범이 으르렁 거리며 들어와 사람의 말로 말했다.

"집에서 비린내가 나니 마침 배도 고픈데 요깃거리가 어찌 다행하지 않으랴."

늙은 노파와 처녀가 꾸짖었다.

"너희들의 코가 어떻게 된 모양이구나. 무슨 미친 소리냐?"

그때 하늘에서 외치는 소리가 들렸다.

"너희들이 즐겨 많은 생명을 해치고 있도다. 이제 마땅히 한 놈을 죽여 악행을 징계하겠노라."

세 호랑이는 이 소리를 듣자 모두 근심하는 기색이었다. 이후 처녀가 말했다.

"세 분 오빠께서 만약 멀리 피해 가서 스스로 징계하신다면 내가 그 벌을 대신 받겠습니다."

이 말을 듣고 세 호랑이는 모두 기뻐하며 고개를 숙이고 꼬리를 치며 달아나 버렸다. 처녀가 들어와 김현에게 말했다.

"처음에 저는 낭군이 우리 집에 오시는 것이 부끄러워 짐짓 사양하고 거절했습니다. 그러나 이제는 숨김없이 감히 진심을 말씀드리겠습니다. 더구나 이 몸이 비록 낭군과 종류는 다르나 하루 저녁 즐거움을 얻어 즐거이 모시고 중한 부부의 의를 맺었습니다. 이제 하늘이 제 오빠들의 죄악을 미워하시니, 저희 가족에게 미칠 재앙을 제가 대신 감당하고자 합니다. 이왕 죽을 몸이라면, 아무 상관없는 보통 사람의 손에 죽는 것이 어찌 낭군의 칼날에 죽어 은덕을 갚는 것만 하겠습니까. 제가 내일 시가(市街)에 들어가 몹시 사람들을 해치면 나라 사람들은 모두 저를 두려워하여 어찌 할 수 없게 될 것이고, 그러면 임금께서 반드시 높은 벼슬로써 사람을 모집해 저를 잡게 할 것입니다. 그때 낭군은 겁내지 말고 저를 쫓아 성 북쪽의 숲 속까지 오세요. 거기서 제가 기다리고 있겠습니다."

김현은 말했다.

"사람이 사람과 더불어 사귐은 인륜의 도리지만 다른 유(類)와 사귐은 대개 떳떳한 일이 아니오. 그러나 이미 조용히 만나 즐겁게 지냈으니, 이 또한 진실로 하늘이 주신 큰 행운인데 어찌 차마 배필의 죽음을 팔아 한 세상의 벼슬을 바라겠소."

처녀가 말했다.

"낭군은 그 같은 말을 하지 마십시오. 이제 제가 일찍 죽는 것은 하늘의 명령이며, 또한 제 소원입니다. 아울러 그것은 낭군의 경사이며, 저희 가족의 복이요, 나라 사람들의 기쁨입니다. 제가 한 번 죽음으로써 이렇게 다섯 가지 이로움을 얻을 수 있는데 어찌 이것을 피한단 말입니까? 다만 저를 위하여 절을 세우고 불경(佛經)을 강론하여 좋은 과보(果報)를 얻는데 도움이 되게 해주신다면 낭군의 은혜는 이보다 더 클 수가 없겠습니다."

그들은 마침내 서로 울면서 작별했다. 그리고 다음날 과연 사나운 호랑이가 성 안에 들어와 사람들을 몹시 해치니 아무도 감히 당해 낼 수 없었다. 원성왕(元聖王)이 소식을 듣고 영을 내려 말했다.

"호랑이를 잡는 사람에게 2급의 벼슬을 주겠노라."

김현이 대궐에 나아가 아뢰었다.

"소신이 잡겠습니다."

왕은 먼저 벼슬을 주고 김현을 격려했다. 김현이 칼을 쥐고 숲속으로 들어가니 호랑이는 변하여 낭자(娘子)가 되어 반갑게 웃으면서 말했다.

"어젯밤에 낭군과 마음속 깊이 은밀히 정을 맺던 사랑의 일을 아무쪼록 잊지 마십시오. 오늘 제 발톱에 상처를 입은 사람들은 모두 흥륜사의 간장을 바르고 그 절의 나팔(螺鉢) 소리를 들려주면 다 나을 것입니다."

말을 마치자, 처녀는 김현이 차고 있던 칼을 뽑아 스스로 목을 찔러 넘어졌는데, 곧 한 마리의 호랑이였다. 김현이 숲에서 나와 외쳤다.

"이제 막 호랑이를 쉽사리 잡았다."

그리고 그 사유는 숨긴 채 말하지 않았다. 다만 호랑이 처녀가 일러 준 대로 그날 호랑이에게 물린 상처를 치료했더니, 상처가 모두 나았다. 지금도 민간에서는 호랑이에게 물리면 역시 그 방법을 쓴다.

김현은 이미 벼슬에 오르자, 서천(西川)가에 절을 지어 이름을 호원사(虎願寺)라 하였다. 항상 범망경(梵網經)을 강론하여 호랑이 처녀의 저승길을 인도하고 또한 호랑이가 제 몸을 죽여 자기를 성공시킨 은혜에 보답했다. 이후 김현은 죽음을 앞에 두고 지나간 일의 신기로움을 새삼 깊이 느껴 이에 적어 전기를 만들었다. 그 후 세상 사람들이 비로소 듣고 그 사실을 알게 되었으며, 그 책의 이름을 논호림(論虎林)이라 했다.[《三國遺事》卷5, 感通]

▌생각해 봅시다 ▌

1. 호랑이 처녀가 김현에게 집으로 와서는 안 된다고 한 까닭은 무엇인가? 그리고 이후 호랑이 처녀가 김현을 위해 세운 계획은 어떤 것인지 생각해 보자.

2. 김현이 호랑이 처녀의 계획을 듣고 그렇게 할 수 없다고 말한 이유는 무엇인가?

3. 김현은 호랑이를 잡은 뒤 어떤 일들을 했는지 생각해 보자.

4. 자신을 희생하면서 호랑이 처녀는 주위에 많은 도움을 주었다.

대학생활 동안 사회를 위해 또는 주위의 이웃을 위해 내가 희생(봉사)할 수 있는 일들을 찾아보고 구체적인 세부 계획과 내용을 적어 발표해 보자.

5.2. 선덕여왕이 미리 알아낸 세 가지 일

제27대 임금 덕만(德曼/德萬)은 시호(諡號)가 선덕여대왕(善德女大王)이다. 성(姓)은 김씨(金氏)이고 아버지는 진평왕(眞平王)이다. 정관(貞觀) 6년 임진(壬辰/632)년에 즉위하여 나라를 16년 동안 다스렸다. 이에 미리 안 일이 세 가지 있다.

첫 번째 일은 이렇다. 당(唐)나라 태종(太宗)이 붉은색·자주색·흰색으로 그린 모란(牧丹)과 그 씨 서 되(升)를 보내 온 일이 있었다. 왕은 꽃 그림을 보고 말했다.

"이 꽃은 필경 향기가 없을 것이다."

하고 씨를 뜰에 심도록 했다. 그 꽃이 피어 떨어질 때까지 과연 왕의 말과 같이 향기가 없었다.

두 번째 일은 영묘사(靈廟寺) 옥문지(玉門池)에 겨울인데도 개구리들이 많이 모여들어 3~4일 동안이나 울어댄 일이 있었다. 나라 사람들이 이상스럽게 여겨 왕에게 물었다. 그러자 왕은 급히 각간(角干) 알천(閼川)·필탄(弼呑) 등에게 명하여 정병(精兵) 2천을 뽑아 속히 서교(西郊)로 나아가 여근곡(女根谷)을 수색하면 반드시 적병(賊兵)이 있을 것이니 엄습하여 모두 죽이라고 했다.

두 각간이 명을 받고 각각 군사 천 명씩 거느리고 서교(西郊)에 가니 부산(富山) 아래 과연 여근곡(女根谷)이 있었다. 백제(百濟) 군사 5백 인이 거기에 와서 숨어 있었으므로 이들을 모두 죽여 버렸다. 백제의 장군(將軍) 우소(亐김)란 자는 남산 고개 바위 위에 숨어 있어서 포위하고 활을 쏘아 죽였다. 또한 후속부대 군사 1천 2백 인이 오거늘 공격해서 죽이고 한 사람도 남기지 않았다.

세 번째 일은 이러했다. 왕이 아무 병도 없을 때 여러 신하들에게 일렀다.

"나는 아무 해 아무 날에 죽을 것이니 나를 도리천(忉利天) 가운데 장사지내라."

여러 신하들이 그 자리가 어느 곳인지 알지 못해 물으니, 왕이 말했다.

"낭산(狼山) 남쪽이니라."

그 날에 이르러 왕이 과연 세상을 떠나거늘, 여러 신하들은 낭산 남쪽에 장사지냈다. 십여 년 뒤에 문호대왕(文虎(武)大王)이 왕의 무덤 아래에 사천왕사(四天王寺)를 세웠는데 불경(佛經)에 말하기를

"사천왕천(四天王天) 위에 도리천(忉利天)이 있다."

고 했으니 그제야 대왕(大王)의 신령하고 성스러움을 알 수 있었다.

왕이 죽기 전에 당시 여러 신하들이 왕에게 아뢰었다.

"어떻게 해서 모란꽃에 향기가 없고, 개구리 우는 것으로 변이 있다는 것을 아셨습니까?"

왕이 말했다.

"꽃을 그렸는데 나비가 없으므로 그 향기가 없는 것을 알 수 있다. 이것은 당나라 임금이 나에게 짝이 없음을 희롱한 것이다. 그리고 개구리가 성난 모양을 하는 것은 병사(兵士)의 형상이요, 옥문(玉門)이란 곧 여자의 음부(陰部)이다. 여자는 음이고 그 색은 희다. 흰색의 방위는 서쪽을 뜻하므로 군사가 서쪽에 있다는 것을 알았다. 남근(男根)은 여근(女根)에 들어가면 죽는 법이니, 그래서 쉽게 잡을 줄 알았다."

이에 여러 신하들은 왕의 뛰어난 지혜에 탄복했다. 꽃을 세 색깔로 그려 보낸 것은 신라에 세 여왕(女王)이 있을 것을 알고 한 일이었던가. 세 여왕이은 선덕(善德)·진덕(眞德)·진성(眞聖)이니 당나라 임금도 짐작하여 아는 지혜가 있었다. 선덕왕(善德王)이 영묘사(靈廟寺)를 세운 일은 <양지사전(良志師傳)>에 자세히 실려 있다. <별기(別記)>에 말하기를
"이 임금 때에 돌을 다듬어서 첨성대(瞻星臺)를 쌓았다"
고 했다.[≪三國遺事≫卷1, 紀異]

┃생각해 봅시다┃

1. 그림 속의 모란꽃을 보고 선덕여왕이 향기가 없다고 한 이유는 무엇이며, 당나라 임금이 모란꽃 그림을 보낸 까닭은 무엇인지 말해 보자.

2. 한겨울에 영묘사(靈廟寺)에서 일어난 괴이한 일은 무엇인가? 그리고 선덕여왕이 마지막으로 무엇을 예견하여 신하들에게 부탁했는가.

3. 선덕여왕이 여근곡(女根谷)에 백제 군사가 숨어 있다고 생각한 근거를 모두 들어 구체적으로 설명해 보자.

4. 선덕여왕이 미리 알아낸 세 가지 일을 차례로 정리해 보고 이 글의 창작 의도(가치)를 여러 방면으로 폭넓게 생각해 보자.

제2부.
문학과 생활

1. 한국문학 개론

1.1. 한국문학의 범위

한국문학이란 한민족이 한국어로 이룩한 문학이다. 이 정의에는 세 가지의 요건이 있다. 한민족과 한국어와 문학이 그것이다. 이 세 가지의 요건에 대하여 개념규정을 분명하게 하면 자연히 한국문학의 범위는 확정된다. 한민족이란 한반도에 정착한 우리 민족을 일컫는다. 그러나 여기에는 두 가지의 문제점이 있다.

첫째는 한민족의 기원을 구체적으로 어느 시기부터 인정해야 할 것인가 이고, 둘째는 한민족의 성립 이후 민족이동에서 일어나는 여러 문제점들을 극복할 한민족의 개념규정을 어떻게 할 것인가이다. 첫 번째의 문제는 역사 연구의 결과를 기다려 보면서 결정할 일이나 현재로서는 고조선부터 인정할 수 있을 것이다. 두 번째 삼국시대에 우리 민족이 중국에 나가서 그곳에 정착했거나 조선조 때 일본에 나가서 그곳을 정착한 경우도 우리말 공동체를 이루고 우리말로 문학 활동을 한 것은 마땅히 한국문학으로 인정해야 할 것이므로 한국문학의 범위를 논의할 때 한민족이란 우리말로 문학 활동을 했느냐, 하지 않았느냐를 구분 할 수 있을 것이다.

이와 같이 본다면 일제치하 일본이나 소련으로 이주 가서 사는 한민족이나 6·25사변 이후, 미주 등지를 이주해 가서 사는 한민족의 문학 활동도 우리말로 된 것은 모두 한국문학으로 보아야 할 것이므로 그들이 우리말로 문학 활동을 하는 한 한민족이라 할 수 있다. 그러나 그들의 문학 활동이 중국어나 일본어, 러시아어나 영어 등으로 이루어진 것은 한국문학이 될 수 없으므로 이와 같은 경우는 한국문학의 범위를 논의 할 때에 국한되지만 한민족에서 제외될 수밖에 없을 것이다. 따라서 한국문학의 범위를 정하는 데 있어서 한민족이란 요소는 국적이나 지역에 관계없이 우리 민족이 우리말로 문학 활동을 했으면, 모두 한민족의 개념 속에 포함시켜야 한다.

한국어란 우리말과 우리 문자를 포괄하는 용어이다. 우리 민족이 향유한 문학에는 문자로 기록되지 않은 채 口傳되는 口碑文學과 문자로 기록된 記錄文學이 있다. 기록문학에는 한자로 기록된 韓國漢文學과 借字文學이 있고 한글로 기록된 正音文學이 있다. 여기에서 구비문학과 차자문학과 정음문학을 한국문학의 범위에 넣는 데는 별다른 문제점이 없다. 문제는 한자로 표기된 모든 한국한문학을 한국문학으로 볼 수 있을 것인가에 있다.

우리 민족이 일제말기에 일본어로 쓴 문학 작품이나 20세기에 접어들면서 우리 민족이 영어로 쓴 문학 작품을 한국문학이라고 할 수는 없다. 그러나 중국문자로 표기되었다고 해서 우리 민족이 남긴 삼국시대나 고려조의 한문학을 한국문학이 아니라고 할 수도 없다. 중국문자인 한자는 한글창제 이전은 물론이고 한글창제 이후도 우리의 나라글자처럼 아주 광범하게 통용된 문자이다.

그뿐 아니라 한국의 한문학은 중국문학과는 다른 한민족의 민족문학으로서의 특색을 가지고 있다. 따라서 한국한문학은 마땅히 한국문학의 범위에 들어와야 한다. 20세기에 우리 민족이 지은 한시문도 물론 한국문학이다. 이 경우 우리 민족의 한시문은 중국 민족이 같은 시기에 일반적으로 향유한 그것과는 표기체계나 문학적 관습이 아주 다르기 때문이다. 따라서 한국어로 된 문학이란 한국어로 표현된 구비문학과 한자나 한글로 표기된 기록문학을 통틀어 일컫는 말이다.

문학이란 무엇인가에 대한 정의는 크게 넓은 의미의 문학과 좁은 의미의 문학으로 대별하여 생각할 수 있다. 넓은 의미에서의 문학이란 시문・역사・철학 등 문자로 기록된 모든 것을 말하며, 좁은 의미에서의 문학이란 언어와 문자를 매체로 하여 인생을 구체적으로 표현하는 미적 창조와 세계를 말한다. 이와 같은 문학의 정의에 있어서는 넓은 의미에서나 좁은 의미에서나 항상 표현 매체인 언어와 문자가 중요한 요건이 된다.

文・史・哲로 일컫는 넓은 의미의 문학은 고대 중국이나 우리나라에서 두루 통하던 문학에 관한 인식으로서 그 때에는 창조의 세계와 역사 및 사변적인 세계를 구별하지 않고 문자로 기록된 것이면 모두 문학으로 간주하였다. 뿐만 아니라 문학은 도학적이고 사변적인 것을 수용하는 것을 최고의 가치로 삼았기 때문에 문과 철은 불가분의 관계에 놓여 있는 것으로 이해되었다. 그러나 그러한 이해의 상태는 오래도록 지속되지는 못했다. 상고시대부터 이어져 내려온 좁은 의미의 순수문학적인 전통이 엄존해 있었기 때문이다. 그리하여 문・사・철을 모두 문학으로 간주하는 인식에 상당한 거부반응이 나타나게 되었다. 우리나라의 경우 후대에 내려오면서부터 문학을 넓은 의미로써가 아니라 좁은 의미의 문학, 곧 언어와 문자로 표현되었으며 인생과 세계를 예술적으로 형상화해 놓은 것만을 국한시켜서 생각하기에 이르렀다.

지금까지 논의한 한국문학의 세 가지 구성 요건으로써 한국문학의 범위를 정한다면 다음과 같이 말할 수 있다. 한국문학이란 "한민족의 삶을 각 시대에 나랏말과 나라글자처럼 통용되었던 문자로서 기록한 문학이다."라고 정의 할 수 있으며, 한국문학은 문자로 기록되지 않은 채 구전되는 구비문학과 한자로 기록된 한국한문학과 차자문학이 있고 한글로 기록된 정음문학이 있다.

1.2. 한국문학의 갈래

문학의 갈래에는 큰 갈래(Gattung)와 작은 갈래(Art)가 있다. 큰 갈래란 일반적으로 시대나 지역에 구애되지 않고 공통적으로 나타나는 것이고, 작은 갈래란 시대나 지역의 영향을 받으면서 변이 형태로 나타나는 것이다. 한국문학의 큰 갈래는 두 갈래나 세 갈래 혹은 네 갈래나 다섯 갈래 등으로 나누어진다. 지금까지 우리 학자들이 나누어 본 한국문학의 큰 갈래와 작은 갈래들은 들어보면 다음과 같다.

두 갈래란 詩歌(잡가・향가・시조・별곡체・가사・악장・극가)와 散文(설화・소설・내간・일기・기행・잡문)으로 나누는 것이고, 세 갈래란 抒情(고대가요・향가・고려가요・시조・주관적 서정적인 가사・잡가)과 敍事(설화・소설・객관적 서사적인 가사)와 劇(가면극・인형극・창극)이나, 또는 詩와 小說과 隨筆로 나누는 것이다.

그리고 네 갈래란 詩歌와 歌辭와 小說(신화・전설・설화・소설)과 戲曲(가면극・인형극・창극)이나 抒情(서정민요・고대가요・향가・고려속요・시조・잡가・신체시・현대시)과 敎述(교술민요・경기체가・몽유록・악장・가사・창가・가전체・수필・서간・일기・기행・비평)과 敍事(서사민요・서사무가・판소리・신화・전설・민담・소설)와 戲曲(가면극・인형극・창극・신파극)등으로 나누는 것이다.

다섯 갈래란 敍情(고대가요・향가・고려속요・시조・사설시조・잡가・서정민요・대다수의 한시・신체시・대부분의 현대시)과 敍事(신화・서사시・전설・민담・서사민요・서사무가・판소리・고전소설・신소설・현대소설)와 戲曲(탈춤・꼭두각시놀음・창극・신파극・현대극)과 敎述(악장・창가・수필・서간・일기・기행・한문학의 文類)과 中間混合(경기체가・가사・가전・몽유록・야담)으로 나누는 것이다. 이 밖에는 앞에 네 갈래에다 評論이나 漢文學등을 첨가하여 다섯 갈래로 나누어 본 학자도 있다.

이와 같이 한국문학의 갈래 구분에서 가장 크게 부상되는 문제는 큰 갈래의 분류항을 어떻게 설정할 것인가이다. 그리고 작은 갈래의 분류에 있어서 경기체가와 가사와 몽유록 등을 어떻게 볼 것인가가 쟁점이 되어 있다. 곧 경기체가를 敎述로 볼 것인가 混合으로 볼 것인가 抒情으로 볼 것인가가 문제되었고, 가사를 隨筆로 볼 것인가 敎述로 볼 것인가 敍事와 抒情으로 나누어 볼 것인가 混合으로 볼 것인가가 문제로 제기되었다. 한편 몽유록을 敎述로 볼 것인가 敍事로 볼 것인가도 문제가 되어있다.

갈래 구분의 궁극적인 목표가 단순한 분류학에서 머무는 것이 아니라 동질성의 원리를 해명하는 데 있다고 하더라도 그 동질성이 무엇이

냐에 따라서 작은 갈래 상호간의 넘나듦은 있을 수밖에 없다. 따라서 한국문학의 갈래 구분을 어떤 완전한 고정적인 틀로 만들어 낼 수는 없을 것이다. 그러나 분류자의 의향에만 근거하는 인위적인 분류는 가급적 지양되어야 하고 문학적 유전학(Literary genetics)에 착안하면서 형식상의 계속성에서 갈래의 틀을 찾으려는 모색을 해야 한다.

이와 같은 방법과 관점에서 마련된 다음과 같은 한국문학의 갈래 체계를 제시하고, 그에 따라서 이 책을 서술해 나가고자 한다. 한국문학의 큰 갈래는 抒情的 계열과 敍事的 계열과 戱曲的 계열과 隨筆的 계열과 批評的 계열의 다섯 갈래로 나눌 수 있다. 이 큰 갈래에 속하는 작은 갈래들은 다음과 같다.

1) 서정적 계열
   ㉠ 고전시가(고려가요 · 향가 · 속요 · 경기체가 · 시조 · 가사 · 악장 · 잡가 · 민요 · 한시)
   ㉡ 개화기 시
   ㉢ 현대시
2) 서사적 계열
   ㉠ 구비서사문학(신화 · 전설 · 민담 · 서사민요 · 서사무가 · 판소리)
   ㉡ 고소설
   ㉢ 야담계 단형서사체
   ㉣ 궁중서사문학
   ㉤ 신소설
   ㉥ 현대소설
3) 희곡적 계열

  ㉠ 가면극

  ㉡ 인형극

  ㉢ 창극

  ㉣ 신파극

  ㉤ 현대극

 4) 수필적 계열

  ㉠ 삼국시대 수필

  ㉡ 고려시대 수필

  ㉢ 조선조의 수필

  ㉣ 현대수필

 5) 비평적 계열

  ㉠ 고려조의 비평

  ㉡ 조선조의 비평

  ㉢ 현대비평

1.3. 한국문학의 특질

 각 민족의 문학은 제각기 문학의 종족관념을 가지고 있다. 오랜 역사 속에서 문학적인 생활이 영위되고 그러한 생활 속에서 산출된 한국문학은 世界性을 가지면서도 또한 다른 민족의 문학과 구별되는 어떤 특질을 가지고 있다고 보아야 한다. 그러나 그러한 특질을 몇 마디로 요약하여 정리하기란 여간 힘든 일이 아니다. 보는 관점에 따라서 다를 수 있고, 그러한 특질을 어디에서 찾느냐에 따라서 다를 수 있기 때문이다. 이 글에서는 몇몇 학자들의 견해를 검토해 봄으로써 한국문학의 특질을 보다 넓은 시각에서 포괄적으로 파악해 보도록 하겠다. 한국문학의 특질을 가장 먼저 거론한 이는 趙潤濟이다. 그는 다음과 같이 우리 문학의 특질을 지적하였다.

첫째로 '은근과 끈기'를 들고 있다. '은근'은 표현기법 상에서 본 특질이고 '끈기'는 정신적인 측면에서 추출해 낸 특질이다. 전자는 문학뿐 아니라 한국예술 전반에 공통적으로 나타나는 현상으로 볼 수 있는데, 문학의 경우 그는 춘향전에서 춘향의 묘사와 南九萬의 시조 등을 방증자료로 제시하였다.

예컨대 직설적인 표현을 피하고 우회적으로 여운을 남기는 수법을 통해서 인물의 아름다움이라든가 자연 풍경의 사실성을 그리고 있다는 것이다. 현대문학 특히 소설에 와서는 상황이 많이 달라졌지만 고전문학의 밑바닥에 그러한 은근한 미의식이 깔려 있는 것은 부인할 수 없다. '끈기'를 설명하기 위하여 그는 정몽주의 <단심가>・<가시리>등을 보기로 들고 있다. 이것은 志節과 유관한 것으로 옛 시가의 작품뿐 아니라, 고전소설을 통해서 볼 때 신념을 지키기 위해서, 혹은 이별 후에 찾아온 쓰라린 기다림의 고통을 이겨내기 위해서 우리 문학의 주인공들은 훼절됨이 없이 끈기를 가지고 자세를 바꾸지 않았음을 쉽게 발견할 수 있다.

둘째로 '가냘픔과 애처로움'을 들고 있는데, 이것은 곧 애상적인 것을 말한다. 곡적이 많은 우리의 역사와 곡선의 미를 즐긴 우리의 민족성과 결부시켜 볼 수 있는 특질이다. 이러한 특질은 민요가락과 남도의 육자배기와 서도의 수심가 등이 그 실증적인 자료라고 하였다. 한국문학에 그러한 애조가 깃들어 있는 것이 사실이지만 또 한편으로는 해학적인 것이 한 부분을 차지하고 있음도 간과할 수 없다. 그 해학은 애상적인 것에 휩싸여서 표출되는 모순을 만드나 그러한 모순이 모순으로 느껴지지 않는 데에 한국문학의 묘미가 있다.

셋째로 '두어라'와 '노세'를 들었다. 체념적인 또는 낙천적인 운명관에서 비롯된 민족성이 그대로 문학에 반영된 것이라고 볼 수 있겠는데, 이것 역시 전시대 선인들의 현실인식과 몸에 밴 생활습속에서 분비된 특질로 간주할 수 있다. 시조 종장의 첫 구에 투식화 되다시피 한 '두어라'든가 노랫가락 등에서 쉽게 들을 수 있는 '노세' 등이 그 좋은 예라고 하였다. 이러한 투식화 된 어법이 구색삼아 그냥 사용된 것이 아니고, 앞에서도 말한 바와 같이 체념적 또는 낙천적 운명관의 결과로 나타난 것이기 때문에 그것이 한국문학의 정신적 특질이라고 할 수 있다.

이와 같은 조윤제의 견해에 바탕을 두고 한국문학에 잠재해 있는 특질은 '멋'이라고 주장하고 나선 이는 金東旭이다. 그는 한국문학의 특질로서의 멋은 그냥 '멋'이 아니라 '멋' 앞에 어떤 수식어를 거느리는 멋이라고 하였다. '멋'에 대한 종합적 검토는 趙芝薰의 글이 대표적인 것이라고 할 수 있겠는데 여기에서도 문학적인 측면의 '멋'이 상론되어 있다.

김동욱은 조윤제가 말하는 끈기가 미적 범주의 네 가지 유형인 숭고·비장·우아·골계에 포함될 수 없음을 지적하여 이를 빼고 '가냘픔'과 '은근함'을 연결시켜서 우리 문학의 특질을 '가냘프고 은근한 멋'이라고 규정하였다. 이와 같이 말하고 있지만 신라 이래 한국문학 작품을 총괄할 수 있는 어떤 통일 원리를 가지고 있는 것은 아니며, 중국의 웅장한 스케일과 일본의 맺고 끊는 直截한 선에 대응해서 가냘프고 은근한 멋이 그런대로 우리의 생활과 그 생활을 표현한 문학의 숨은 특성으로 볼 수 있다고 말하고 있다. 한국문학에 풍류가 있다는 점을 감안하면 멋스러움에다가 한국문학의 특질의 축을 세우는 것도 그런대로 설득력을 지니고 있다고 하겠다.

具滋均은 양반형의 문학과 평민형의 문학으로 크게 두 갈래로 나누어서 한국고전문학의 특질을 논하였다. 전자를 '이도령형의 문학'이라 하고, 후자를 '방자형의 문학'이라고 하였다. 전자는 정관을 주로 하고 예지에 집착하는 몽환·관조의 세계를 대표로 하는 '아폴로형의 문학'이라고 지칭할 수 있다고 하면서 여기에는 점잖음과 도덕주의적인 면, 공리주의적인 양상이 깃들어 있다고 하였다. 후자는 酩酊의 세계에 상주하고 충동적·본능적·열정적인 향락을 목적으로 하는 '디오니소스형의 문학'이라는 말로 대체할 수도 있는데 여기에는 해학과 색정주의 또는 취락주의적 색채가 濃厚하다고 논술하고 있다.

이와 같이 사대부와 평민을 대치적으로 놓고 볼 때 결국 한국고전문학의 특질은 점잖음과 해학, 도학과 색정, 공명과 취락이 그 특질이라고 할 수 있다고 하였다. 점잖음의 특질을 증명하기 위해서 그는 李滉의 <도산십이곡> 발문에 나타난 문학관을 인용하여 양반사회에서 남녀상열지사 계열의 작품을 배척하거나 익살스런 장면을 무시해 버리고 오직 도학자적인 점잖음에 자족코자 한 것을 들었다. 이러한 문학적 성향은 퇴계 한 사람만의 경우에서뿐 아니라 신라·고려시대의 승려·무사·양반, 조선시대의 양반관료들의 작품 속에서 얼마든지 찾을 수 있다.

평민문학에서의 해학성도 많은 작품에서 노출되고 있다. 구운몽과 사씨남정기 같은 몇 편의 소설을 제외한 고전소설의 거의 대부분에서 이 해학성은 주요 表現素로 되어 있고 蔓橫淸類로 일컬어지는 사설시조 수백 편 중 그 태반이 抱腹絶倒할 해학과 웃음의 문학으로 되어 있는 것은 그 구체적인 증거이다. 춘향전에서 방자의 익살과 해학, 홍부전에서 홍부와 그 자식들이 비참한 생활을 하면서도 독자로 하여금 폭소를 터뜨리게 하는 여러 장면, 심청전에서 심봉사와 뺑덕어미와의 생활, 장화홍련전에서 계모 허씨의 흉악한 음모의 표현, 배비장전에 나타나는 비장의 망신하는 장면 등, 도처에서 유머와 위트에 충만한 평민성과 해학성이 충만해 있음을 쉽게 알 수 있다.

점잖음은 바로 도학자적 성향과 다르지 않으므로, 상세한 설명을 요하지 않거니와 이른바 색정파문학은 평민문학의 두드러진 특질로서 특히 18세기를 전후하여 등장한 산문문학과 사설시조 등에서 매우 진하게 표출되어 있음을 알 수 있다. 이는 시대 상황의 변천과 무관하지 않은 것으로 좀 거창하게 표현한다면 인간본성의 해방을 부르짖던 조선조 후기 시대정신과 밀접한 관계를 맺고 있다.

춘향전에서 춘향과 이도령이 연출하는 음란한 장면, 가로지기타령의 외설적인 내용과 표현, 배비장전에서 엿볼 수 있는 일련의 호색적인 국면 등이 모두 여기에 해당되고, 뿐만 아니라 산문정신이 깃들어 있는 사설시조에서 적지 않게 엿볼 수 있는 노골적인 육담과 외설도 평민들의 색정문학의 대표적인 것으로서 간주될 수 있는 것이다. 황진이와 같은 기녀들의 일련의 평시조 작품에서도 색정파적인 것에 근접할 수 있는 요소를 발견할 수 있어서 이런 모든 작품들을 종합하여 하나로 체계화시킬 때, 한국문학의 한 특질로 지적되는 색정주의는 보다 선명하게 부각될 수 있으리라고 믿는다.

공명주의, 이것은 주로 양반문학에서 건져낼 수 있는 특질임에 틀림없다. 공명주의는 유교적인 입신출세의 처세관에서 비롯된 것이다. 귀족계층에 속해 있는 사람에게도 도교적인 은일 도피사상과 나아가서는 자연과 더불어 살고자 하는 광의로서의 취락적인 향락주의 사상이 없는 게 아니었고 그러한 사상을 문학화 시키지 않은 바는 아니나, 이는 어디까지나 동양적 전통으로서의 사상과 감정을 많이 연출하고 있어서 고답적·도덕적인 내용이 중심이 되어 있기 때문에 취락주의는 대체로 평민문학의 특질로 돌릴 수 있고 대신 구운몽 등에서 여실히 대할 수 있는 出將入相·立身出世의 공명주의는 양반문학의 특질이라고 그는 말하고 있다.

이 밖에도 끈기 있는 連綿性을 들고 있는데, 이 점은 조윤제의 견해와 비슷하나 시각은 각기 다르다. 조윤제는 문학정신사적 측면에서 끈기를 말한 반면, 구자균은 문학의 형태적인 연속성의 측면에서 끈기를 논하고 있다. 곧 한국고전문학은 수천 년 내려오는 동안 여러 장르가 생성하고 발달하고, 또 쇠퇴하는 과정을 밟아왔지만, 시가문학이든 산문문학이든 단절되지 않고 어느 한 장르가 한계에 부닥쳤을 때에는 그것이 새로이 지양되어서 다른 장르를 생성시켜 중도에서 끊어짐이 없었음은 다른 나라에서 볼 수 없는 현상이며, 이것이 곧 끈기의 문학이면서 우리 문학의 특질이라고 하였다.

한국고전문학은 많은 갈래에 속하는 작품들이 읽혀지는 문학, 낭송되는 문학, 나아가서는 노래로 불리어지는 문학인 점에 착목하여 양반형·평민형의 문학을 막론하고 풍류스러운 멋이 한국고전문학의 또 다른 특질이라고 말하고 있는데, 이 점은 김동욱과 같은 견해나 다만 김동욱은 그냥 멋으로 보지 않고 가냘프고 은근한 멋으로 규정하였음은 앞에서 말한 바와 같다.

최근에 거론되고 있는 한국문학의 또 다른 특질, 예컨대 시대적으로 획일성을 띠는 경향성, 무기교에서 神技로 승화되는 소박성, 현실긍정의 낙천성, 표현 방법에서 소극적이고 체념적이며 추상적이고 형식적인 것, 또는 풍자적인 기법, 불교사상과 신선사상, 그리고 유학 등에서 온 은둔사상에서 비롯된 현실에서의 초월·체념·도피적인 세계관이 문학에 투영되어 한 특질을 이루고 있다는 견해 등도 한국문학의 특질을 새롭고 폭넓게 이해하려는 움직임의 일단이다.

이상과 같은 견해들을 통해서 우리는 한국문학의 특질이 어떤 것인지 그 윤곽을 대체로 파악할 수 있게 되었다. 위의 견해들은 서로 공통되는 것도 있고 아주 다른 것도 있다. 그 어느 경우이든 간에 일단은 한국문학의 한 특질을 지적하고 있음에는 틀림없는 듯싶다. 다만 이를 보다 밀도 있게 체계화시켜 표현해 보는 일과 거기에 덧붙여서 한국문학의 특질이 될 수 있는 또 다른 새로운 점들을 발견해서 그 폭을 확장시키는 작업이 앞으로의 과제라 하겠다. 이러한 작업은 이미 연구된 작품과 현재 연구 중인 작품과 앞으로 연구할 작품들에까지 시야를 넓혀서 그들 작품 속에 꿰뚫어 흐르고 있는 현저한 공통성을 찾아서 체계화시킬 때 더욱 설득력을 지닐 수 있을 것으로 본다. [林基中, 『韓國文學 槪論』(總論)]

▍생각해 봅시다 ▍

1. 다음에 제시된 문학은 어떤 갈래에 속하는가. 그 특징을 말해 보자.

(가) 어뎌 니 일이여 그릴 줄을 모로던가
　　 이시라 ᄒ더면 가랴마ᄂᆞᆫ 졔 구틱여야
　　 보ᄂᆡ고 그리ᄂᆞᆫ 情은 나도 몰나 ᄒ노라

(나) 옛날 어느 사람의 부인이 임신을 했는데, 꿩이 먹고 싶다고 했다. 그 사람이 산에 가니 마침 꿩 한 마리가 떨어져 있어서 가져왔다. 그런데 그 꿩은 이시미가 잡은 것이었다. 부인은 그 꿩을 먹고 아들을

낳았다. 아들이 장가를 가는데, 그 이시미가 나타나서 꿩 대신 아들을 잡아먹겠다고 했다. 혼례만 치를 수 있게 해달라고 해서 혼례를 치렀지만 죽을 시간이 다가왔다. 이 사정을 안 신부가 남편을 살리겠다고 나섰다. 신부는 이시미에게 신랑이 죽으면 자기는 어떻게 살란 말이냐며 신랑을 살려 달라고 했다. 이시미는 살려 달라는 청은 거절하면서 대신 무슨 소원이든지 들어준다는 야광주를 하나 주었다. 이 말을 들은 신부는 야광주로 이시미를 죽이고 신랑을 살려냈다.

(다) 명서: 나는 여태 개, 돼지같이 살아 오문서 한 마디 불평두 입 밖에 내지 않구 꾸벅꾸벅 일만 해 준 사람이여. 무엇 때문에, 무엇 때문에 내 자식을 이 지경을 맨들어 보냈느냐? 응, 이 육실헐 놈들!(일어서려고 애쓴다.) […중략…]

명서 처: (흩어진 백골을 주우며)명수야, 내 자식아! 이 토막에서 자란 너는 백골이나마 우리를 찾아왔다. 인제는 나는 너를 기다려서 애태울 것두 없구, 동지섣달 기나긴 밤을 울어 새우지 않아두 좋다! 명수야, 이제 너는 내 품안에 돌아왔다.

명서: ……아아, 보기 싫다! 도루 가져 가래라.

금녀: 아버지, 서러 마세유. 서러워 마시구 이대루 꾹 참구 살아가세우. 네, 아버지! 결코 오빠는 우릴 저버리진 않을 거예유. 죽은 혼이라두 살아 있어, 우릴 꼭 돌봐줄 거예유. 그때까지 우린 꾹 참구 살아가유. 예, 아버지!

명서: ……아아, 보기 싫다! 도루 가져 가래라.

(금녀의 어머니는 백골을 안치하여 놓고, 열심히 무어라고 중얼거리며 합장한다.)

(소리, 적막을 찢는다.)

(라) 이 남산골 샌님이 마른날 나막신 소리를 내는 것은 그다지 얘깃거리가 될 것도 없다. 그 소리와 아울러 그 모양이 퍽 초라하고 궁상이 다닥다닥 달려 있는 것이 문제인 것이다. 인생으로서 한 고비가 겨워서 머리가 희끗희끗할 지경에 이르기까지, 변변치 못한 벼슬이나마 한 자리 얻어 하지 못하고(그 시대에서는 소위 양반으로서 벼슬 하나 얻어 하는 것이 유일한 욕망이요, 영광이요, 사업이요, 목적이었던 것이다.) 다른 일, 특히 생업에는 아주 손방이어서 아예 손을 댈 생각조차 아니 하였기 때문에 경제적으로는 극도로 궁핍한 구렁텅이에 빠져서 글자 그대로 三旬九食의 비참한 생활을 해가는 것이다. 그 꼬락서니라든지 차림차림이야 여간 장관이 아니다. […중략…] 현대인도 너무 약다. 전체를 위하여 약은 것이 아니라 자기중심, 자기 본위로만 약다. 百年大計를 위하여 영리한 것이 아니라 당장 눈앞의 일, 코앞의 일에만 아름아름하는 姑息之計에 현명하다. 廉潔에 밝은 것이 아니라 극단의 이기주의에 밝다. 이것은 실상은 현명한 것이 아니요, 우매하기 짝이 없는 일이다. 제 꾀에 제가 빠져서 속아 넘어갈 현명이라고나 할까. 우리 현대인도 '딸깍발이'의 정신을 좀 배우자. 첫째 그 의기를 배울 것이요. 둘째 그 강직을 배우자. 그 지나치게 청렴한 미덕은 오히려 분간을 하여 가며 배워야 할 것이다.

(마) 이 '陶山十二曲'은 陶山老人이 지은 것이다. 老人이 이 시조를 지은 까닭은 무엇 때문인가. 우리 동방의 가곡은 대체로 淫哇하여 족히 말할 수 없게 되었다. 저 '翰林別曲'과 같은 類는 문인의 口氣에서 나왔지만 矜豪와 방탕에다 褻慢과 戲狎을 겸하여 더욱이 군자로서 崇尙할 바 못되고, 다만 근세에 李鼈이 지은 '六歌'란 것이 있어서 세상에 많이들 전한다. 오히려 저것[六歌]이 이것[翰林別曲]보다 나을 듯

하나, 역시 그 중에는 玩世不恭의 뜻이 있고 溫柔敦厚의 實이 적은 것이 애석한 일이다. 노인은 본래 음악의 가락을 모르고 세속의 樂은 오히려 듣기를 싫어하여 한가하게 지내며 病을 요양하던 중, 틈틈이 무릇 정성에서 느끼는 바가 있으면 늘 시로 나타냈다. 그러나 오늘날의 시는 옛날의 시와 달라서 읊을 수는 있으나 노래할 수는 없다. 만약 노래하고자 하면 반드시 俚俗의 말로 엮어야 한다. 대개, 나라 풍속상 음절이 그렇지 않을 수가 없는 것이다.

[음와(淫哇): 음탕하다 / 구기(口氣): 말씨 / 긍호(矜豪): 교만과 허세 / 설만(褻慢): 행동이 무례하고 거침 / 희압(戲狎): 진지하지 못하고 장난치듯 함 / 완세불공(玩世不恭): 세상을 희롱하며 공손하지 못함 / 온유돈후(溫柔敦厚): 성격이 온화하고 부드러우며 인정이 두터움 / 이속(俚俗)의 말: 우리 글]

2. 위 글을 토대로 한국문학의 정의와 한국문학의 구성 영역(구비문학, 국문문학[차자문학 포함], 한문문학)에 대해 생각해 보자.

3. 고대로부터 현재에 이르기까지 한국문학은 우리의 고유한 정서와 정신을 담아내면서 독창적인 전통을 형성해 왔다. 이러한 특질과 전통에 대한 이해는 한국문학에 대한 이해와 감상에 도움이 된다. 따라서 우리가 고찰할 수 있는 한국문학의 특질을 세 가지 이상 제시하고 설명해 보자.

도움말

1.

(가) 황진이의 시조: 정형적인 운문의 율격(평시조)을 통해 서정적 정서를 나타내고 있다. 서정문학은 1인칭 작중화자가 독백 또는 고백적인 언어로 자신의 감정, 느낌, 의지를 표출하는 양식이다. 서정적 계열에 해당한다.

(나) 꿩과 이시미: 신부와 이시미(이무기)가 꿩으로 인해 겪는 갈등을 이야기로 쓴 설화이다. 서사문학은 서술자에 의해 어떤 인물들의 행위가 일정한 줄거리를 갖춘 사건으로 이야기 되는 형태를 취한다. 서사적 계열에 속한다.

(다) 유치진, <토막>: 일제의 수탈 속에서 황폐해 가는 우리 민족의 참담한 현실을 그린 희곡이다. 극(희곡, 시나리오)문학은 서술자의 중개 없이 인물들의 대사와 행위를 통해 압축된 언어로 이루어지고, 사건은 현재 진행형으로 제시된다. 희곡적 계열이다.

(라) 이희승, <딸깍발이>: 딸깍발이의 의기와 강직, 청렴의 미덕을 계승하자는 교훈적, 해학적 수필이다. 교술적 성격을 지닌, 수필적 계열이다. 교술 문학(수필)은 실제의 경험, 사실과 생각을 기록하여 전달하는 형식을 취한다.

(마) 이황의 유교적 문학관과 도학가(道學歌)의 성격이 드러난 '도산십이곡발(陶山十二曲跋)'로, 시조는 한시에 비해 노래로 부를 수 있는 것이라 더 큰 감흥을 불러일으킬 수 있음을 지적하고 있다. 그리고 문학이 지향해야 할 온유돈후(溫柔敦厚)의 경지를 통해 문학의 올바른 모습을 제시하고 있는 문학 비평이다. 비평적 계열에 해당한다.

2. 붓을 들게 하는 수필(隨筆)의 멋

옛 사람이 스스로 높은 선비의 맑은 향을 그리려 하되 향기는 형태가 없기에 난(蘭)을 그렸다. 이어 정갈한 여인의 빙옥(氷玉)같은 심정을 그리려 하되 그 또한 형태가 없기에 매화(梅花)를 그렸다. 다시 붓에 먹을 듬뿍 찍어 한 폭의 대(竹)를 그렸더니 장부의 푸르른 기개(氣槪)가 살아나고 붓을 돌려 한 폭의 산수(山水)를 담아내니 소슬한 바람과 청청(淸淸)한 물소리가 태고(太古)의 신비를 실어오는 듯했다.

꽃을 그리면 나비가 오고 갈대를 그리면 가을이 오며 돌을 그리면 질박한 옛 풍미(風味)가 그윽하니 이것이 곧 문(文)의 신묘(神妙)요, 신기(神技)인 것이다. 종이에 그린 꽃과 풀잎이 어떻게 향기를 내며, 먹으로 그린 돌에서 어떻게 바람 소리를 들을 수 있을까. 이것이 문(文) 속에 솟아난 문심안(文心眼)이다. 문정통(文情通)이다. 여기에 비로소 작자와 독자의 애틋한 만남은 맺어지고 사랑은 형성된다. 이 진미(眞味)를 알게 되면 진실로 글을 쓰고 읽을 수 있을 것이다.

글 꾀나 쓰는 문인(文人)들이 특별히 대단할 것도 없는 신변잡사(身邊雜事)의 체험적 사실을 즐겨 쓰는 이유는 무엇인가. 사회의 부조리와 삶의 모순, 생활의 정회(情懷)와 인생의 편모(片貌)를 새삼 느꼈기 때문이 아닐까. 우리가 살고 있는 세계는 연속적이며 사실 그대로의 모습이 아니다. 따라서 자신의 프리즘을 통해 음미되고 재생된 까닭에, 때로는 새롭고 또는 그 형태로써 소중한 의미를 지니게 된다.

더욱이 주관적 자신으로서가 아닌 세상의 응시를 통해 얻은 객관적 자신일 때, 이렇게 사소하고 잡다한 모든 것도 하나의 글이 될 수 있는 것이다. 여과된 정서는 발효된 사색(思索)을 떠오르게 하고 단형(短形)의 글은 진실하고 깊이가 있어 작자의 의지를 담아내며, 결코 가볍지 않은 여운을 그려낸다.

　시와 소설의 중심이 각각 이미지와 테마라면, 수필(隨筆)의 중심은 경이적인 모멘트(moment)를 통한 무드(mood)라고 할 것이다. 요컨대 수필은 지성의 토대 위에 사색적 정서를 끌어내는 서정과 서경, 서사와 설리(說理), 그리고 경험과 체험, 비평과 연단(演壇) 등을 아우를 수 있다. 그리고 수필은 1인칭 문학으로, 언제나 서술(敍述) 주체는 필자 자신이다. 따라서 수필은 필자의 신분이나 성격, 취향, 심지어는 교양적 자질이나 인간적 품성까지도 반영되고 드러나는 직접성이 강한 개성적 산문이라 할 수 있다.

　흔히 수필을 얘기할 때 꼭 빼놓을 수 없는 특징이 있다. 그것은 '무형식의 형식'이라는 형식의 자유로움일 것이다. 앞서 언급한 것처럼 비교적 단형의 산문 형식을 취하지만 수필은 원칙적이고 정연한 작문의 형태를 요구하지 않는다. 즉 경험과 관찰을 도입하거나 사설을 차용하거나 소설이나 희곡의 대화체 형식을 빌거나, 독백의 형태를 취하거나 시구를 늘어놓는 것은 물론 기행이나 서간(書簡)의 형식 등 과히 파격적(破格的)이라 하겠다. 무엇보다 중요한 사실은 이러한 선택이 모두 쓰는 이의 마음에 달려 있지만, 수필은 어느 쪽으로든지 지나치게 치우치거나 형식에 얽매이면 자칫 시(詩)나 소설(小說), 희곡(戱曲), 또는 평론(評論)이나 학술(學術) 보고가 될 수 있음으로 주의해야 한다.

　수필의 갈래는 현재 학자에 따라 2종설(중수필, 경수필)과 8종(사색적 수필, 비평적 수필, 스케치 수필, 담화 수필, 개인 수필, 연단 수필, 성격 수필, 사설 수필), 10종설(관찰 수필, 신변 수필, 성격 수필, 묘사 수필, 비평 수필, 과학 수필, 사색 수필, 담화 수필, 서간 수필, 사설 수필) 등 여러 가지로 분류하고 있으나 흔히 경수필과 중수필로 나누는 것이 보편적이다.

  경수필(輕隨筆)은 신변잡사(身邊雜事)의 개인적인 제재를 다룬 것으로 'Informal essay' 또는 'Miscellany'에 해당된다. 비교적 주관적 정서를 중심으로 가볍고 부드러운 느낌을 주며, 감정과 심리 등을 중시한다. 이에 비해 중수필(重隨筆)은 'Formal essay' 또는 'Essay'로 딱딱하고 논리적이며, 압축된 구조로 객관성을 지닌다. 따라서 무거운 느낌을 주며 보편적 사회 문제에서 출발하여 지적이고 이성적이라 할 수 있다.

  수필에 제 맛을 더할 수 있는 가장 중요한 요건은 글의 내용을 보다 빛나게 하는 작자의 개성적 말씨와 참신한 비유에 있다. 이에 위트와 유머, 아이러니와 풍자, 상징이나 알레고리 같은 수사적 기교가 한데 어울려 특별한 흥미와 관심을 끌어낼 수 있다면 독자는 읽는 재미는 물론이요, 사색의 기회도 함께 즐기게 될 것이다.

  수필은 소설과 같이 사건의 줄거리를 통한 기획된 구성을 필요로 하지 않는다. 단편의 단일 효과를 노리지만 정서적 서술이 중심이 되고 다각적으로 음미할 수 있는 감정의 공유와 음미의 자유를 부여한다. 마치 같은 분위기 속을 걷다가 전체에서 일체된 정서를 나누면 족한 것이다. 이것이 곧 수필의 사실성이며, 수필적 교감이다. 따라서 수필은 자신의 생활을 객관화할 수 있는 냉철한 응시와 객체를 자기화할 수 있는 깊은 애정을 지녀야 한다. 그 속에서 좋은 수필의 향과 맛을 높일 수 있다.

▌생각해 봅시다 ▌

1. 아래의 [보기] 중 고전 수필과 현대 수필을 각각 두 편 이상 구해 읽고, 그 내용을 정리하고 특성을 비교해 보자.

[보기]

*고전 수필 - 왕오천축국전(혜초), 토황소격문(최치원), 청학동(이인로), 경설(이규보), 이옥설(이규보), 슬견설(이규보), 뇌설(이규보), 주뢰설(이규보), 차마설(이곡), 주옹설(권근), 서포만필(김만중), 통곡할 만한 자리(박지원), 일야구도하기(박지원), 수오재기(정약용), 계축일기(어느 궁녀), 산성일기(어느 궁녀), 병자일기(남평 조씨), 동명일기(의유당 김씨), 한중록(혜경궁 홍씨), 주상이 지통 중(혜경궁 홍씨), 삼옹주에게(선조), 이웃 부인에게(어떤 부인), 조침문(유씨 부인), 규중칠우쟁론기(미상).

*현대 수필 - 낭객의 신년 만필(신채호), 그믐달(나도향), 헐려 짓는 광화문(설의식), 청춘 예찬(민태원), 권태(이상), 백설부(김진섭), 생활인의 철학(김진섭), 구두(계용묵), 특급품(김소운), 딸깍발이(이희승), 오척단신(이희승), 이야기(피천득), 은전 한 닢(피천득), 수필(피천득), 플루트 연주자(피천득), 지조론(조지훈), 행복의 메타포(안병욱), 나무의 위의(이양하), 피딴 문답(김소운), 폭포와 분수(이어령), 먼 곳에의 그리움(전혜린), 거리의 악사(박경리), 수학이 모르는 지혜(김형석), 웃음설(양주동), 무소유(법정), 설해목(법정), 마고자(윤오영), 부끄러움(윤오영), 자장면(정진권), 꼴찌에게 보내는 갈채(박완서), 나의 문화유산 답사기(유홍준), 내 시린 가슴 한의 못을 빼주오(김병종).

2. 다음을 제재로 하여, 각자 작품에 개성이 드러나도록 제목을 선정하고 한 편의 완성된 수필을 써 보자.

[보기]

현대인과 현대 사회, 사랑, 우정, 동거, 미움, 추억, 비밀, 술, 금연, 여행(기행), 미래(이상), 성공과 실패, 이십대, 소유, 가난과 부, 길, 죽음, 부모, 형제, 대학생활.

3. 수필문학 감상

3.1. 피딴문답(皮蛋問答)

"자네, '피딴'이란 것 아나?"
"피딴이라니, 그게 뭔데?……"
"중국집에서 배갈 안주로 내는 오리알[압란(鴨卵)]말이야. '피딴(皮蛋)'이라고 쓰지."
"시퍼런 달걀 같은 거 말이지, 그게 오리알이던가?"
"오리알이지. 비록 오리알일망정, 나는 그 피딴을 대할 때마다, 모자를 벗고 절이라도 하고 싶어지거든……."
"그건 또 왜?"
"내가 존경하는 요리니까……."
"존경이라니……, 존경할 요리란 것도 있나?"
"있고말고. 내 얘기를 들어 보면 자네도 동감일 걸세. 오리알을 껍질째 진흙으로 싸서 겨 속에 묻어 두거든……. 한 반 년쯤 지난 뒤에 흙덩이를 부수고, 껍질을 까서 술안주로 내놓는 건데, 속은 굳어져서 마치 삶은 계란 같지만, 흙덩이 자체의 온기(溫氣) 외에 따로 가열(加熱)을 하는 것은 아니라네.”

“오리알에 대한 조예(造詣)가 매우 소상하신데…….”

“아니야, 나도 그 이상은 잘 모르지. 내가 아는 건 거기까지야. 껍질을 깐 알맹이는 멍이 든 것처럼 시퍼런데도, 한 번 맛을 들이면 그 풍미(風味)가 기막히거든. 연소(燕巢)나 상어 지느러미처럼 고급 요리 축에는 못 들어가도, 술안주로는 그만이지…….”

“그래서 존경을 한다는 건가?”

“아니야, 생각을 해 보라고. 날것째 오리알을 진흙으로 싸서 반년씩이나 내버려 두면, 썩어 버리거나, 아니면 부화(孵化)해서 오리 새끼가 나와야 할 이치 아닌가 말야……. 그런데 썩지도 않고, 오리 새끼가 되지도 않고, 독자의 풍미를 지닌 피딴으로 화생(化生)한다는 거, 이거 놀라운 일이 아닐 수 없지. 허다한 값나가는 요리를 제쳐 두고, 내가 피딴 앞에 절을 하고 싶다는 연유가 바로 이것일세.”

“그럴싸한 얘기로구면, 썩지도 않고, 오리 새끼도 되지 않는다…….”

“그저 썩지만 않는다는 게 아니라, 거기서 말 못할 풍미를 맛볼 수 있다는 거, 그것이 중요한 포인트지……. 남들은 나를 글줄이나 쓰는 사람으로 치부하지만, 붓 한 자루로 살아 왔다면서, 나는 한 번도 피딴만한 글을 써 본 적이 없다네. ‘망건을 십 년 뜨면 문리(文理)가 난다.’는 속담도 있는데, 글 하나 쓸 때마다 입시를 치르는 중학생마냥 긴장을 해야 하다니, 망발도 이만저만이지…….”

“초심불망(初心不忘)이라지 않아……. 늙어 죽도록 중학생일 수만 있다면 오죽 좋아…….”

"그런 건 좋게 하는 말이고, 잘라 말해서, 피딴 만큼도 문리가 나지 않는다는 거야……. 이왕 글이라도 쓰려면, 하다못해 피딴 급수(級數)는 돼야겠는데……."

"썩어야 할 것이 썩어 버리지 않고, 독특한 풍미를 풍긴다는거, 멋있는 얘기로구먼. 그런 얘기 나도 하나 알지. 피딴의 경우와는 좀 다르지만……."

"무슨 얘긴데?……"

"해방 전 오래 된 얘기지만, 선배 한 분이 평양 갔다 오는 길에 역두(驛頭)에서 전별(餞別)로 받은 쇠고기 뭉치를, 서울까지 돌아와서도 행장 속에 넣어 둔 채 까맣게 잊어버리고 있었다나. 뒤늦게야 생각이 나서 고기 뭉치를 꺼냈는데, 썩으려 드는 직전이라, 하루만 더 두었던들 내버릴밖에 없었던 그 쇠고기 맛이 그렇게 좋을 수가 없었더란 거야. 그 뒤부터 그 댁에서는 쇠고기를 으레 며칠씩 묵혀 두었다가, 상하기 시작할 하루 앞서 장만한 것이 가풍(家風)이 됐다는데, 썩기 직전이 제일 맛이 좋다는 게, 뭔가 인생하고도 상관있는 얘기 같지 않아?……"

"썩기 바로 직전이란 그 '타이밍'이 어렵겠군……. 썩는다는 말에 어폐(語弊)가 있긴 하지만, 이를테면 새우젓이니, 멸치젓이니 하는 젓갈 등속도 생짜 제 맛이 아니고, 삭혀서 내는 맛이라고 할 수 있지……. 그건 그렇다 하고, 우리 나가서 피딴으로 한 잔 할까? 피딴에 경례도 할 겸……." [김소운, <피딴문답>]

3.2. 무소유(無所有)

나는 지난 해 여름까지 이름 있는 난초(蘭草) 두 분(盆)을 정성스레 정말 정성을 다해 길렀었다. 3년 전 거처를 지금의 다래헌(茶來軒)으로 옮겨 왔을 때 어떤 스님이 우리 방으로 보내 준 것이다. 혼자 사는 거처라 살아 있는 생물이라고는 나하고 그 애들뿐이었다. 그 애들을 위해 관계 서적을 구해다 읽었고, 그 애들의 건강을 위해 하이포넥슨가 하는 비료를, 바다 건너가는 친지들에게 부탁하여 구해 오기도 했었다.

여름철이면 서늘한 그늘을 찾아 자리를 옮겨 주어야 했고, 겨울에는 필요 이상으로 실내 온도를 높이곤 했다. 이런 정성을 일찍이 부모에게 바쳤더라면 아마 효자 소리를 듣고도 남았을 것이다. 이렇듯 애지중지 가꾼 보람으로 이른 봄이면 은은한 향기와 함께 연둣빛 꽃을 피워 나를 설레게 했고, 잎은 초승달처럼 항시 청청했었다.

우리 다래헌을 찾아 온 사람마다 싱싱한 난을 보고 한 결 같이 좋아라했다. 지난 해 여름 장마가 개인 어느 날 봉선사로 운허노사(耘虛老師)를 뵈러 간 일이 있었다. 한낮이 되자 장마에 갇혔던 햇살이 눈부시게 쏟아져 내리고 앞개울 물소리에 어울려 숲 속에서는 매미들이 있는 대로 목청을 돋우었다.

아차! 이때에야 문득 생각이 난 것이다. 난초를 뜰에 내놓은 채 온 것이다. 모처럼 보인 찬란한 태양이 돌연 원망스러워졌다. 뜨거운 햇볕에 늘어져 있을 난초 잎이 눈에 아른거려 더 지체할 수가 없었다. 허둥지둥 그 길로 돌아왔다. 아니나 다를까, 잎은 축 늘어져 있었다. 안타까워하며 샘물을 길어다 축여 주고 했더니 겨우 고개를 들었다. 아직만 어딘지 생생한 기운이 빠져 버린 것 같았다.

나는 이 때 온 몸으로, 그리고 마음속으로 절절히 느끼게 되었다. 집착(執着)이 괴로움인 것을. 그렇다. 나는 난초에게 너무 집착해 버린 것이다. 이 집착에서 벗어나야겠다고 결심했다. 난을 가꾸면서 산철에도 나그네 길을 떠나지 못한 채 꼼짝 못하고 말았다. 밖에 볼 일이 있어 잠시 방을 비울 때면 환기가 되도록 들창문을 조금 열어 놓아야 했고, 분을 내놓은 채 나가다가 뒤미처 생각하고는 되돌아와 들여 놓고 나간 적도 한두 번이 아니었다. 그것은 정말 지독한 집착이었다.

　며칠 후 난초처럼 말이 없는 친구가 놀러 왔기에 선뜻 그의 품에 분을 안겨 주었다. 비로소 나는 얽매임에서 벗어난 것이다. 날을 듯 홀가분한 해방감. 삼년 가까이 함께 지낸 '유정(有情)'을 떠나보냈는데도 서운하고 허전함보다 홀가분한 마음이 앞섰다. 이때부터 나는 하루 한 가지씩 버려야겠다고 스스로 다짐을 했다. 난을 통해 무소유(無所有)의 의미 같은 걸 터득하겠다고나 할까.

　인간의 역사는 어떻게 보면 소유사(所有史)처럼 느껴진다. 보다 많은 자기네 몫을 위해 끊임없이 싸우고 있는 것 같다. 소유욕(所有慾)에는 한정도 없고 휴일도 없다. 그저 하나라도 더 많이 갖고자 하는 일념으로 출렁거리고 있는 것이다. 물건만으로는 성에 차질 않아 사람까지 소유하려 든다. 그 사람이 제 뜻대로 되지 않을 경우는 끔찍한 비극도 불사(不辭)하면서, 제 정신도 갖지 못한 처지에 남을 가지려 하는 것이다.

　소유욕은 이해(利害)와 정비례한다. 그것은 개인뿐 아니라 국가 간의 관계에서도 마찬가지. 어제의 맹방(盟邦)들이 오늘에는 맞서게 되는가 하면, 서로 으르렁대던 나라끼리 친선 사절을 교환하는 사례를 우리는 얼마든지 보고 있다. 그것은 오로지 소유에 바탕을 둔 이해관계 때문인 것이다. 만약 인간의 역사가 소유사에서 무소유사(無所有史)로 그 향(向)을 바꾼다면 어떻게 될까. 아마 싸우는 일은 거의 없을 것이다. 주지 못해 싸운다는 말은 듣지 못했다. [⋯중략⋯]

　크게 버리는 사람만이 크게 얻을 수 있다는 말이 있다. 물건으로 인해 마음을 상하고 있는 사람들에게는 한 번쯤 생각해 볼 교훈이다. 아

무엇도 갖지 않을 때 비로소 온 세상을 갖게 된다는 것은 무소유의 역리(逆理)이니까. [법정, <무소유>]

3.3. 이해의 초점

피딴(皮蛋)은 오리알을 지열로 숙성시켜 겉이 퍼렇게 된 중국요리의 하나다. 이 수필은 지문을 생략한 희곡처럼 대화가 중심인 희극적 수필이며 교훈적, 성찰적 성격을 지닌 경수필로 볼 수 있다. 특히 이 글이 흥미 있고 지루하지 않는 이유는 대화를 통해 주제를 직접적으로 드러내지 않는 기술태도를 지적할 수 있다.

그리고 피딴이란 독특한 제재를 통하여 원숙한 인생이 보여주는 멋과 아름다움을 예찬하는 비유적 서술도 글을 한층 개성 있게 이끌고 있다. 이 글은 두 가지 짧은 예화를 통해 글쓴이의 생각내지 인생관을 표현한다. 하나는 어떠한 인공적 가미도 없이 순수한 지열에 의해 알맞게 익혀진 오리알 피딴에 관한 것이고 다른 하나는 썩기 직전의 쇠고기가 품어내는 독특한 맛에 관한 것이다.

즉 피딴은 자기완성을 위한 성숙(수련)과 원숙함의 중요성을, 쇠고기는 중용의 도를 지키기 어려움을 말하고 있는 것이다. 그렇다면 위 글에서 '피딴'과 '쇠고기'의 공통점은 무엇인가? 이것은 다름 아닌 인생에 있어 도가 지나치지 않을 정도로 무르익은 인생의 원숙한 생활미가 아닐까 한다.

수필의 소재는 주제를 표현하기 위하여 선택한 재료이기에, 주제를 표현하기 위한 그 나름의 의미를 함축하지 않으면 안 된다. 법정 스님의 <무소유>는 생활 속에서 발견한 체험적 사실을 불교적 사유 방식을 토대로 사색적, 철학적 교훈을 전달하고 있다. 따라서 생활 속의 소재인 '난초'가 있고, 난초를 통해 집착이 곧 괴로움이라는 자기 반성적 깨달음을 얻게 된다. 이것이 진정한 자유와 무소유의 의미다.

일상생활 속에서 우리가 흔히 간과하고 있는 것이 바로 소유의 고통이다. "크게 버리는 사람만이 크게 얻을 수 있다."라는 말은 역설이지만, 이 말 속에는 깊이 있는 삶의 지혜가 담겨 있다. 결국, 인간의 괴로움과 번뇌는 무엇인가에 대한 집착과 더 가지려 하는 지나친 소유욕에서 비롯되는 것이기에, 이 작품은 현대인의 물질주의에 삶을 돌아보게 한다. 즉 무소유(無所有)는 아무것도 가져서는 안 된다는 것이 아니라, 탐욕과 집착에 얽매이지 말라는 진정한 소유의 의미를 새롭게 일깨우고 있는 것이다.

4. 시詩 속에 묻어나는 삶의 미학美學

진정한 시인은 시를 쓰지 않는 것이라 했던가? 시는 문법과 형식에 매여 기계적(機械的)이거나 교조적(敎條的)이어서는 안 된다. 그렇다고 칠봉인(七封印)의 난해한 철학적 지침도 아니며 공허한 허상도 아닐 것이다. 시를 마치 난해한 언어로, 비틀어 짜내는 언어의 연금술로 치부하는 사람들에게 독자는 더 이상의 귀를 열어주지 않을 것이다. 아울러 시는 결코 자기도취적 푸념이나 지향 없는 자기허세(自己虛勢)로 감정에 휘말려 고독의 유희(遊戲)가 되어서도 안 될 것이다.

한자 육서(六書)의 하나인 시(詩)의 형성(形聲)을 본다면 詩는 '言'과 '寺'의 합친 글자임을 알 수 있다. 여기서 '言'이 말이라면 '寺'는 손발을 움직이는 것 또는 잠잠히 세우다의 의미를 지닌다. 그러므로 시는 마음의 움직임을 말로 나타낸 것과 마음에 둔 것을 말로 나타내는 과정을 모두 포함하고 있다. 아울러 전자(前者)를 자연스러운 심정의 감흥(感興)이라 한다면, 후자(後者)는 자연과 모든 사물에 대한 의지적 표출을 의미하기도 하는 것이다.

따라서 시는 인생과 꿈을 가꾸며, 진실하고 아름다운 세계를 갈망하는 간절함이 묻어나야 한다. 세상을 통해 나를 돌라보고 나를 통해 세상을 이해하는 통로가 되어야 한다. 메주가 떠서 장맛이 배어나는 발효의 미학으로, 목마른 사슴이 시냇물을 갈망하는 애절한 마음과 서리를 맞은 감이 단맛을 품어내는 희로애락(喜怒哀樂)이 녹아나야 한다.

시는 시어의 의미나 운율, 심상, 어조, 비유 등과 같은 시적 요소의 개념 파악도 중요하지만 그러한 시적 요소가 시의 의미 형성에 어떠한 기능을 수행하고 있는가에 대한 이해가 더욱 필요하다. 루소는 이런 말을 했다. "스스로 배울 생각이 있는 한 천지만물 중 하나도 스승 아닌 것이 없다. 사람에게는 세 가지 스승이 있다. 우리를 둘러싼 대자연과 인간, 그리고 모든 사물이다." 그렇다. 시는 무엇보다 세상과 나, 나와 외물(外物)을 곱씹어내는 과정을 요구한다. 고도의 함축된 언어로 시는 삶의 윤기를 더하고 새롭게 꿈을 가꾸는 힘의 원천이 되어야 한다.

　　내가 가난할 때…
　　저 별들이 더욱 맑음을 보올 때

　　내가 가난할 때…
　　당신의 얼굴을 다시금 대할 때

　　내가 가난할 때…

내가 육신(肉身)일 때,

은밀한 곳에 풍성한 생명을 기르시려고
작은 씨의 하나를 두루 찾아
나의 마음 저 보랏빛 노을 속에 고이 묻으시는

당신은 오늘 내 집에 오시어
금은(金銀) 기명(器皿)과 내 평생에 값진 도구(道具)들을
짐짓 문밖에 내어 놓으시다!

김현승 <내가 가난할 때>

오늘 아침을 다소 행복하다고 생각하는 것은
한 잔의 커피와 갑 속에 두둑한 담배
해장을 하고도 버스 값이 남아 있다는 것

오늘 아침을 다소 서럽다고 생각하는 것은
잔돈 몇 푼에 조금도 부족이 없어도
내일 아침 일도 걱정해야 하기 때문이다

가난은 내 직업이지만
비쳐오는 이 햇빛에 떳떳할 수 있는 것은
이 햇빛에도 예금통장은 없을 테니까…

나의 과거와 미래
사랑하는 내 아들딸들아
내 무덤가 무성한 풀 섶으로 때론 와서
괴로웠음 그런대로 산 인생 여기 잠들다. 라고
씽씽 바람 불어라….

천상병 <나의 가난은>

  두 편의 시에서 발견할 수 있는 가난과 행복은 어떤 의미에 상관성을 유지하고 있다. "내가 가난할 때… (김현승)"의 시어를 통해서 가난은 곧 마음의 정화(淨化)로, 곧 당신을 보는 상태가 된다. 천상병 시인 또한 가난에 대한 부정적 의식은 전혀 없으며, 오히려 가난을 행복을 찾는 자세로 표현하고 있다.

  따라서 가난은 작은 것들의 귀함을 알게 하는 존재로 삶과 사물, 그리고 세상을 투명하게 볼 수 있는 인식의 통로가 되고 있다. 물론 이것은 이러저러한 일상사, 즉 작은 것들(꽃씨/커피/담배/해장 등의 시어)을 통해 삶의 거대함을 비추어 봄으로써 가난은 삶의 대한 이해와 수용의 자세를 깨닫게 한다. 이같이 두 작품은 각각 긍정적인 삶의 자세를 "은밀한 곳에 풍성한 생명"과 "행복하다고 생각하는 것"으로, 현실에 대한 자아의 의식을 가난이란 소재를 통해 담아내고 있는 것이다.

    어느 조그마한 산골로 들어가
    나는 이름 없는 여인이 되고 싶소.
    초가지붕에 박 넝쿨 올리고
    삼밭에 오이랑 호박을 놓고
    들장미로 울타리를 엮어
    마당에 하늘을 욕심껏 들여 놓고
    밤이면 실컷 별을 안고
    부엉이가 우는 밤도 내사 외롭지 않겠소.

    기차가 지나가 버리는 마을
    놋 양푼에 수수엿을 녹여 먹으며
    내 좋은 사람과 밤이 늦도록

여우 나는 산골 얘기를 하면
삽살개는 달을 짓고
나는 여왕보다 더 행복하겠소.

      노천명 <이름 없는 여인이 되어>

남으로 창을 내겠소.
밭이 한 참 갈이

괭이로 파고
호미론 김을 매지요.

구름이 꼬인다 갈 리 있소.
새 노래는 공으로 들으랴오.
강냉이가 익걸랑
함께 와 자셔도 좋소.

왜 사냐건
웃지요.

      김상용 <남으로 창을 내겠소>

 특별히 시를 좋아하지 않더라도 누구나 한 번쯤은 읽어보았거나 들어봤음직한 작품이다. 이렇듯 두 작품이 어렵지 않게 많은 사람들을 잔잔히 끌어드린 이유는 과연 어디에 있을까. 아마도 걸쭉하게 잘 익은 막걸리처럼, 과장된 수식이나 거창한 미화도 없이 쉬운 언어를 통해 마치 고향 사람과 도란도란 얘기를 나누듯, 우리네 농촌의 풍경을 한 폭의 그림처럼 소담이 풀어놓고 있는 이유에서 일 것이다.
 이처럼 시의 언어는 꼭 난해하거나 고답적(高踏的)이지 않으며, 철학적(哲學的) 지식을 요하는 현학적(衒學的) 의미만을 취하진 않는다. 오히려 일상의 언어를 토대로 우리의 인생과 세계를, 자아의 세계와 의식으로 담아내는 창작의 과정이 긴요하다고 본다. 물론 그 과정에서 시의 언어는 일상적, 지시적 의미를 벗어나 고도의 상징과 비유를 통해 함축된 의미 구조를 드러내기도 하고 어조(tone)의 변화를 통해 리듬이나 이미지를 형상화 하여 시의 의미를 구현하기도 한다.

<이름 없는 여인이 되어>에 등장하는 화자(시적 자아)의 모습은 현재 외로운 상태로, 초월적인 삶을 갈망하고 있다. 그런데 그 곳은 현실에 존재하지 않는 먼 이상의 세계, 다시 말해 추상적이거나 환상적이지 않다. 요컨대 지극히 우리의 고향과 농촌을 배경으로 향토적 정서와 목가적 풍경을 구체화하고 있는 것이다. 이러한 시상의 흐름은 <남으로 창을 내겠소>의 작품도 예외일 수 없이 동일한 배경을 그려내고 있다.

그렇다면 이 두 작품은 현실 곧 세상의 모습에 가치를 두고 있는 것일까? 아니다. 작자는 오히려 탈속적(脫俗的)이며 유유자적(悠悠自適)하는 삶의 의지를 갈구하는 공간으로, 우리의 농촌과 고향의 정서를 그려내고 있다. 이것은 두 시가 형상화하는 어조에서 보다 잘 드러난다. "~되고 싶소, ~하겠소, ~않겠소.(노천명)/~내겠소, ~있소, ~좋소.(김상용)"라는 의지적 표명의 어조는 곧 시적 자아의 정서이며, 시를 통해 드러내고자 했던 자아의 세계이며 안식처인 것이다.

특히 김상용의 시에서 "구름이 꼬인다 갈 리 있소"의 구절은 더욱 시가 지닌 언어의 묘미를 맛 볼 수 있는 대목이 아닐 수 없다. 여기서 구름은 나의 의지를 약화시키는 하나의 유혹적 존재로, 세상에 속한 인생의 욕망과 부귀로 대응해 볼 수 있다. 그러나 이에 대한 화자의 대답은 의외로 간단하다. 곧 "왜 사냐건 웃지요."라고 하여, 그저 웃을 뿐이라 말하고 있다. 참으로 독특한 어조의 묘미를 느끼게 하는 대목이 아닐 수 없다.

요컨대 화자는 따뜻한 인심이 오가는 공동체적 삶 속에서 전원적 생활을 지향하고 있으니, 어찌 구름이 그 삶의 진정한 맛을 이해할 수 있겠는가라는 말이다. 그러니 더 이상의 말은 필요 없는 것이 아니겠는가. 그저 웃음으로 대신할 따름이다. 이렇게 볼 때, 이 웃음은 단순히 회피하거나 무시해 버리는 의미만을 지니진 않는다. 그 속에는 자신의 삶을 관조(觀照)하고 자조(自照)하는 자아의 탈속적 모습을 반영한 웃음의 속뜻이 배어 있는 것이다.

아울러 두 시가 반영하고 있는 창작 당시의 사회적, 역사적 조건과 관련해 본다면 사뭇 감상의 관점은 또한 다양해 질 수 있다. 1938년에 발표된 '이름 없는 여인이 되어'와 1939년에 발표된 '남으로 창을 내겠소'는 일제 치하 속에서 문학의 암흑기라 일컫는 1940년대의 문학적 현실과 전혀 무관할 수 없기 때문일 것이다.

여기서 잠시 문학이 구현하는 효용적 가치를 생각해 볼 때, 그것은 당대의 사회적, 역사적 현실이 충실히 반영되고, 우리의 보편적 정서를 아우른 삶의 모습과 의미를 미학적으로 형상화한 작품이 아닐까 한다. 그리고 이렇게 형상화된 문학은, 분명 현실에 대한 독자(讀者)의 인식을 높여, 결국 사회의 변화를 주도하게 하는 영향을 주기도 할 것이다. 따라서 1930년대 후반의 식민지 상황과 두 편의 시에 나타난 자아의 삶을 비교해 가며 감상하는 태도는 더욱 시를 효과적으로 폭넓게 이해하는 밑거름이 될 것으로 본다.

┃생각해 봅시다 ┃

1. 자신이 평소 좋아 하는 애송시를 적어보고, 구조를 통한 주제 형상화와 시의 미적효과를 말해 보자.

2. 출간된 시집을 읽고 별도의 제목을 따로 정하고, 작자 또는 작품을 중심으로 원고지 50매 내외의 시평을 써 보자.

3. 어떻게 보면 시는 실생활에 유용한 그 어떤 것을 주지 않는다. 그럼에도 불구하고 많은 시인들은 계속 시를 창작한다. 문학의 위기, 문학의 죽음을 예견한 지 오래되었지만 시인들의 창작 활동은 멈추지 않으며, 새로운 시인들도 꾸준히 배출되고 있다. 그 이유에 대해 생각해 보자.

5. 석문石門, 신부新婦, 즐거운 편지

(가) 당신의 손끝만 스쳐도 소리 없이 열릴 돌문이 있습니다. 뭇 사람이 조바심치나 굳이 닫힌 이 돌문 안에는, 석벽난간(石壁欄干) 열두 층계 위에 이제 검푸른 이끼가 앉았습니다.
　당신이 오시는 날까지는, 길이 꺼지지 않을 촛불 한 자루도 간직하였습니다. 이는 당신의 그리운 얼굴이 이 희미한 불 앞에 어리울 때까지는, 천년(千年)이 지나도 눈감지 않을 저의 슬픈 영혼의 모습입니다.
　길숨한 속눈썹에 항시 어리운 이 두어 방울 이슬은 무엇입니까? 당신의 남긴 푸른 도포 자락으로 이 눈썹을 씻으랍니까? 두 볼은 옛날 그대로 복사꽃 빛이지만 한숨에 절로 입술이 푸르러 감을 어찌합니까?

 몇 만 리 굽이치는 강물을 건너와 당신의 따슨 손길이 저의 흰 목덜미를 어루만질 때, 그 때야 저는 자취도 없이 한줌 티끌로 사라지겠습니다. 어두운 밤하늘 허공중천(虛空中天)에 바람처럼 사라지는 저의 옷자락은, 눈물 어린 눈이 아니고는 보지 못하오리다.

 여기 돌문이 있습니다. 원한도 사무칠 양이면 지극한 정성에 열리지 않는 돌문이 있습니다. 당신이 오셔서 다시 천년(千年)토록 앉아 기다리라고, 슬픈 비바람에 낡아 가는 돌문이 있습니다. [조지훈, <석문(石門)>]

 (나) 신부는 초록 저고리 다홍치마로 겨우 귀밑머리만 풀린 채 신랑하고 첫날밤을 아직 앉아 있었는데, 신랑이 그만 오줌이 급해져서 냉큼 일어나 달려가는 바람에 옷자락이 문돌쩌귀에 걸렸습니다. 그것을 신랑은 생각이 또 급해서 제 신부가 음탕해서 그 새를 못 참아서 뒤에서 손으로 잡아당기는 거라고, 그렇게만 알고 뒤도 안 돌아보고 나가 버렸습니다. 문돌쩌귀에 걸린 옷자락이 찢어진 채로 오줌 누곤 못 끄겠다며 달아나 버렸습니다.

 그러고 나서 40년인가 50년이 지나간 뒤에 뜻밖에 딴 볼일이 생겨 이 신부네 집 옆을 지나가다가 그래도 잠시 궁금해서 신부 방문을 열고 들여다보니 신부는 귀밑머리만 풀린 첫날밤 모양 그대로 초록 저고리 다홍치마로 아직도 고스란히 앉아 있었습니다. **안쓰러운 생각이 들어 그 어깨를 가서 어루만지니 그때서야 매운재가 되어 폭삭 내려앉아 버렸습니다. 초록 재와 다홍 재로 내려앉아 버렸습니다.** [서정주, <신부(新婦)>]

(다) 내 그대를 생각함은 항상 그대가 앉아 이는 배경에서 해가 지고 바람이 부는 일처럼 사소한 일일 것이나 언젠가 그대가 한없이 괴로움 속을 헤매일 때에 오랫동안 전해오던 그 사소함으로 그대를 불러 보리라.

진실로, 진실로 내가 그대를 사랑하는 까닭은 내 나의 사랑을 한없이 잇닿은 그 기다림으로 바꾸어 버린 데 있었다. 밤이 들면서 골짜기엔 눈이 퍼붓기 시작했다. 내 사랑도 어디쯤에선 반드시 그칠 것을 믿는다. 다만 그 때 내 기다림의 자세(姿勢)를 생각하는 것뿐이다. 그 동안에 눈이 그치고 꽃이 피어나고 낙엽이 떨어지고 또 눈이 퍼붓고 할 것을 믿는다. [황동규, <즐거운 편지>]

▌생각해 봅시다 ▌

1. (가)~(다)의 작품을 통해 진정한 사랑의 의미는 무엇인가? 생각해 보고, 그 사랑을 성취하기 위해 서로가 해야 할 일은 무엇인가? 얘기해 보자.

2. (가)~(다)의 작품을 시적 자아의 정서나 태도, 어조의 차이 등을 고려해 각각 감상해 보자. 아울러 (가), (나)의 작품과 (다)의 작품은 어떻게 다르며, (가), (나)의 작품이 갖는 공통점은 무엇인지 발표해 보자.

3. 사랑에 있어 기다림의 의미는 무엇이며, (가), (나)에서 그리움과 한(恨)의 양면적 정서는 어떻게 형상화 되고 있는지, 작품을 중심으로 논의해 보자.

4. (나)에서 밑줄 친 부분과 가장 관련이 깊은 연을 (가)에서 찾아보고, 그 의미를 생각해 보자.

제3부.
문학의 재인식

1. 문학의 존재 양상

1.1. 문학적 경험과 가치

　문학(文學)은 사상과 감정을 과학처럼 추상적으로 취급하지 않고 구상적(具象的)·종합적(綜合的)으로 취급한다. 사상과 감정은 우리의 내부에서 따로따로 활동하지는 않는다. 하나는 원인으로서 또 하나는 결과로서 언제나 전일적(全一的)·유기적(有機的)으로 활동하는 생명 과정이다. 그러한 생명 과정을 우리는 체험이라 부른다. 그래서 나는 문학을 '인간적 체험의 기록'이라 정의한다.
　저자의 생각으로서는 기술(記述)이라는 것이 문학의 가장 기초적인 이념이다. 다시 말하면 보족 의욕이 문학 창작의 동기이며, 또 추진력이 된다. 그렇다면 문학에서 취급되는 사상과 감정이 그 사람으로서는 최고 최선 한 것이라야 할 것은 당연하다. 어째서 그러냐 하면, 누구나 가치 없는 것을 보존하려는 사람은 없으니까. 형식에 있어서나 내용에 있어서나 범용(凡庸)에 반발한다는 것은 문학에 있어서는 본능적이다.
   작가는 자기의 사상과 감정이 후세에 보존할 만한 가치가 있다고 생각될 때에만 표현 의욕을 갖게 되는 것이 확실한 사실이니까. 창작 이전에 형성되는 가치감(價値感)을 문학 정의의 한 조건으로서 채택된다, 따라서 앞서의 문학의 정의는 아래와 같이 수정된다. "문학은 가치 있는 인간적 체험의 기록이다." <최재서, 『증보 문학원론』>

1.2. 과학적 언어와 문학적 언어

   국화(菊花):[식] 국화과(菊花科)에 딸린 관상용(觀賞用)으로 심은 다년생(多年生) 풀. 줄기는 조금 목질성(木質性)을 띠었고 보통 높이는 1m쯤 됨. 잎은 어긋 배겨 붙었고 난형(卵形)이며 결각(缺刻) 또는 톱니가 있음. 꽃은 두상화(頭狀花)로 테두리는 설상화관(舌狀花冠), 가운데는 관상화관(管狀花冠)으로 대개 가을철에 핌. 원예 품종은 수백 종이나 되는데, 꽃 빛이나 꽃 모양이 여러 가지임. 관상용 외에 잎이나 꽃을 먹는 종류도 있음.
   이것은 어느 국어사전에 나오는 국화의 정의이다. 이글은 우리에게 국화에 대한 객관적 지식을 그대로 전달하려고 애쓰고 있다. 순전히 정보전달을 목적으로 하고 있다. 따라서 이 글에 쓰인 낱말이나 문장은 하나같이 무미건조하다. 기호자체는 무미건조할수록 본래의 사명을 다하는 법이다. 국화에 대한 과학적 진술은 대개 위의 글과 비슷할 것이다. 국화에 대해서는 위와 비슷한 말만 할 수 있을 뿐인가? 물론 그렇지 않다. 우리가 애송하는 서정주의 <국화 옆에서>도 틀림없는 국화에 대한 글이다.

그립고 아쉬움에 가슴 조이든
머언 먼 젊음의 뒤안길에서
인제는 돌아와 거울 앞에 선
내 누님같이 생긴 꽃이여

국어사전에서 정의한 "국화과에 딸린 다년생 풀"에 이런 의미가 주어질 수 있으리라고 서정주 이전에 누가 꿈이라도 꾸었을 것인가! 그런데도 얼마간의 정신적 성숙도를 가진 사람이면 이 전혀 새롭게 첨가된 의미를 옳다고, 아주 멋있게 옳다고 시인하게 되는 것이다. 그 새로운 의미가 옳다고 시인된다는 것은 그것이 그냥 첨가된 것이 아니라 본래부터 숨어 있던 것을 발견해낸 것이라는 뜻처럼 된다. 그러나 국화에 그런 의미가 정말로 숨겨져 있었다면, 그래서 서정주의 발견 이후론 그것이 국화의 일반적 의미의 일부가 되었다면, 국어사전과 식물학 책은 다시 고쳐 써야 할 것이나 그렇게 할 수는 없다. 그것은 어디가지나 서정주 시의 특수한 의미이고 보편적·과학적 의미는 아니다.

이처럼 말을 문학에서 사용할 때 어느 경우나, 어느 낱말이나 다 그렇게 될 수는 없어도, 상당한 분량의 말은 본래 사전에 정의되어 있는 의미뿐 아니라 그 의미에다 전혀 뜻밖에 특수한 의미, 또는 보통 느끼긴 하면서도 꼭 집어서 말할 수 없던 의미, 사전적 의미에 충돌하는 의미, 합리성을 구하는 실생활에서 멀리하려고 하는 마술적·미신적 의미 등등이 어울려서 단지 그 한번 그 글 속에서만 통하는 의미를 형성하는 것이 문학적 언어 사용의 큰 특징이다. 물론 문학적 언어가 모두 그렇게 새로운 의미들의 연속은 아니다. 상당한 양의 말의 표시적 사용도 없어서는 안 된다. 그러나 과학적·학술적 서술에서 되도록 피하려고 하는 특수하고도 개별적인 의미를 의식적으로 추구하는 문학이다. 한 마디 말에다 여러 의미를 한꺼번에 포함시키려는 이러한 말의 사용법을 철학적으론 내연(內延, connotation)이라 하지만 우리는 쉽게 '말의 함축적 사용'이라 해도 무방하다. <이상섭, 『문학의 이해』>

1.3. 문학의 기원

플라톤이나 아리스토텔레스는 예술을 모방으로 본다. 따라서 모방충동설이란 모방 충동이 예술을 낳게 하는 원동력이 된다는 것으로 희랍시대 이래 칸트의 유희 충동설이 나오기까지 가장 권위 있는 견해로 인정되어 왔다. 아리스토텔레스는 「시학」 4장에서 다음과 같이 말하고 있다.

"대체로 어떤 두 개의 원인이 시를 낳는데, 그 어느 원인도 사람의 성정(性情)에서 흘러나오고 있는 것 같다. 제일의 원인은 사람의 모방성이다. 왜냐하면 모방한다는 것은 사람에게 있어서는 어린애의 시절부터 본능적으로 갖추어져 있다. 그리고 사람이 다른 동물과 다른 점은, 사람은 가장 모방적인 동물이며 사람의 최초의 지식은 모방을 통하여 이루어진다는 데 있다. 그와 함께 사람은 모두 모방된 것에 기쁨을 느낀다는 것도 또한 사람의 본능이다. 이것이 제이의 원인이다."

유희 본능설은 칸트로부터 시작하여 쉴러, 스펜서 등에 의하여 계승·발전·확대된다. "문자 그대로 그가 사람인한, 그는 완전히 인간이다."의 유명한 쉴러의 명제는 예술을 인간의 유희 본능이라고 규정한다.

"인간에게는 두 가지의 충동 — 사태충동과 형식충동 두 가지의 충동이 있다. 앞의 것은 인간의 육체적 성질에서 일어나 외계에서부터 여러 인상을 받아 끊임없이 변화를 추구한다. 뒤의 것은 인간의 자아의 활동에서 일어나 항상 휴식을 구한다. 이들은 상호 보족하면서 활동하는 것인데 이들의 상호 보족이 가장 조화가 잘 되었을 때 여기에 제3의 충동이 생긴다. 이 제3의 충동이 즉 유희 본능이다."

자기 과시설은 허드슨이 주장한 학설로 예술은 자기를 과시하려는 본능에 의하여 창작되어진다는 것이다. 허드슨(W.H.Hudson)은 그의 저서 『문학연구서설(文學研究序說)』에서 문학을 만드는 인간의 심리적 동기로서 네 가지를 들었다.

① 우리들 자신이 가지고 있는 자기표현의 욕구
② 우리들이 인간과 그 활동에 흥미를 갖는 것
③ 우리들의 현실의 세계 및 공상의 세계에 대한 흥미
④ 우리들이 형식을 형식으로서 기뻐하는 마음

발생론적 기원설은 위의 세 가지 설과는 달리, 사회적인 요구에 기초한 이 설은 유희 충동설 같은 자연 발생설을 부정하고 삶과 관련된 실천의 동기, 현실성에서 비롯되었다는 소위 실용도구 유래설이다. 이 설은 고고학, 인류학적 성과에 크게 힘입고 있는데 헌, 그로세 등에 의해 주장되었다. 유희설이 생활과 무관한 것이라는 점에서 그것을 비판하는 데서 출발한 이 이론은 실제 생활과 관련된 실용성, 노동과정, 마술과의 관계 등을 통하여 예술의 발생 기원을 찾는다. 즉 실용적·공리적 욕구가 먼저 있었고 심미적 욕구는 그 다음에 생긴 것이라는 것이다. <박철희, 『문학개론』>

1.4. 문학의 효용에 관한 두 견해

의사가 어린애들에게 쑥탕을 먹이려 할 때는 그릇의 겉면에 달콤한 꿀물을 바른다. 그러면 철없는 아이는 입술에 속아서 쓰디쓴 약을 마신다. 어린애는 꿀물에 속았다 할지라도 아무 해를 받지 않고 도리어 그런 수단으로 말미암아 건강을 회복하게 된다. 그와 마찬가지로 이 철학 속에는 아직도 철학의 맛을 보지 못한 사람들에게 너무도 쓴 내용이 들어 있기 때문에, 나는 나의 추리를 운문으로 된 달콤한 노래로서 여러분 앞에 바치려 했다. 이와 같이 시(詩)라고 하는 쾌적한 꿀을 발라 놓으면 독자의 마음을 끌 수 있을 것이고, 또 독자는 건전한 철리(哲理)와 그 유익성을 섭취할 수 있을 것이다. <루크레티우스(99~55BC), 『자연계(自然界)』>

어떤 문학 작품이 교묘하게 그 기능을 나타낼 때에는, 쾌락과 효용이라는 두 개의 특색이 공존할 뿐 아니라 합체되어 있어야 할 것이다. 우리는 다음과 같이 주장할 필요가 있다. 즉 문학이 주는 쾌락은 존재할 수 있는 여러 개의 쾌락 중에서 마음에 내키는 하나가 아니라, 한층 더 고상한 종류의 활동의 쾌락, 다시 말하면 이욕(利慾)을 떠난 명상이기 때문에 한층 더 고상한 쾌락인 것이다. 그리고 문학이 지닌 바 효용 -그 엄숙성과 교육적인 점- 은 쾌락을 줄 수 있는 엄숙성, 즉 수행해야만 될 의무의 엄숙성, 혹은 배워야만 될 교훈의 엄숙성이 아니라, 미적인 엄숙성, 지각의 엄숙성인 것이다. <웰렉 · 워런, 『문학이론』>

1.5. 실용적 문학관과 수사학의 관계

실용적(Pragmatic) 관점이란 시를 작품과 독자의 관계에서 논의하는 것이지만, 좀 더 정확히 말하면 수단과 목적의 관계에서 논의하는 것이 된다. 실용적이란 말은 작품이 독자에게 주는 현실적인 효과를 전제하는 용어이다. 실용적 관점에서 시는 독자에게 실제적 효과를 주기 위한 도구가 된다. 실제적 효과라는 목적을 성취하기 위한 수단이 된다.

이러한 견해의 이론적 토대는 고대 수사학(Rhetoric)의 이론에서 발견된다. 수사학이란 일반적으로 청중을 설득하기 위한 웅변술에서 발전한 개념으로, 동일한 내용을 효과적으로 말함으로써 청중을 사로잡는 기술이다. 시를 수사학적 관점에서 파악한 위대한 고전적 보기가 호라스의 『시의 기술(ars Poetica)』이다. 리차드 맥킨이 지적하듯이 호라스의 비평은 시가 끝날 때까지 어떻게 독자를 자리에서 뜨지 않게 하며 갈채와 환호를 유발하여, 특히 로마 청중들을 기쁘게 하며 동시에 모든 청중을 기쁘게 하여 시의 불멸성을 획득하는가에 대하여 가르친다.

후대의 비평가들이 중시했던 소위 "시인의 목적은 독자에게 이익을 주거나 독자를 즐겁게 하거나 혹은 유용성과 쾌락성을 동시에 줌에 있다."는 호라스의 구절은 다음과 같은 논의를 유발한다. 문맥에 의하면 호라스는 쾌락을 시의 주요 목적으로 보는 것 같다. 왜냐하면 그는 공리성이라는 것을 하나의 수단, 특히 나이든 사람에게 쾌락을 주기 위한 하나의 수단으로 추천하기 때문이다. 나이 든 사람들은 젊은이들과 다르게 어떤 공리적 교훈도 내포하지 않은 말들을 조롱한다.

그러나 쾌락과 교훈이라는 두 명제는 동시에 다른 명제를 환기하면서 설명된다. '움직이게 함(to move)'이라는 명제가 바로 그것이다. 이 말은 시의 정서(Emotion)와 관계된다. 그리하여 오랫동안 독자에 대한 시의 효과는 교훈·쾌락·정서라는 세 명제를 중심으로 논의되었다. 그러나 이들 명제 간의 균형은 파괴된다. 르네상스 비평가들의 일반적 경향 특히 시드니에 오면 윤리적 효과, 곧 교훈적 기능이 시의 주요 목표며 쾌락이나, 정서는 장식적인 것이 된다. 그러나 드라이든으로부터 18세기를 거치면서 시의 교훈적 내용이나 정서는 시의 쾌락성에 종속

된다. 시의 목적은 바로 독자에게 기쁨을 주는 것으로 나타난다. 그러나 존슨 박사는 계속 시의 목적을 교훈적인 데서 찾으며, 따라서 쾌락은 교훈을 전달하기 위한 수단이 된다. <이승훈,『시론』>

1.6. 한국문학의 미의식과 '멋'의 개념

'아름다움'은 '고움'과 '멋'의 바탕으로서 한국적 미의식을 대표하는 말이 된다. 다시 말하면 '아름다움'이란 말은 한국적 미(美) 개념의 표상인 동시에 미 개념의 보편적 원리에 통용되는 말이다. 영어의 beauty나 불어의 beauté를 한국어로 번역할 수 있는 말은 '아름다움'이란 말뿐이다. '고움'이라든가 '멋'으로써 그것에 대치할 수는 없다. 이는 곧 '고움'이라든가 '멋'이 '아름다움'보다 더 특수적이요, 한국적인 개념이기 때문이다.

'고움'이야말로 한국적 미의식, 곧 '아름다움'의 정통면을 대표하는 것이다. '고움'은 '아름다움'의 협의로서 아름다움의 개념보다 소규모의 구체적 개념이다. 역사적으로도 고움이란 말은 아름다움이란 말과 동시에 사용되었고 그것은 현행어의 미려(美麗)와 같은 뜻으로 쓰였던 것이다. 이러한 '고움'의 정당미(正當美) 또는 규격성으로서의 아려미를 뛰어넘는 변형미 또는 초규격성의 풍류미가 멋이다. '멋'은 한국 미의식이 그 본래의 정당성을 데포르메(deforme, 변형)해서 체득(體得)한 또 하나의 고유미이다.

그러므로 '고움'의 개념은 세계 일반의 우아미에 통하는 것으로서 다른 민족의 미의식과 근사치를 찾기가 쉬운데 비해서, '멋'은 좀 더 한국적인 것으로서 번역할 수 없는 한국 사람만의 공통으로 느끼는 미(美) 가치인 것이다. 따라서 한국적 미의식의 구명(究明)은 이 '멋'의 특질을 찾는 것으로 시종(始終)할 수밖에 없는 것이다. 멋은 단순한 세련과 치밀과 청신(淸新)의 규격만으로는 성립되지 않고, 그것들의 일단 변환의 묘(妙)에서 찾아지는 것이기 때문이다.

그러나 멋은 이와 같이 정신미(情神美)의 양상이지만 멋은 근본적으로 형식 작용이다. 정신미로서의 멋의 현현(顯現)은 제작 또는 행동의 형식화 상태에 매여 있기 때문에, 이 형식 작용을 떠나서는 멋은 의미가 없을 뿐 아니라 문제가 되지 않는다. 다시 말하면 멋은 먼저 형식상의 격식을 바탕으로 한다. 즉 격(格)에 맞지 않으면 안 된다.

그러나 격식에 맞는다는 것만으로 멋이 성립되는 것은 아니다. 우리는 격식에는 빈틈없이 맞으면서도 멋이 없는 예술과 행위를 얼마든지 볼 수 있기 때문이다. 이런 뜻에서 본다면 멋은 격식에 맞으면서도 격식을 뛰어넘을 때, 거기서 멋을 느낀다는 말이다. 그러므로 우리는 이것을 초격미(超格美)라고 부르는 것이다. 다시 말하면 이는 '변격이합격(變格而合格)'이요, '격(格)에 들어가서 다시 격(格)에서 나오는 격(格)'이라 할 수 있다. <조지훈,『멋의 연구』>

1.7. 전통의 현대적 계승

무엇보다도 전통은 문화적 개념이다. 문화는 복합 생성을 그 본질로 한다. 그 복합은 질적으로 유사한 것끼리는 짧은 기간에 무리 없이 융합되지만, 이질적일수록 그 혼융(混融)이 역사적 기간과 길항(拮抗)이 오래 걸리는 것은 사실이다. 그러나 전통이 그 주류에 있어서 이질적인 것의 교체가 더디다 해서 전통을 단절된 것으로 볼 수는 없는 것이다.

오늘은 이미 하나의 문화적 전통을 이룬 서구적 전통도, 희랍 · 로

마 이래의 장구한 역사로서 헬레니즘과 히브리즘의 이질적 전통이 융합된 것임은 이미 다 아는 상식이 아닌가. 지금은 끊어졌다는 우리의 고대 이래의 전통도 알고 보면 샤머니즘에 선교(仙敎), 불교, 도교, 유교, 실학파를 통해 받아들인 천주교적 전통까지 혼합된 것이고, 그것들 사이에는 유사한 것도 있었지만 상당히 이질적인 것이 교차하여 결고 튼 끈에 이루어진 전통이요, 그것은 어느 것이나 다 '우리 화(化)'시켜 받아들임으로써 우리의 전통이 되었던 것이다.

이런 의미에서 본다면 오늘의 일시적 전통의 혼미를 전통의 단절로 속단하고 그것으로써 전통 부정의 논거를 삼는 것이 얼마나 허망한 논리인가를 알 것이다. 끊어지고 바뀌고 붙고 녹는 것을 계속하면서 그것을 일관하는 것이 전통이란 것이다. 그러므로 전통의 혼미란 곧 주체 의식의 혼미란 뜻에 지나지 않는다. 전통탐구의 현대적 의의는 바로 문화의 기본적 주체 의식의 각성과 시대적 가치관의 검토, 이 양자의 관계에 대한 탐구의 요구에 다름 아니다. <조지훈,『전통의 현대적 의의』>

1.8. 문학 작품의 미적 구조

문학이 내용과 형식으로 구분할 수 없는 구조로 되어 있다고 할 때, 오해를 불러일으키는 것이 유기적(有機的) 형식이란 개념이다. 이는 낭만주의 문학론자들이 문학의 예술적 자율성을 강조하기 위해 도입한 개념이다. 사람은 머리・목・몸통・팔・다리, 그리고 내부의 장기관 등으로 구성되어 있는 것은 사실이지만, 어느 부분을 제거해도 사람의 구실을 하지 못한다. 그 반대로 팔을 하나 더 붙여 셋이 된다든지 머리가 둘이 되면 기형이 된다. 그와 마찬가지로 문학 작품도 일체의 가감이나 첨삭이 불가능한 완벽한 유기체라는 주장이다. 물론 틀린 주장은 아니다.

> 내 마음 속 우리 님의 고운 눈썹을
> 즈믄 밤의 꿈으로 맑게 씻어서
> 하늘에다 옮기어 심어 놨더니
> 동지섣달 나는 매서운 새가
> 그걸 알고 시늉하며 비끼어 가네. [서정주, <동천(冬天)>]

이러한 시(詩)에서 어디 한 행이나 한 구, 혹은 한 글자인들 빼어 내고서도 완전한 구조가 되겠는가. 소설에서도 마찬가지 설명이 가능하다. ≪금오신화≫에 나오는 한시(漢詩)를 모두 산문 대화로 바꾸어 놓는다든지, <춘향전>에서 육담(肉談)을 제거해 버린다든지, 혹은 <홍길동전>에서 리얼리티가 없다고 도술에 관계되는 것을 모두 빼버린다면 기괴한 구조가 되고 말 것임에 틀림이 없다. 그것은 유기체이기 때문이다.

그러나 이러한 설명은 비유의 차원을 벗어나기 어렵다. 근본적으로 생물과 문학 작품은 존재 방식이 다른 것이다. 문학의 구조는 앞에서 설명했듯이 규범의 체계이며 기호의 체계이다. 문학의 구조가 휴리스틱(heuristic, 發見的)한 것이라는 점, 가설적이라는 점은 생물체와 근본적으로 다른 점이다. 단적으로 문학은 싹이 터서 잎이 나오고 자라서 꽃을 피우고 열매를 맺어 가면서 종자를 퍼뜨리는 그런 식물도 아니고, 세포 분열도 하지 않는다. 또 동식물은 일정한 수명을 살고 나면 죽어 없어지게 마련이다. 그러나 문학 작품은 거의 항구적인 생명력을 가지고 독자들에게 수용되어 내려간다. 명작의 생명력은 문학의 구조가 동적(動的)인 것임으로 해서 영속적인데 그 변형이 독자와의 공변적(供變的)인 관계 속에서 이루어지는 구조인 것이다.

구조는 관계 개념이다. 소쉬르는 '구조'라는 용어를 사용하지 않고 '체계(systeme)'라는 용어를 쓴다. 체계는 부분과 전체의 관계에서 이루어진다. 구조주의적 조각(operation)이란 전체를 부분으로 나누고 그것을 재정리하는 것이 된다. 이처럼 전체는 부분으로 나누어지며 어떤 규칙들에 의해 그 단편들을 결합하게 된다. 여기서 어떤 규칙들이란 선험적으로 주어져 있는 것이 아니라 내재적인 것이기 때문에 그 구조에 참여하는 독자가 능동적으로 발견을 해내야 하는 그러한 것이다. 전체를 전체로서 이해하기 위해서는 그 전체를 어떤 규칙에 의해 동적인 부분들로 나누고, 그 동적인 부분들을 재구성하여 – 그 재구성의 원리는 어떤 중심에 의해 – 그것을 이해하는 것이다.

작품을 전체로서 보아야 한다는 요청은 문학 작품이 문학 외적(外的)인 것으로 환원되는 것을 방지하고, 문학의 자율성을 확보하고자 하는 노력과 같은 의미이다. 문학의 주제 의식이나 사상을 문제 삼는 것이 그 탐구의 깊이가 문제이지 틀린 것은 아니지만, 문학을 부분으로 갈파하여 편파적으로 이해하는 위험을 내포하게 된다는 점에서 경계해야 할 태도이다.

그렇게 요소를 구분해서 볼 때 문학은 수단이나 도구로 전락하게 된다. 한용운의 <님의 침묵>이 불교의 법을 전파하기 위한 것은 아니며, 이광수의 <흙>이 농촌으로 돌아가 농촌 계몽에 참여할 것을 권장하기 위한 유일한 목적으로 쓰지 않았음에도 그러한 방식으로 이용되게 되는 것이다. 그렇게 되면 문학의 존재 이유가 아무런 뜻도 가지지 못한다. 그렇기 때문에 문학을 전체라는 구조의 관점에서 보아야 할 필요가 있게 된다. <구인환·구창환, 『신고 문학개론』>

▌생각해 봅시다 ▌

1. 문학의 기원과 관련한 모방 충동설(모방 본능설), 유희 본능설, 자기 과시설(자기표현 본능설), 발생론적 기원설(발생학적 기원설), 발라드댄스설 등에 대한 견해를 각각 살펴 의견을 나누어 보자.

2. 한국문학의 특질에 대한 제(諸) 견해 중 한국문학의 미의식과 멋에 관한 조지훈의 견해를 아름다움, 고움, 멋을 중심으로 설명해 보자.

2. 민족문학으로서의 한국문학

민족문학은 세계문학의 한 부분이며, 세계문학은 모든 민족문학의 총체다. 따라서 세계문학을 이해하는 데 가장 확실한 출발점은 각자의 모국어로 된 민족문학이라 할 수 있다. 여기서는 민족문학으로서의 한국문학을 이해하는 과정으로, 민족문학의 개념적 내용과 그 개념 간의 상호관계를 살펴보도록 한다. 아울러 구비문학, 한문문학, 국문문학에 대한 개별적 특징을 함께 제시해 보겠다.

2.1. 민족문학의 개념

① 고대 민족 형성기 이래 한국 역사의 전 과정에 걸쳐 여러 계층, 집단의 민족 구성원에 의해서 이루어진 문학의 총체로 한국인이 한국어로 쓴 문학(포괄적 개념으로서의 민족문학)

② 언어, 소재, 모티프, 미의식, 주제 등에서 민족적 개별성과 특질

을 보여주는 문학으로 전통성을 강조(민족적 개성과 특질을 지닌 문학)

③ 대외적으로 중세적 보편주의를 극복하고 안으로는 봉건적 신분질서를 보다 평등한 사회관계로 재편성함으로써 형성된 민족 사회의 자기표현인 문학(민족문학의 근대적 성격을 강조)

④ 민족의 분단, 현실 사회의 갈등 등 민족 현실과 그 구성원들에게 절실한 문제를 다루어 민족적 가치를 구현하는데 기여하는 문학(민족문학의 역사적 의의 강조)

2.2. 민족문학 개념의 상호관계

위에서 제시한 민족문학의 네 가지 특징의 상호 관계를 알아보면, ①과 ②의 관계를 살펴볼 때 민족적 특질은 고정불변(固定不變)의 실체가 아니라 우리 민족의 삶의 과정에서 추출되는 것임을 알아야 한다. 그리고 민족적 특질만이 민족문학을 보장하는 것은 아니다. 외래적 요소의 충격과 동화(同化)가 우리 민족문학의 폭과 깊이를 심화, 확대해 왔다. 근대 이전 단계의 민족문학으로부터 언어, 양식, 소재, 주제 등의 많은 유산을 받아 그것을 새로운 경험 속에 통합, 발전시킴으로써 비로소 진정한 근대 민족문학이 수립될 수 있다. ③의 민족문학도 ①·②의 민족문학에 바탕을 두고 있다.

④의 민족문학 역시 ①~③의 민족문학과의 상호 관련 속에서 성립되는 것이다. 오늘날 당위적 민족문학의 개념(④)만을 절대화 하는 비역사적 현재 중심주의의 착오나 민족적 특질을 지닌 문학(②)만이 민족문학이라는 회고적 관념론의 오류를 벗어나야 한다. 따라서 네 가지 민족문학 개념을 상호 연관성 속에서 파악하지 않고 어느 하나만을 배

타적(排他的)으로 고집하는 태도는 옳지 않다.

2.3. 구비문학(口碑文學)

구비문학(口碑文學)은 사람들의 입을 통해 전승되어 온 문학이다. 종류로는 말(속담, 수수께끼), 이야기(신화, 전설, 민담), 노래(민요, 서사무가, 판소리), 놀이(무당굿놀이, 꼭두각시놀음, 탈춤) 등이 있다. 우리 문학에서 구비문학의 위치를 찾는다면, 무엇보다 한국문학의 중요한 일원이며 국문문학의 모태가 되었고 지금도 창작, 향유되고 있다는 사실이다. 하지만 구비문학에 대한 문학적 요건의 입장은 찬반(贊反)으로 각각의 거리를 두고 있다. 부정적 입장은 문학의 어원인 'Literature'가 '문자(文字)'라는 뜻이므로 글이 아닌 구비문학은 문학이 아니다. 라는 견해에, 긍정적 입장은 음성언어와 문자언어가 모두 언어이므로 구비문학도 언어 예술인 문학에 속한다는 견해를 취하고 있다. 그러면 이제 아래의 내용을 통해 구비문학의 성격을 알아보도록 한다.

첫째, 구비문학은 말로 존재하고 말로 전달하고 말로 전승되는 말로 된 문학이다. 둘째, 구비문학은 음성의 변화, 표정, 몸짓 등 일정한 구연방식이 동원된 구연문학(口演文學)이다. 셋째, 구비문학은 오랜 기간 동안에 걸쳐 많은 사람들에 의하여 공동으로 창작되어 온 공동작(共同作)의 문학이다. 넷째, 구비문학은 기억과 이해, 전달이 쉬워야 하기 때문에 형식이나 내용이 단순하다. 또 공동작으로서 공통의 체험이나 흥미, 관심을 표현한 것이므로 보편성을 띠게 되는 단순하고 보편적인 문학이다. 다섯째, 구비문학은 농민을 중심으로 한 대다수의 민중들이 창작하고 향유해 왔다. 또 구비문학은 민족 구성원 대부분이 공유하는 문학이므로, 생활과 의식에 공동체로서의 민족이 지닌 민중적(民衆的), 민족적(民族的)인 문학이라 할 수 있다.

2.4. 한문문학(漢文文學)

한문문학(漢文文學)은 BC 2세기 경 한자가 우리나라에 전해진 이래 조선 후기까지 한자로 창작한 우리 조상들의 문학이다. 따라서 한문문학은 우리 민족이 각 시대마다 처했던 현실을 충실히 반영한 작품이 많기에, 한국문학의 폭을 넓히고 심미적 의식과 사상을 풍부하게 했다. 특히 한자를 배울 수 있었던 귀족이나 지식층만이 창작·향유했으나, 현대에 와서 한글이 공식 문자가 되고 언문일치(言文一致)가 보편화됨에 따라 존재의의를 잃게 되었다.

한문문학이 한국문학인 이유는 한문은 중국만의 문자가 아니라 한국, 일본, 베트남 등 동(東)아시아에서 공통으로 사용되던 공동(共同)의 문어(文語)였다. 즉 우리나라에서도 공식적인 문자로 채택되었던 것이다. 따라서 현대 이전까지는 한자가 국어에 상응하는 문자였다. 또한 한문은 일상 대화에는 사용하지 않고 기록에만 쓰였으므로, 현대 이전에는 구어(口語)와 문어(文語)가 다른 이중적인 언어생활이 영위되었다. 따라서 당연히 한문문학은 국문문학과 구비문학과 함께 한국문학에 수용되어야 할 것이다.

2.5. 국문문학(國文文學)

국문문학은(國文文學)은 국문으로 표현된 문학을 지칭한다. 즉 순수

국문문학인 한글로 된 문학과 향찰(鄕札)로 표기된 차자문학(借字文學)이 있다. 여기서 향찰은 우리 문자가 없던 시기에 우리말로 표기하기 위해 특별히 고안된 표기 방식이었는데, 한자의 음(音)과 훈(訓)을 섞어 써서 표기했던 방식이다. 향가는 향찰로 표기되었다. 한편 국문문학은 한글 창제 이후 본격적으로 발달했으며, 구비문학으로부터 창조적 원천을 얻어 왔고 한문문학의 영향도 받았다. 현대에 와서 한문문학이 소멸되고 구비문학의 의의도 감소되면서, 국문문학이 한국문학의 중심이 되어 국문문학의 사명이 더욱 커졌다.

▎생각해 봅시다 ▎

1. 민족문학과 세계문학 또는 세계문학으로서의 한국문학에 대해서 조사해 보고 그 관계와 특성 및 전망에 대해 논의해 보자.

2. 구비문학의 대표라 할 수 있는 설화(說話)는 일정한 구조를 가진 꾸며낸 이야기로서 서사문학(敍事文學)의 근원이다. 설화는 신화(神話)·전설(傳說)·민담(民譚)을 포괄하는데, 그 전반적 특징(전승 형태, 시공간, 증거물, 이야기 구조, 주인공과 인물들의 행위 등)에 대해 각각 비교하며 논의해 보자.

3. 수로부인(水路夫人)과 가락국기(駕洛國記)

3.1. 수로부인(水路夫人)

성덕왕(聖德王) 시절 순정공(純貞公)이 강릉태수(江陵太守)로 - 지금의 명주(溟州) - 부임했다. 가다가 도중에 바닷가에서 점심을 먹는데, 곁에는 돌 봉우리가 병풍과 같이 바다를 두르고 있어 그 높이가 천 길이나 되었다. 그 위에는 철쭉꽃이 만발해 있었다. 공의 부인, 수로(水路)가 이것을 보더니 좌우 사람들에게 말하기를

"꽃을 꺾어다가 내게 줄 사람은 없는가."

그러나 종자(從者)들은

"거기에는 사람이 갈 수 없는 곳입니다."

라고 하며 아무도 나서지 못했다. 이때 암소를 끌고 길을 지나가던 늙은 노인이 있었는데, 부인의 말을 듣고는 그 꽃을 꺾어다가 바치면서 가사(歌詞)까지 지어 불렀다. 그러나 그 늙은이가 어떤 사람인지 알 수가 없었다. 그 뒤 다시 편안하게 이틀 길을 가다가 또 임해정(臨海亭)에서 점심을 먹는데, 갑자기 바다에서 용이 나타나더니 부인을 끌고 바다 속으로 들어갔다. 공이 땅에 넘어져 발을 굴렀으나 어찌 할 수가 없었다. 또 한 노인이 나타나 말했다.

"옛 사람의 말에 여러 사람의 말은 쇠도 녹인다 했으니, 이제 바다 속의 용인들 어찌 여러 사람의 입을 두려워하지 않겠습니까. 마땅히 경내(境內)의 백성들을 모아 노래를 지어 부르게 하면서 지팡이로 강 언덕을 치면, 부인을 만나 볼 수가 있을 것입니다."

공이 그대로 하였더니, 용이 부인을 모시고 나와 공에게 도로 바쳤다. 공이 바다 속에 들어갔던 일을 부인에게 물으니 부인이 말한다.

"칠보궁전(七寶宮殿)에 음식은 맛있고 향기롭게 깨끗한 것이 인간의 연화(煙火)가 아니었습니다."
라고 말했다. 또한 부인의 옷에서 나는 이상한 향내는 이 세상의 것이 아니었다. 수로부인은 아름다운 용모가 세상에 뛰어나 깊은 산이나 큰 못을 지날 때면, 여러 차례 신물(神物)에게 붙들림을 당하곤 했다. 이때 여러 사람이 부르던 <해가(海歌)>의 가사는 이러했다.

　　龜乎龜乎出水路
　　掠人婦女罪何極
　　汝若悖逆不出獻
　　入網捕掠燔之喫

노인의 헌화가(獻花歌)는 이러했다.

　　紫布岩乎邊希
　　執音乎手母牛放敎遣
　　吾肹不喩慚肹伊賜等
　　花肹折叱可獻乎理音如

　　딛배 바회 ᄀᆞᆺ희
　　자ᄇᆞ온손 암쇼 노희시고
　　나ᄒᆞᆯ 안디 붓ᄒᆞ리샤ᄃᆞᆫ
　　ᄒᆞᆯ 곶가 받ᄌᆞ 보리이다 [≪三國遺事≫, 卷2]

3.2. 가락국기(駕洛國記)

고려(高麗) 문종조(文宗朝) 대강(大康) 연간(年間)에 김관지주사(金

官知州事) 문인(文人)이 지은 것이니 그 대략을 여기에 싣는다. 천지(天地)가 처음 열린 이후로 이곳에는 아직 나라 이름이 없었다. 그리고 또 군신(君臣)의 칭호도 없었다. 이럴 때에 아도간(我刀干)·여도간(汝刀干)·피도간(彼刀干)·오도간(五刀干)·유수간(留水干)·유천간(留天干)·신천간(神天干)·오천간(五天干)·신귀간(神鬼干) 등 아홉 간(干)이 있었다. 이들 추장(酋長)들이 백성들을 통솔했는데, 모두 일백 호(戶)로 7만 5천 명이었다. 이 사람들은 거의 산과 들에 모여서 살았으며 우물을 파서 물을 마시고, 밭을 갈아 곡식을 먹었다.

　후한(後漢)의 세조(世祖) 광무제(光武帝) 건무(建武) 18년 임인(壬寅, AC42) 3월 계욕일(禊浴日)에 그들이 살고 있는 북쪽 귀지(龜旨, 이것은 산봉우리의 이름인데, 마치 거북이 엎드린 모양과도 같기 때문에 이렇게 말한 것이다.)에서 무엇을 부르는 이상한 소리가 났다. 백성 2, 3백 명이 여기에 모였는데 사람의 소리 같기는 하지만 그 모습은 보이지 않는데 소리만 들려왔다.

　"이곳에 누가 있는가?"

　구간(九干)들이 말한다.

　"우리들이 있습니다."

　그러자 또 말한다.

　"내가 있는 곳이 어디냐."

　"귀지(龜旨)입니다."

　이에 또 말한다.

　"하늘이 나에게 명하기를 이곳에 나라를 새로 세우고 임금이 되라고 하였으므로, 이를 위하여 여기에 내려온 것이다. 너희들은 모름지기 산봉우리 꼭대기의 흙을 파면서 노래를 부르되

龜何龜何
首其現也
若不現也
燔灼而喫也

하고 뛰면서 춤을 추어라. 그러면 곧 대왕을 맞이하여 기뻐 뛰놀게 될 것이다."

구간(九干)들은 이 말을 따라 모두 기뻐하면서 노래하고 춤추었다. 얼마 후 하늘을 우러러 보니 다만 자줏빛 한 줄이 하늘에서 드리워져 땅에 닿는 것이었다. 그 줄 끝을 찾아보니 붉은 보자기에 금으로 만든 상자가 싸여 있었다. 열어보니 해처럼 둥근 황금알 여섯 개가 있었다.

여러 사람들은 모두 놀라고 기뻐하여 함께 백배(百拜)하고 얼마 있다가 다시 싸안고 아도간(我刀干)의 집으로 돌아와 책상 위에 놓아두고 여러 사람은 각기 흩어졌다가 이런 지 12시간이 지나, 그 이튿날 아침에 여러 사람들이 다시 모여서 그 합을 열자 여섯 알은 화하여 아이가 되어 있는데 용모(容貌)가 매우 깨끗했으며 훤칠했다. 이내 이들은 평상 위에 앉았다. 여러 사람들은 모두 절하고 하례(賀禮)하면서 극진히 공경했다.

이들은 나날이 자라서 10여 일이 지나니 키는 9척으로 은(殷)나라 천을(天乙) — 은나라의 탕왕(湯王) — 과 같고 얼굴은 용과 같아 한(漢)나라 고조(高祖)와 같다. 눈썹이 팔자(八字)로 채색이 나는 것은 당(唐)나라 고조(高祖)와 같고, 눈동자가 겹으로 된 것은 우(虞)나라 순(舜)과 같았다. 그가 그달 보름에 왕위(王位)에 오르니 세상에 처음 나타났다고 해서 이름을 수로(首露)라고 했다. 혹은 수릉(首陵) — 수릉은 죽은 후의 시호(諡號)다. — 이라 했다.

나라를 대가락(大駕洛)이라 하고 또 가야국(伽耶國)이라고도 하니 이는 곧 여섯 가야(伽耶) 중의 하나다. 나머지 다섯 사람도 각각 가서 다섯 가야의 임금이 되었다. 동쪽은 황산강(黃山江), 서남쪽은 창해(滄海), 서북쪽은 지리산(地理山), 동북쪽은 가야산(伽耶山)이며 남쪽은 나라의 끝이었다. 그는 임시로 대궐을 세우게 하고 거처하면서 다만 질박(質朴)하고 검소하니 지붕에 이은 이엉을 자르지 않았으며, 흙으로 만든 계단은 겨우 3척이었다. [≪三國遺事≫, 卷2]

▌생각해 봅시다 ▌

1. 수로부인(水路夫人)과 관련된 <해가(海歌)>와 가락국기(駕洛國記)와 관련된 <구지가(龜旨歌)>를 비교하여 각각의 특징과 고대인들의 정서를 생각해 보자.

2. <헌화가(獻花歌)>의 배경설화는 <해가(海歌)>와 함께 등장한다. <해가>와 비교하여 <헌화가>에 드러난 신라인의 미의식에 대해 생각해 보자.

3. <구지가(龜旨歌)>의 노래가 <공무도하가(公無渡河歌)>나 <황조가(黃鳥歌)>와 창작 주체 면에서 구별되는 점은 무엇인지 설명해 보고 세 작품의 특징을 각각 조사해 보자.

4. 철학 속의 문학

　도스토예프스키의 그리스도는 신이 인간이 되었다든가 십자가의 속죄라든가 부활의 증거라든가 그런 교리적인 것이 아니었고 일체를 용서해 주시고 선한 자와 악한 자에게 골고루 베풀어 주시는 사랑의 태양이었다. 그는 하나의 사랑의 기적이었다. 비할 수 없이 아름답고 진실한 사람, 사랑의 영원한 이상이 그리스도였다. 그는 사랑의 화신이었다. 사랑의 뜨거운 태양 밑에 차가운 옥중의 얼음이 녹는 것이었다.

　그리스도는 진리가 아니라도 좋다. 그는 진리를 초월한 사람이다. 도스토예프스키는 3차원을 넘어서 4차원을 나는 우주선처럼 진리의 세계를 넘어서 사랑의 세계를 날아갈 때에 그는 비로소 자유라는 것을 알게 되었다. 그가 밤낮 찾은 것은 자유이며 자유는 3차원의 세계에서는 찾을 수 없다. 이성의 세계를 넘어 서는 것이다. 그런 의미에서 그리스도는 그에게 있어서 하나의 신이었다. 그는 그리스도의 신성을 믿었다.

　인간의 힘으로 감히 침범할 수 없는 아름답고 깊은 사랑이 넘치고 웅장하고 완벽한 히말라야의 어떤 영봉과도 같은 그리스도를 느끼고 있는 것이다. 도스토예프스키의 생각 밑바닥에는 생각의 차원을 넘어서는 어떤 심정이 깔려 있다. 이것을 그리스도 심정이라고나 할까. 이 심정 때문에 그는 러시아를 넘고 인류를 넘어서 우주적인 작가로 다시 살아나고 있는 것이다.

　그가 죽은 것이 1881년, 벌써 100년이 넘었지만 아직도 그는 이 역사 속에 도스토예프스키의 열기를 뿜고 있다. 그는 인간 문명이 합리주의에 파산하여 어떻게 할 수 없는 암흑에 처했을 때 이성 이상의 것을 제시하는 작가로서 단테, 셰익스피어, 괴테와 더불어 거대한 하나의 별이 된 것이다. 그가 이성을 가지고 새로운 세계를 건설하려고 페트라셰프스키의 사회주의 운동에 가담했다가 발각된 것은 28세 때의 일이다. 총살형의 선고를 받고 처형장에 끌려간 마지막 순간을 그는 이렇게 묘사한다.

"군중과 군인에게 에워싸인 처형대에서 이십 보 가량 떨어진 곳에 기둥이 세워져 있었다. 범인이 여러 명인 듯하다. 우선 세 사람이 끌려 나가 기둥에 묶이고 사형 복이 입혀지고 총이 보이지 않게 흰 두건으로 눈이 가리어졌다. 그리고는 각 기둥마다 몇 사람의 군인이 줄을 지었다. 내가 아는 사람은 여덟 번째에 서 있었기 때문에 세 번 만에야 불려 나가게 되어 있었다. 한 사람의 승려가 십자가를 손에 들고 한 사람씩 찾아 갔다. 이제 마지막 5분, 이 이상 목숨은 없는 때가 다가왔다. 나의 경험에 의하면 이 5분간이야말로 한없이 긴 시간으로 마치 다 쓸 수 없는 많은 재산과 같은 느낌이 들었다. 최후의 순간 같은 것은 생각할 필요도 없을 정도로 많은 생활을 이 5분 동안에 살 수 있을 것 같은 느낌이 들어 여러 가지 궁리를 해보았다. 우선 시간을 쪼개서 2분간은 친구들과의 고별에 쓰고 2분간은 이 세상에서 마지막 사는 자신을 생각해 보기로 하였다. 그리고 남은 1분은 마지막으로 사면을 휘둘러보기로 하였다. 나는 이렇게 세 가지 계획을 세우고 이런 식으로 시간을 쓰려고 생각했다.(그는 그때 28세의 건장한 청년이었다.) 우선 친구에게 작별을 고하면서 그 중 한 사람에게는 웃기는 질문을 하여 그 대답에 흥미를 가지기도 했다. 그리하여 친구들과의 작별이 끝난 즉, 이번에는 나의 일을 생각하기 위해서 쪼개 놓은 2분을 쓰기로 했다. 나는 어떤 것을 생각할 것인지 미리 알고 있었다. **지금 나는 이렇게 살고 있지만 이제 이삼 분만 지나가면 나는 어떤 무엇이 되고 만다. 즉 누군가**

되든지 아니면 무엇이 될 것이다. 왜 그럴까? 이 문제는 될 수 있는 대로 빨리, 될 수 있는 대로 밝게 해결하고 싶었다. 누군가 된다면 누가 될 것이며 그곳은 어디일까? 이것만을 완전히 2분 동안에 알고야 말겠다고 생각했다. 처형장에서 멀지 않은 곳에 교회가 있고 그 금빛 지붕 꼭대기가 밝은 햇빛으로 빛나고 있었다. 나는 무서울 정도로 집요하게 이 지붕과 지붕에 반사하는 햇빛을 바라보면서 그 광선으로부터 눈을 돌릴 수 없었다. 이 광선이야말로 자기의 새로운 자연이다. 이제 몇 분이 지나면 어떤 방식으로 이 광선과 융합되고 마는 것이다. 이제 막 찾아오려는 새로운 미지의 세계와 거기에 대한 혐오의 감정은 무서운 것이었다. 그렇지만 나에게 말하자면 이때에 그보다 더 괴로웠던 것은 끊임없이 떠오르는 하나의 생각 때문이었다. 만일 죽지 않았다면 어떨까? 만일 죽지 않게 되면 어떨까? 그것은 무한일 것이다. 그리고 그 무한한 시간은 모두 내 것이 될 것이다. 그렇게 되면 나는 한순간 한순간을 백 년으로 연장하여 한 가지라도 쓸데없이 허비하는 일이 없게 해야 할 것이다. 그리고 그 한순간 한순간을 일일이 주판으로 계산하며 어떤 것이든 절대 허비하지는 않을 것이다. 이런 생각이 나중에는 지독한 격분의 감정으로 변하여 어서 바삐 한순간이라도 빨리 죽여줬으면 하는 마음으로 꽉 찼다."

이런 생각으로 가득 차 있을 때 그 때 호아제의 특사는 도스토에프스키를 죽음에서 풀어 주었고 그는 4년간을 시베리아 형무소에서 오직 성경 한 권만을 벗 삼아 옥고를 치르게 되었다. 이러한 특이한 경험 외에 그에게는 신체적 불행한 경험이 있었다. 그것은 그의 간질병이다. 그의 두 번째 아내였던 안나의 회상은 이렇게 말하고 있다.

"그가 기분 좋게 누님과 말하고 있다가 갑자기 말을 그치고 창백해져 의자에 기대어 내가 있는 쪽으로 기울어졌다. 나는 깜짝 놀라 가까이 가 보니, 무서운 신음, 사람의 소리가 아니라 마치 짐승의 울부짖음이 들렸다. 남편은 점점 꼬꾸라지면서 간질병 환자에게 공통적인 울부짖음이 10분 이상 계속되었다. 그 때마다 나는 너무 놀라 심장이 멎는 것 같았다. 나는 사랑하는 남편이 얼빠진 것이 아닌가 하고 생각하여 오싹 소름이 끼쳤다. 몇 시간 지난 후에 겨우 남편은 걸을 수 있게 되었고 우리들은 집에 돌아올 수 있었다. 발작 후에는 오랫동안 짓눌린 것 같은 우울한 분위기가 한 주일 동안 계속됐다. 자기의 가장 가까운 사람이 죽은 것 같은 누군가를 파묻고 온 기분이었다."

이것이 그의 모습을 적은 글이다. 그러나 도스토예프스키는 그의 간질체험을 이렇게 적었다.

"극히 짧은 시간이었다. 그것은 한 번에 5초나 6초 이상 계속되지 않지만, 그때 갑자기 완전하게 도달된 영구한 조화의 존재를 나는 느끼는 것이다. 그것은 이 세상 것은 아니지만 그렇다고 천상의 것이라고 말할 수도 없다. 결국 인간의 몸으로는 견딜 수 없는 세계다. 생리적으로 변화가 되든지 그렇지 않으면 죽어버려야 한다. 그 때에는 사람을 용서한다는 것도 없다. 이미 용서할 아무것도 없기 때문이다. 사랑이란 말로도 통하지 않는다. 아아, 그것은 사랑 이상의 것이다. 무엇보다도 무서운 것은 그것이 한없이 똑똑하게 말할 수 없는 기쁨으로 넘쳐 있다는 것이다."

이승과의 단절 그것은 곧 저승의 시작인 듯하다. 도스토예프스키는 그것을 기쁨으로 표시한다. 이쪽에서 보면 한없이 무서운 고통이 저쪽에서 보면 한없는 기쁨으로 넘친다는 역설적 상황이 그가 본 고통의 비밀이다. [김홍호,『철학 속의 문학』]

┃ 생각해 봅시다 ┃

1. 도스토예프스키처럼 처형장에 선, 5분의 삶이 만약 자신에게 주어진 삶이라면 나는 무엇을 생각할 것인가? 위 글을 참고하여 구체적으로 5분을 제시해 보자.

2. 본문의 밑줄 친 내용에서 "누군가 된다면 누가 될 것이며 어떤 무엇이 될 것인가? 또 그 곳은 어디일까?"라는 물음처럼, 자신이 믿고 있는 죽음 이후의 세계에 대해 서로의 의견을 나누어 보자.

3. 대학졸업 이후 나는 무엇을 내 인생 최고의 가치로 추구하며 살아갈 것인가? 또한 이것을 이루기 위해 지금 내게 절실하게 요구되는 것은 무엇인가? 얘기해 보자.

4. 인생을 정리하는 삶의 끝에서, 앞으로 나에게 다가올 죽음을 맞이해 나는 과연 마지막 유서를 어떻게 기록할 것인가? 미래의 가족과 나의 지나온 삶, 그리고 세상에 남길 마지막 유언과 사업 등을 구체적으로 작성해 보자.

5. 서울, 1964년 겨울

1964년 겨울을 서울에서 지냈던 사람이라면 누구나 알고 있겠지만, 밤이 되면 거리에 나타나는 선술집—오뎅과 군참새와 세 가지 종류의 술등을 팔고 있고, 얼어붙은 거리를 휩쓸며 부는 차가운 바람이 펄럭

거리게 하는 포장을 들치고 안으로 들어서게 되어 있고, 그 안에 들어서면 카바이드불의 길쭉한 불꽃이 바람에 흔들리고 있고, 염색한 군용(軍用)잠바를 입고 있는 중년 사내가 술을 따르고 안주를 구워 주고 있는 그러한 선술집에서, 그날 밤, 우리 세 사람은 우연히 만났다. 우리 세 사람이란 나와 도수 높은 안경을 쓴 안(安)이라는 대학원 학생과 정체를 알 수 없었지만 요컨대 가난뱅이라는 것만은 분명하여 그의 정체를 꼭 알고 싶다는 생각은 조금도 나지 않는 서른 대여섯 살짜리 사내를 말한다. 먼저 말을 주고받게 된 것은 나와 대학원생이었는데, 뭐 그렇고 그런 자기소개가 끝났을 때는 나는 그가 안 씨라는 성을 가진 스물다섯 살짜리 대한민국 청년, 대학 구경을 해보지 못한 나로서는 상상이 되지 않는 전공(專攻)을 가진 대학원생, 부잣집 장남이라는 걸 알았고, 그는 내가 스물다섯 살짜리 시골 출신, 고등학교는 나오고 육군사관학교를 지원했다가 실패하고 나서 군대에 갔다가 임질에 한 번 걸려 본적이 있고, 지금은 구청 병사계(兵事係)에서 일하고 있다는 것을 아마 알았을 것이다. 자기소개는 끝났지만, 그러고 나서는 서로 할 얘기가 없었다. 잠시 동안은 조용히 술만 마셨는데, 나는 새카맣게 구워진 참새를 집을 때 할 말이 생겼기 때문에 마음속으로 군참새에게 감사하고 나서 얘기를 시작했다.

"안 형, 파리를 사랑하십니까?"

"아니오. 아직까진……"

그가 말했다.

"김 형은 파리를 사랑하세요?"

"예."

라고 나는 대답했다.

"날 수 있으니까요. 아닙니다. 날 수 있는 것으로서 동시에 내 손에 붙잡힐 수 있는 것이니까요. 날 수 있는 것으로서 손안에 잡아본 것이 있으세요?"

"가만 계서 보세요." 그는 안경 속에서 나를 멀거니 바라보며 잠시 동안 표정을 꼼지락거리고 있었다. 그리고 말했다.

"없어요. 나도 파리밖에는……"

낮엔 이상스럽게도 날씨가 따뜻했기 때문에 길은 얼음이 녹아서 흙물로 가득했었는데 밤이 되면서부터 다시 기온이 내려가고 흙물은 우리의 발밑에서 다시 얼어붙기 시작했다. 쇠가죽으로 지어진 내 검정구두는 얼고 있는 땅바닥에서 올라오고 있는 찬 기운을 충분히 막아내지 못하고 있었다. 사실 이런 술집이란, 집으로 돌아가는 길에 잠깐 한잔하고 싶은 생각이 든 사람이나 들어올 데지, 마시면서 곁에 선 사람과 무슨 얘기를 주고받을 데는 되지 못하는 곳이다. 그런 생각이 문득 들었지만 그 안경쟁이가 때마침 나에게 기특한 질문을 했기 때문에 나는 '이놈 그럴듯하다'고 생각되어 추위 때문에 저려 드는 내 발바닥에 조금만 참으라고 부탁했다.

"김 형, 꿈틀거리는 것을 사랑하십니까?"

하고 그가 내게 물었던 것이다.

"사랑하구 말구요."

나는 갑자기 의기양양해져서 대답했다. 추억이란 그것이 슬픈 것이든지 기쁜 것이든지 그것을 생각하는 사람을 의기양양하게 한다. 슬픈 추억일 때는 고즈넉이 의기양양해지고 기쁜 추억일 때는 소란스럽게 의기양양해진다.

"사관학교 시험에서 미역국을 먹고 나서도 얼마 동안, 나는 나처럼 대학 입학시험에 실패한 친구 하나와 미아리에 하숙하고 있었습니다. 서울은 그 때가 처음이었죠, 장교가 된다는 꿈이 깨어져서 나는 퍽 실의에 빠져 있었습니다. 그 때 영영 실의해 버린 느낌입니다. 아시겠지만 꿈이 크면 클수록 실패가 주는 절망감도 대단한 힘을 발휘하더군요. 그 무렵 재미를 붙인 게 아침의 만원된 버스 간이었습니다. 함께 있는 친구와 나는 하숙집의 아침 밥상을 밀어 놓기가 바쁘게 미아리 고개 위에 있는 버스 정류장으로 달려갑니다. 개처럼 숨을 헐떡거리면서 말입니다. 시골에서 처음으로 서울에 올라온 청년들의 눈에 가장 부럽고 신기하게 비치는 게 무언지 아십니까? 부러운 건 뭐니 뭐니 해도 밤이 되면 빌딩들의 창에 켜지는 불빛, 아니 그 불빛 속에서 이리저리 움직이고 있는 사람들이고, 신기한 건 버스 간 속에서 일 센티미터도 안 되는 간격을 두고 자기 곁에 예쁜 아가씨가 서 있다는 사실입니다. 때로는 아가씨들과 팔목의 살을 대고 있기도 하고 허벅다리를 비비고서 있을 수도 있어서 그것 때문에 나는 하루 종일 시내버스를 이것저것 갈아타면서 보낸 적도 있습니다. 물론 그날 밤에는 너무 피로해서 토했습니다만……."

"잠깐, 무슨 얘기를 하시자는 겁니까?"

"꿈틀거리는 것을 사랑한다는 얘기를 하려던 참이었습니다. 들어보세요. 그 친구와 나는 출근 시간의 만원 버스 속을 스리꾼들처럼 안으로 비집고 들어갑니다. 그리고 자리를 잡고 앉아 있는 젊은 여자 앞에 섭니다. 나는 한 손으로 손잡이를 잡고 나서, 달려오느라고 좀 멍해진 머리를 올리고 있는 손에 기댑니다. 그리고 내 앞에 앉아 있는 여자의 아랫배 쪽으로 천천히 시선을 보냅니다. 그러면 처음엔 얼른 눈에 뜨이지 않지만 시간이 조금 가고 내 시선이 투명해지면서부터 나는 그 여자의 아랫배가 조용히 오르내리는 것을 볼 수 있습니다……."

"오르내린다는 건……호흡 때문에 그러는 것이겠죠?"

"물론 입니다. 시체의 아랫배는 꿈쩍도 하지 않으니까요. 하여

튼……나는 그 아침의 만원 버스 간 속에서 보는 젊은 여자 아랫배의 조용한 움직임을 보고 있으면 왜 그렇게 마음이 편안해지고 맑아지는지 모르겠습니다. 나는 그 움직임을 지독하게 사랑합니다."

"퍽 음탕한 얘기군요."

라고 안은 기묘한 음성으로 말했다. 나는 화가 났다. 그 얘기는, 내가 만일 라디오의 박사 게임 같은 데에 나가게 돼서 '세상에서 가장 신선한 것은?'이라는 질문을 받게 되었을 때, 남들은 상추니 오월의 새벽이니 천사의 이마니 하고 대답하겠지만 나는 그 움직임이 가장 신선한 것이라고 대답하려니 하고 일부러 기억해 두었던 것이었다.

"아니 음탕한 얘기가 아닙니다."

나는 강경한 태도로 말했다.

"그 얘기는 정말입니다."

"음탕하지 않다는 것과 정말이라는 것 사이엔 어떤 관계가 있죠?"

"모르겠습니다. 관계 같은 것은 난 모릅니다. 요컨대……"

"그렇지만 고 동작은 '오르내린다.'는 것이지 꿈틀거린다는 것은 아니군요. 김 형은 아직 꿈틀거리는 것을 사랑하지 않으시구먼."

우리는 다시 침묵 속으로 떨어져서 술잔만 만지작거리고 있었다. 개새끼, 그게 꿈틀거리는 게 아니라고 해도 괜찮다. 하고 나는 생각하고 있었다. 그런데 잠시 후에 그가 말했다.

"난 지금 생각해 봤는데, 김 형의 그 오르내림도 역시 꿈틀거림의 일종이라는 결론을 얻었습니다."

"그렇죠?"

나는 즐거워졌다.

"그것은 틀림없는 꿈틀거림입니다. 난 여자의 아랫배를 가장 사랑합니다. 안 형은 어떤 꿈틀거림을 사랑합니까?"

"어떤 꿈틀거림이 아닙니다. 그냥 꿈틀거리는 거죠. 그냥 말입니다. 예를 들면……데모도…….”

"데모가? 데모를? 그러니까 데모…….”

"서울은 모든 욕망의 집결지입니다. 아시겠습니까?”

"모르겠습니다.”

라고 나는 할 수 있는 한 깨끗한 음성을 지어서 대답했다. 그 때 우리의 대화는 또 끊어졌다. 이번엔 침묵이 오래 계속되었다. 나는 술잔을 입으로 가져갔다. 내가 잔을 비우고 났을 때 그도 잔을 입에 대고 눈을 감고 마시고 있는 게 보였다. 나는 이젠 자리를 떠나야 할 때가 되었다고 다소 서글픈 기분으로 생각했다. 결국 그렇고 그렇다. 또 한 번 확인된 것에 지나지 않다고 생각하면서, '자 그럼 다음에 또……'라고 말할까 '재미있었습니다.'라고 말할까, 궁리하고 있는데 술잔을 비운 안이 갑자기 한 손으로 내 한쪽 손을 살며시 잡으면서 말했다.

"우리가 거짓말을 하고 있었다고 생각하지 않으십니까?”

"아니오.”

나는 좀 귀찮은 생각이 들었다.

"안 형은 거짓말을 했는지 모르지만 내가 한 얘기는 정말이었습니다.”

"난 우리가 거짓말을 하고 있었던 것 같은 느낌이 듭니다.”

그는 붉어진 눈두덩을 안경 속에서 두어 번 끔벅거리고 나서 말했다.

"난 우리 또래의 친구를 새로 알게 되면 꼭 꿈틀거림에 대한 얘기를 하고 싶어집니다. 그래서 얘기를 합니다. 그렇지만 얘기는 오 분도 안 돼서 끝나 버립니다.”

나는 그가 무슨 이야기를 하고 있는지 알 듯 하기도 했고 모를 것 같기도 했다.

"우리 다른 얘기합시다."

하고 그가 다시 말했다. 나는 심각한 얘기를 좋아하는 이 친구를 골려 주기 위해서, 그리고 한편으로는 자기의 음성을 자기가 들을 수 있는 취한 사람의 특권을 맛보고 싶어서 얘기를 시작했다.

"평화 시장 앞에서 줄지어 선 가로등 중에서 동쪽으로부터 여덟 번째 등은 불이 켜져 있지 않습니다……." 나는 그가 좀 어리둥절해 하는 것을 보자 더욱 신이 나서 얘기를 계속했다.

"……그리고 화신 백화점 육 층의 창들 중에서는 그 중 세 개에서만 불빛이 나오고 있었습니다……."

그러자 이번엔 내가 어리둥절해질 사태가 벌어졌다. 안의 얼굴에 놀라운 기쁨이 발하기 시작했기 때문이다. 그가 빠른 말씨로 얘기하기 시작했다.

"서대문 버스정류장에는 사람이 서른두 명 있는데 그 중 여자가 열일곱 명이고 어린애는 다섯 명, 젊은이는 스물한 명, 노인이 여섯 명입니다."

"그건 언제 일이지요?"

"오늘 저녁 일곱 시 십오 분 현재입니다."

"아"

하고 나는 잠깐 절망적인 기분이었다. 그 반작용인 듯 굉장히 기분이 좋아져서 털어놓기 시작했다.

"단성사 옆 골목의 첫 번째 쓰레기통에는 초콜릿 포장지가 두 장 있습니다."

"그건 언제?"

"지난 십사일 저녁 아홉 시 현재입니다."

"적십자병원 정문 앞에 있는 호두나무의 가지 하나는 부러져 있습니다."

"을지로 삼가에 있는 간판 없는 한 술집에는 '미자'라는 이름을 가진 색시가 다섯 명 있는데, 그 집에 들어온 순서대로 큰 미자, 둘째 미자, 셋째 미자, 넷째 미자, 막내 미자라고 합니다."

"그렇지만 그건 다른 사람들도 알고 있겠군요. 그 술집에 들어가 본 사람은 꼭 김 형 하나뿐이 아닐 테니까요."

"아 참, 그렇군요. 난 미처 그걸 생각하지 못했는데. 난 그 중에 큰 미자와 하룻저녁 같이 잤는데 그 여자는 다음날 아침 일수(日收)로 물건을 파는 여자가 왔을 때 내게 팬티 하나를 사주었습니다. 그런데 그 여자가 저금통으로 사용하고 있는 한 되들이 빈 술병에는 돈이 백십 원 들어 있었습니다."

"그건 얘기가 됩니다. 그 사실은 완전히 김 형의 소유입니다."

우리의 말투는 점점 서로를 존중해 가고 있었다.

"나는……"

하고 우리는 동시에 말을 시작하기도 했다. 그럴 때는 번갈아서 서로 양보했다.

"나는……"

이번에는 그가 말할 차례였다.

"서대문 근처에서 서울역 쪽으로 가는 전차의 트롤리가 내 시야 곳에서 꼭 다섯 번 파란 불꽃을 튀기는 것을 보았습니다. 그건 오늘 밤 일곱 시 십오 분에 거길 지나가는 전차였습니다."

"안 형은 오늘 저녁엔 서대문 근처에서 살고 있었군요."

"예 서대문 근처에서만……."

"난 종로 이가 쪽입니다. 영보빌딩 안이 있는 변소 문의 손잡이 조금

밑에는 약 이 센티미터 가량의 손톱자국이 있습니다."

하하하하, 하고 그는 소리 내어 웃었다.

"그건 김 형이 만들어 놓은 자국이겠지요?"

나는 무안했지만 고개를 끄덕이지 않을 수 없었다. 그건 사실이었다.

"어떻게 아세요?"

하고 나는 그에게 물었다.

"나도 그런 경험이 있으니까요."

그가 대답했다.

"그렇지만 별로 기분 좋은 기억이 못 되더군요. 역시 우리는 그냥 바라보고 발견하고 비밀히 간직해 두는 편이 좋겠어요. 그런 짓을 하고 나서는 뒷맛이 좋지 않더군요."

"난 그런 짓을 많이 했습니다만 오히려 기분이 좋았……."

좋았다고 말하려고 했는데, 갑자기 내가 했던 모든 그것에 대한 혐오감이 치밀어서 나는 말을 그치고 그의 의견에 동의하는 고갯짓을 해버렸다. 그러나 그 때 나는 이상스럽다는 생각이 들었다. 내가 약 삼십 분 전에 들은 말이 틀림없다면 지금 내 옆에서 안경을 번쩍이고 앉아 있는 친구는 틀림없는 부잣집 아들이고 높은 공부를 한 청년이다. 그런데 왜 그가 이래야만 되는가?

"안 형이 부잣집 아들이라는 것은 사실이겠지요? 그리고 대학원 학생이라는 것도……."

내가 물었다.

"부동산만 해도 대략 삼천만 원쯤 되면 부자가 아닐까요? 물론 내 아버지 재산이지만 말입니다. 그리고 대학원생이라는 건 여기 학생증이 있으니까……."

그러면서 그는 호주머니를 뒤적거리면서 지갑을 꺼냈다.

"학생증까진 필요 없습니다. 실은 좀 의심스러운 게 있어서요. 안 형 같은 사람이 추운 밤에 싸구려 선술집에 앉아서 나 같은 친구나 간직할 만한 일에 대해서 얘기하고 있다는 것이 이상스럽다는 생각이 방금 들었습니다."

"그건……그건……."

그는 좀 열띤 음성으로 말했다.

"그건……그렇지만 먼저 물어 보고 싶은 게 있는데요. 김 형이 추운 밤에 밤거리를 다니는 이유는 무엇입니까?"

"습관은 아닙니다. 나 같은 가난뱅이는 호주머니에 돈이 좀 생겨야 밤거리에 나올 수 있으니까요."

"글쎄 밤거리에 나오는 이유는 무엇입니까?"

"하숙방에 들어앉아서 벽이나 쳐다보고 있는 것보다는 나으니까요."

"밤거리에 나오면 뭔가 좀 풍부해지는 느낌이 들지 않습니까?"

"뭐가요?"

"그 뭔가가. 그러니까 생(生)이라고 해도 좋겠지요. 김 형이 왜 그런 질문을 하는지 그 이유를 조금은 알 것 같습니다. 내 대답은 이렇습니다. 밤이 됩니다. 난 집에서 거리로 나옵니다. 난 모든 것에서 해방된 것을 느낍니다. 아니, 실제로는 그렇지 않을지도 모르지만 그렇게 느낀다는 말입니다. 김 형은 그렇게 안 느낍니까?"

"글쎄요."

"나는 사물의 틈에 끼여서가 아니라 사물을 멀리 두고 바라보게 됩니다. 안 그렇습니까?"

"글쎄요. 좀……."

"아니 어렵다고 말하지 마세요. 이를테면 낮엔 그저 스쳐 지나가던 모든 것이 밤이 되면 내 시선 앞에서 자기들의 벌거벗은 몸을 송두리째 드러내 놓고 쩔쩔맨단 말입니다. 그런데 그게 의미가 없는 일일까요? 그런, 사물을 바라보며 즐거워한다는 일이 말입니다."

"의미요? 그게 무슨 의미가 있습니까? 난 무슨 의미가 있기 때문에 종로 이가에 있는 빌딩들의 벽돌 수를 헤아리는 일을 하는 게 아닙니다. 그냥……"

"그렇죠? 무의미한 겁니다. 아니 사실은 의미가 있는지도 모르지만 난 아직 그걸 모릅니다. 김 형도 아직 모르는 모양인데 우리 한 번 함께 그거나 찾아볼까요. 일부러 만들어 붙이지는 말고요."

"좀 어리둥절하군요. 그게 안 형의 대답입니까? 난 좀 어리둥절한데요. 갑자기 의미라는 말이 나오니까."

"아참, 미안합니다. 내 대답은 아마 이렇게 된 것 같군요. 그냥 뭔가 뿌듯해지는 느낌이 들기 때문에 밤거리로 나온다고."

그는 이번엔 목소리를 낮추어서 말했다.

"김 형과 나는 서로 다른 길을 걸어서 같은 지점에 온 것 같습니다. 만일 이 지점이 잘못된 지점이라고 해도 우리 탓은 아닐 거예요."

그는 이번엔 쾌활한 음성으로 말했다.

"자, 여기서 이럴 게 아니라 어디 따뜻한 데 가서 정식으로 한 잔씩 하고 헤어집시다. 난 한 바퀴 돌고 여관으로 갑니다. 가끔 이렇게 밤거리를 쏘다니는 밤엔 꼭 여관에서 자고 갑니다. 여관엘 찾아든다는 프로가 내게는 최고죠."

우리는 각기 계산하기 위해서 호주머니에 손을 넣었다. 그 때 한 사내가 우리에게 말을 걸어왔다. 우리 곁에서 술잔을 받아 놓고 연탄불에 손을 쬐고 있던 사내였는데, 술을 마시기 위해서 거기에 들어온 것이 아니라 불이 쬐고 싶어서 잠깐 들렀다는 꼴을 하고 있었다. 제법 깨끗한 코트를 입고 있었고 머리엔 기름도 얌전하게 발라서 카바이드의 불꽃이 너풀댈 때마다 머리칼의 하이라이트가 이리저리 움직이고 있었다. 그러나 어디선지는 분명하지는 않았지만 가난뱅이 냄새가 나는 서른 대여섯 살짜리 사내였다. 아마 빈약하게 생긴 턱 때문이었을까. 아니면 유난히 새빨간 눈시울 때문이었을까. 그 사내가 나나 안(安) 중의 어느 누구에게 라고 할 것 없이 그냥 우리 쪽을 향하여 말을 걸어 온 것이다.

"미안하지만 제가 함께 가도 괜찮을까요? 제게 돈은 얼마 있습니다만……"

이라고 그 사내는 힘없는 음성으로 말했다. 그 힘없는 음성으로 봐서는 꼭 끼워 달라는 건 아니라는 것 같았지만, 한편으로는 우리와 함께 가고 싶은 생각이 간절하다는 것 같기도 했다. 나와 안은 잠깐 얼굴을 마주 보고 나서,

"아저씨 술값만 있다면……"

이라고 내가 말했다.

"함께 가시죠."

라고 안도 내 말을 이었다.

"고맙습니다."

하고 그 사내는 여전히 힘없는 음성으로 말하면서 우리를 따라 왔다. 안은 일이 좀 이상하게 되었다는 얼굴을 하고 있었고, 나 역시 유쾌한 예감이 들지는 않았다. 술좌석에서 알게 된 사람끼리는 의외로 재미있게 놀게 되는 것을 몇 번의 경험으로 알고 있었지만, 대개의 경우 이렇게 힘없는 목소리로 끼어드는 양반은 없었다. 즐거움이 넘치고 넘친다는 얼굴로 요란스럽게 끼어들어야만 일이 되는 것이었다. 우리는

갑자기 목적지를 잃은 사람들처럼 사방을 두리번거리면서 느릿느릿 걸어갔다. 전봇대에 붙은 약 광고판 속에서는 예쁜 여자가 춤지만 할 수 있느냐는 듯 쓸쓸한 미소를 띠고 우리를 내려다보고 있었고, 어떤 빌딩의 옥상에서는 소주 광고의 네온사인이 열심히 명멸하고 있었고, 소주 광고 곁에서는 약 광고의 네온사인이 하마터면 잊어버릴 뻔했다는 듯이 황급히 꺼졌다간 다시 켜져서 오랫동안 빛나고 있었고, 이젠 완전히 얼어붙은 길 위에는 거지가 돌덩이처럼 여기저기 엎드려 있었고, 그 돌덩이 앞을 사람들이 힘껏 웅크리고 빠르게 지나가고 있었다. 종이 한 장이 바람에 쉭 날리어 거리의 저쪽에서 이쪽으로 날아오고 있었다. 그 종잇조각은 내 발밑에 떨어졌다. 나는 그 종잇조각을 집어 들었는데 그것은 '미희(美姬) 서비스, 특별 염가(特別廉價)'라는 것을 강조한 어느 비어홀의 광고지였다.

"지금 몇 시쯤 되었습니까?"

하고 힘없는 아저씨가 안에게 물었다.

"아홉 시 십 분 전입니다."

라고 잠시 후에 안이 대답했다.

"저녁들은 하셨습니까? 난 아직 저녁을 안 했는데, 제가 살 테니까 같이 가시겠어요?"

하고 힘없는 아저씨가 이번엔 나와 안을 번갈아 보며 말했다.

"먹었습니다."

하고 나와 안은 동시에 대답했다.

"혼자서 하시죠."

라고 내가 말했다.

"그만 두겠습니다."

힘없는 아저씨가 대답했다.

"하세요. 따라가 드릴 테니까요."

안이 말했다.

"감사합니다. 그럼……"

우리는 근처의 중국 요릿집으로 들어갔다. 방으로 들어가서 앉았을 때, 아저씨는 또 한 번 간곡하게 우리가 뭘 좀 들 것을 권했다. 우리는 또 한 번 사양했다. 그는 또 권했다.

"아주 비싼 걸 시켜도 괜찮겠습니까?"

라고 나는 그의 권유를 철회시키기 위해서 말했다.

"네, 사양 마시고."

그가 처음으로 힘 있는 목소리로 말했다.

"돈을 써 버리기로 결심했으니까요."

나는 그 사내에게 어떤 꿍꿍이속이 있는 것만 같은 느낌이 들어서 좀 불안했지만, 통닭과 술을 시켜 달라고 했다. 그는 자기가 주문한 것 외에 내가 말한 것도 사환에게 청했다. 안은 어처구니없는 얼굴로 나를 보았다. 나는 그때 마침 옆방에서 들려오고 있는 여자의 불그레한 신음소리를 듣고만 있었다.

"이 형도 뭘 좀 드시죠?"

라고 아저씨가 안에게 말했다.

"아니 전……."

안은 술이 다 깬다는 듯이 펄쩍 뛰고 사양했다.

우리는 조용히 옆방의 다급해져 가는 신음소리에 귀를 기울이고 있었다. 전차의 끽끽거리는 소리와 홍수 난 강물소리 같은 자동차들의 달리는 소리도 희미하게 들려오고 있었고 가까운 곳에선 이따금 초인종 울리는 소리도 들렸다. 우리의 방은 어색한 침묵에 싸여 있었다.

"말씀드리고 싶은 게 있는데요."

마음씨 좋은 아저씨가 말하기 시작했다.

"들어 주시면 고맙겠습니다……오늘 낮에 제 아내가 죽었습니다. 세브란스병원에 입원하고 있었는데……."

그는 이젠 슬프지도 않다는 얼굴로 우리를 빤히 쳐다보며 말하고 있었다.

"네에에."

"그거 안 되셨군요."

라고 안과 나는 각각 조의를 표했다.

"아내와 나는 참 재미있게 살았습니다. 아내가 어린애를 낳지 못하기 때문에 시간은 몽땅 우리 두 사람의 것이었습니다. 돈은 넉넉하지 못했습니다만 그래도 돈이 생기면 우리는 어디든지 같이 다니면서 재미있게 지냈습니다. 딸기 철엔 수원에도 가고, 포도 철엔 안양에도 가고, 여름이면 대천에도 가고, 가을엔 경주에도 가보고, 밤엔 영화 구경, 쇼 구경하러 열심히 극장에 쫓아다니기도 했습니다……."

"무슨 병환이셨던가요?"하고 안이 조심스럽게 물었다.

"급성 뇌막염이라고 의사가 그랬습니다. 아내는 옛날에 급성 맹장염 수술을 받은 적도 있고, 급성 폐렴을 앓은 적도 있다고 했습니다만 모두 괜찮았는데 이번의 급성엔 결국 죽고 말았습니다……죽고 말았습니다."

사내는 고개를 떨구고 한참 동안 무언지 입을 우물거리고 있었다. 안이 손가락으로 내 무릎을 찌르며 우리는 꺼지는 게 어떻겠느냐는 눈짓을 보냈다. 나 역시 동감이었지만 그 때 그 사내가 다시 고개를 들고 말을 계속했기 때문에 우리는 눌러 앉아 있을 수밖에 없었다.

"아내와는 재작년에 결혼했습니다. 우연히 알게 되었습니다. 친정이 대구 근처에 있다는 얘기만 했지 한 번도 친정과는 내왕이 없었습니다. 난 처갓집이 어딘지도 모릅니다. 그래서 할 수 없었어요."

그는 다시 고개를 떨구고 입을 우물거렸다.

"뭘 할 수 없었다는 말입니까?" 내가 물었다. 그는 내 말을 못 들은 것 같았다. 그러나 한참 후에 다시 고개를 들고 마치 애원하는 듯 눈빛으로 말을 이었다.

"아내의 시체를 병원에 팔았습니다. 할 수 없었습니다. 난 서적 외판원에 지나지 않습니다. 할 수 없었습니다. 돈 사천 원을 주더군요. 난 두 분을 만나기 얼마 전까지도 세브란스 병원 울타리 곁에 서 있었습니다. 아내가 누워 있을 시체실이 있는 건물을 알아보려고 했습니다만 어딘지 알 수 없었습니다. 그냥 울타리 곁에 앉아서 병원의 큰 굴뚝에서 나오는 희끄무레한 연기만 바라보고 있었습니다. 아내는 어떻게 될까요? 학생들이 해부 실습하느라고 톱으로 머리를 가르고 칼로 배를 째고 한다는데 정말 그러겠지요?"

우리는 입을 다물고 있을 수밖에 없었다. 사환이 다쿠앙과 양파가 담긴 접시를 갖다 놓고 나갔다.

"기분 나쁜 얘길 해서 미안합니다. 다만 누구에게라도 얘기하지 않고서는 견딜 수 없었습니다. 한 가지만 의논해 보고 싶은데, 이 돈을 어떻게 하면 좋을까요? 저는 오늘 저녁에 다 써버리고 싶은데요."

"쓰십시오."

안이 얼른 대답했다.

"이 돈이 다 없어질 때까지 함께 있어 주시겠어요?"

사내가 말했다. 우리는 얼른 대답하지 못했다.

"함께 있어 주십시오."

사내가 말했다. 우리는 승낙했다.

"멋있게 한 번 써 봅시다."

라고 사내는 우리와 만난 후 처음으로 웃으면서, 그러나 여전히 힘없는 음성으로 말했다. 중국집에서 거리로 나왔을 때는 우리는 모두 취해 있었고, 돈은 천 원이 없어졌고, 사내는 한 쪽 눈으로는 울고 다른 쪽 눈으로는 웃고 있었고, 안은 도망갈 궁리를 하기에도 지쳐 버렸다고 내게 말하고 있었고, 나는

"악센트 찍는 문제를 모두 틀려 버렸단 말야, 악센트 말야."

라고 중얼거리고 있었고, 거리는 영화에서 본 식민지의 거리처럼 춥고 한산했고, 그러나 여전히 소주 광고는 부지런히, 약 광고는 게으름을 피우며 반짝이고 있었고, 전봇대의 아가씨는 '그저 그래요'라고 웃고 있었다.

"이제 어디로 갈까?"

하고 아저씨가 말했다.

"어디로 갈까?"

안이 말하고,

"어디로 갈까?"

라고 나도 그들의 말을 흉내 냈다. 아무데도 갈 데가 없었다. 방금 우리가 나온 중국집 곁에 양품점의 쇼윈도가 있었다. 사내가 그쪽을 가리키며 우리를 끌어 당겼다. 우리는 양품점 안으로 들어갔다.

"넥타이를 하나 골라 가져. 내 아내가 사주는 거야."

사내가 호통을 쳤다.

우리는 알록달록한 넥타이를 하나씩 들었고, 돈은 육백 원이 없어져 버렸다. 우리는 양품점에서 나왔다.

"어디로 갈까?"

라고 사내가 말했다. 갈 데는 계속해서 없었다. 양품점의 앞에는 귤장수가 있었다.

"아내는 귤을 좋아했다."

고 외치며 사내는 귤을 벌여 놓은 수레 앞으로 돌진했다. 돈 삼백 원이 없어졌다. 우리는 이빨로 귤껍질을 벗기면서 그 부근에서 서성거렸다.

"택시!"

사내가 고함쳤다. 택시가 우리 앞에서 멎었다. 우리가 차에 오르자마자 사내는,

"세브란스로!"

라고 말했다.

"안 됩니다. 소용없습니다."

안이 재빠르게 외쳤다.

"안 될까?"

사내는 중얼거렸다.

"그럼 어디로?"

아무도 대답하지 않았다.

"어디로 가시는 겁니까?"

라고 운전수가 짜증난 음성으로 말했다.

"갈 데가 없으면 빨리 내리쇼."

우리는 차에서 내렸다. 결국 우리는 중국집에서 스무 발짝도 더 벗어나지 못하고 있었다. 거리의 저쪽 끝에서 요란한 사이렌 소리가 나타나서 점점 가깝게 달려들었다. 소방차 두 대가 우리 앞을 빠르고 시끄럽게 지나쳐 갔다.

"택시!"

사내가 고함쳤다. 택시가 우리 앞에 멎었다. 우리가 차에 오르자마자 사내는,

"저 소방차 뒤를 따라갑시다."
라고 말했다.
나는 귤껍질 세 개째를 벗기고 있었다.
"지금 불구경하러 가고 있는 겁니까?"
라고 안이 아저씨에게 말했다.
"안 됩니다. 시간이 없습니다. 벌써 열 시 반인데요. 좀 더 재미있게 지내야죠. 돈은 이제 얼마 남았습니까?"
아저씨는 호주머니를 뒤져서 돈을 모두 털어냈다. 그리고 그것을 안에게 건네줬다. 안과 나는 세어 봤다. 천구백 원하고 동전이 몇 개, 십 원짜리가 몇 장이 있었다.
"됐습니다."
안은 다시 돈을 돌려주면서 말했다.
"세상엔 다행히 여자의 특징만 중점적으로 내보이는 여자들이 있습니다."
"내 아내 얘깁니까?"
라고 사내가 슬픈 음성으로 물었다.
"내 아내의 특징은 잘 웃는다는 것이었습니다."
"아닙니다. 종삼(鐘三)으로 가자는 얘기였습니다."
안이 말했다.

사내는 안을 경멸하는 듯한 웃음을 띠며 고개를 돌려 버렸다. 그러는 사이에 우리는 화재가 난 곳에 도착했다. 삼십 원이 없어졌다. 화재가 난 곳은 아래층인 페인트 상점이었는데 지금은 미용학원 이층에서 불길이 창으로부터 뿜어 나오고 있었다. 경찰들의 호각소리, 소방차들의 사이렌소리, 불길 속에서 나는 탁탁 소리, 물줄기가 건물의 벽에 부딪쳐서 나는 소리. 그러나 사람들의 소리는 아무것도 나지 않았다. 사람들은 불빛에 비쳐 무안당한 사람들처럼 붉은 얼굴로 정물처럼 서 있었다.

우리는 발밑에 굴러 있는 페인트 통을 하나씩 궁둥이 밑에 깔고 웅크리고 앉아서 불구경을 했다. 나는 불이 좀 더 오래 타기를 바랐다. 미용학원이라는 간판에 불이 붙고 있었다. '원'자에 불이 붙기 시작했다.

"김 형, 우리 얘기나 합시다."

하고 안이 말했다.

"화재 같은 건 아무것도 아닙니다. 내일 아침 신문에서 볼 것을 오늘 밤에 미리 봤다는 차이밖에 없습니다. 저 화재는 김 형의 것도 아니고 내 것도 아니고 이 아저씨 것도 아닙니다. 그렇기 때문에 난 화재엔 흥미가 없습니다. 김 형은 어떻게 생각하십니까?"

"동감입니다."

물줄기 하나가 불타고 있는 '학'으로 달려들고 있었다. 물이 닿는 곳에선 회색 연기가 피어올랐다. 힘없는 아저씨가 갑자기 힘차게 깡통으로부터 일어섰다.

"내 아냅니다."

하고 사내는 환한 불길 속을 손가락질하며 눈을 크게 뜨고 소리쳤다.

"내 아내가 머리를 막 흔들고 있습니다. 골치가 깨질 듯이 아프다고 머리를 막 흔들고 있습니다. 여보……."

"골치가 깨질 듯이 아픈 게 뇌막염의 증세입니다. 그렇지만 저건 바람에 휘날리는 불길입니다. 앉으세요. 불 속에 아주머님이 계실 리가 있습니까?"

라고 안이 아저씨를 끌어 앉히며 말했다. 그러고 나서 안은 나에게 나지막하게 속삭였다.

"이 양반, 우릴 웃기는데요."

나는 꺼졌다고 생각하고 있던 '학'에 다시 불이 붙고 있는 것을 보았다. 물줄기가 다시 그곳으로 뻗어 가고 있었다. 그러나 물줄기는 겨냥을 잘 잡지 못하고 이러 저리 흔들리고 있었다. 불은 날쌔게 '용'자를 핥고 있었다. 나는 '미'까지 어서 불붙기를 바라고 있었고 그리고 그 간판에 불이 붙은 과정을 그 많은 불구경꾼들 중에서 나 혼자만 알고 있기를 바랐다. 그러나 그 때 문득 나는 불이 생명을 가진 것처럼 생각되어서, 내가 조금 전에 바라고 있던 것을 취소해 버렸다.

무언가 하얀 것이 우리가 웅크리고 앉아 있는 곳에서 불타고 있는 건물 쪽으로 날아가는 것이 보였다. 그 비둘기는 불 속으로 떨어졌다.

"무언이 불 속으로 날아 들어갔지요?"

내가 안을 돌아다보며 물었다.

"예 뭐가 날아갔습니다."

안은 나에게 대답하고 나서 이번엔 아저씨를 돌아다보며,

"보셨어요?"

하고 그에게 물었다. 아저씨는 잠자코 앉아 있었다. 그때 순경 한 사람이 우리 쪽으로 달려왔다.

"당신이다."

라고 순경은 아저씨를 한손으로 붙잡으면서 말했다.

"방금 무엇을 불 속에 던졌소?"

"아무것도 안 던졌습니다."

"뭐라구요?" 순경은 때릴 듯한 시능을 하며 아저씨에게 소리쳤다.

"내가 던지는 걸 봤단 말요. 무얼 불 속에 던졌소?"

"돈입니다."

"돈?"

"돈과 돌을 수건에 싸서 던졌습니다."

"정말이오?" 순경은 우리에게 물었다.

"예, 돈이었습니다. 이 아저씨는 불난 곳에 돈을 던지면 장사가 잘 된다는 이상한 믿음을 가졌답니다. 말하자면 좀 돌았다고 할 수 있는 사람이지만 나쁜 짓을 결코 하지 않는 장사꾼입니다."

안이 대답했다.

"돈은 얼마였소?"

"일 원짜리 동전 한 개였습니다."

안이 다시 대답했다. 순경이 가고 났을 때 안이 사내에게 물었다.

"정말 돈을 던졌습니까?"

"예."

우리는 꽤 오랫동안 불꽃이 튀는 탁탁 소리에 귀를 기울이고 있었다. 한참 후에 안이 사내에게 말했다.

"결국 그 돈은 다 쓴 셈이군요……자, 이젠 약속이 끝났으니 우린 가겠습니다. 안녕히 계십시오."

라고 나는 아저씨에게 작별 인사를 했다. 안과 나는 돌아서서 걷기 시작했다. 사내가 우리를 쫓아와서 안과 나의 팔을 반쪽씩 붙잡았다.

"나 혼자 있기가 무섭습니다."

그는 벌벌 떨며 말했다.

"곧 통행금지 시간이 됩니다. 난 여관으로 가서 잘 작정입니다."

안이 말했다.

"난 집으로 갈 겁니다."

내가 말했다.

"함께 갈 수 없겠습니까? 오늘 밤만 같이 지내 주십시오. 부탁합니다. 잠깐만 저를 따라와 주십시오."

사내는 말하고 나서 나를 붙잡고 있는 자기의 팔을 부채질하듯이 흔들었다. 아마 안의 팔에 대해서도 그렇게 했으리라.

"어디로 가자는 겁니까?"

나는 아저씨에게 물었다.

"여관비를 구하러 잠깐 이 근처에 들렀다가 모두 함께 여관으로 갔으면 하는데요."

"여관에요?"

나는 내 호주머니 속에 든 돈을 손가락으로 계산해 보며 말했다.

"아닙니다. 폐를 끼쳐 드리고 싶지 않습니다. 잠깐만 절 따라와 주십시오."

"돈을 빌리러 가는 겁니까?"

"아닙니다. 받아야 할 돈이 있습니다."

"이 근처에요?"

"예, 여기가 남양동이라면."

"아마 틀림없는 남영동인 것 같군요."

내가 말했다. 사내가 앞장을 서고 안과 내가 그 뒤를 쫓아서 우리는 화재로부터 멀어져 갔다.

"빚 받으러 가기에는 시간이 너무 늦었습니다."

안이 사내에게 말했다.

"그렇지만 저는 받아야만 합니다."

우리는 어느 어두운 골목길로 들어섰다. 골목의 모퉁이를 몇 개인가 돌고 난 뒤에 사내는 대문 앞에 전등이 켜져 있는 집 앞에서 멈췄다. 나와 안은 사내로부터 열 발짝 쯤 떨어진 곳에서 멈췄다. 사내가 벨을 눌렀다. 잠시 후에 대문이 열리고, 사내가 대문 앞에 선 사람과 말하는 소리가 들렸다.

제3부 문학의 재인식 | 145

"주인아저씨를 뵙고 싶은데요."

"주무시는데요."

"그럼 아주머니는?"

"주무시는데요."

"꼭 뵈어야겠는데요.

"기다려 보세요."

대문이 다시 닫혔다. 안이 달려가서 사내의 팔을 잡아끌었다.

"그냥 가시죠?"

"괜찮습니다. 받아야 할 돈이니까요."

안이 다시 먼저 서 있던 곳으로 걸어왔다. 대문이 열렸다.

"밤늦게 죄송합니다."

사내가 대문을 향해 고개를 숙이며 말했다.

"누구시죠?"

대문은 잠에 취한 여자의 음성을 냈다.

"죄송합니다. 이렇게 너무 늦게 찾아와서 실은……."

"누구시죠? 술 취하신 것 같은데……."

"월부 책값 받으러 온 사람입니다."

하고, 사내는 비명 같은 높은 소리로 외쳤다.

"월부 책값 받으러 온 사람입니다."

이번엔 사내는 문기둥에 두 손을 짚고 앞으로 뻗은 자기 팔 위에 얼굴을 파묻으며 울음을 터뜨렸다.

"월부 책값 받으러 온 사람입니다. 월부 책값……."

사내는 계속해서 흐느꼈다.

"내일 낮에 오세요."

대문이 탕 닫혔다.

사내는 계속해서 울고 있었다. 사내는 가끔 '여보'라고 중얼거리며 오랫동안 울고 있었다. 우리는 여전히 열 발짝쯤 떨어진 곳에서 그가 울음을 그치기를 기다리고 있었다. 한참 후에 그가 우리 앞으로 비틀비틀 걸어왔다. 우리는 모두 고개를 숙이고 어두운 골목길을 걸어서 거리로 나왔다. 적막한 거리에는 찬바람이 세차게 불고 있었다.

"몹시 춥군요."

라고 사내는 우리를 염려한다는 음성으로 말했다.

"추운데요. 빨리 여관으로 갑시다."

안이 말했다.

"방을 한 사람씩 따로 잡을까요?"

여관에 들어갔을 때 안이 우리에게 말했다.

"그게 좋겠지요?"

"모두 한방에 드는 게 좋겠어요."

라고 나는 아저씨를 생각해서 말했다.

아저씨는 그저 우리 처분만 바란다는 듯한 태도로, 또는 지금 자기가 서 있는 곳이 어딘지도 모른다는 태도로 멍하니 서 있었다. 여관에 들어서자 우리는 모든 프로가 끝나 버린 극장에서 나오는 때처럼 어찌할 바를 모르고 거북스럽기만 했다. 여관에 비한다면 거리가 우리에게 더 좋았던 셈이었다. 벽으로 나누어진 방들, 그것이 우리가 들어가야 할 곳이었다.

"모두 같은 방에 들기고 하는 것이 어떻겠어요?"

내가 다시 말했다.

"난 아주 피곤합니다.."

안이 말했다.

"방은 각각 하나씩 차지하고 자기로 하지요."

"혼자 있기가 싫습니다."
라고 아저씨가 중얼거렸다.
"혼자 주무시는 게 편하실 거예요."
안이 말했다.
우리는 복도에서 헤어져 사환이 지적해 준, 나란히 붙은 방 세 개에 각각 한 사람씩 들어갔다.
"화투라도 사다가 놉시다."
헤어지기 전에 내가 말했지만,
"난 아주 피곤합니다. 하시고 싶으면 두 분이나 하세요."
하고 안은 말하고 나서 자기의 방으로 들어가 버렸다.
"나도 피곤해 죽겠습니다. 안녕히 주무세요."
라고 나는 아저씨에게 말하고 나서 내 방으로 들어갔다. 숙박계엔 거짓 이름, 거짓 주소, 거짓 나이, 거짓 직업을 쓰고 나서 사환이 가져다 놓은 자리끼를 마시고 나는 이불을 뒤집어썼다. 나는 꿈도 안 꾸고 잘 잤다.
다음날 아침 일찍 안이 나를 깨웠다.
"그 양반 역시 죽어 버렸습니다."
안이 내 귀에 입을 대고 그렇게 속사였다.
"예?"
나는 잠이 깨끗이 깨어 버렸다.
"방금 그 방에 들어가 보았는데 역시 죽어 버렸습니다."
"역시 ……" 나는 말했다. "사람들이 알고 있습니까?"
"아직까진 아무도 모르는 것 같습니다. 우선 빨리 도망해 버리는 게 시끄럽지 않을 것 같습니다."
"사실이지요?"

"물론 그렇겠죠."

나는 급하게 옷을 주워 입었다. 개미 한 마리가 방바닥을 내 발이 있는 쪽으로 기어오고 있었다. 그 개미가 내 발을 붙잡으려고 하는 것 같은 느낌이 들어서 나는 얼른 자리를 옮겨 디디었다. 밖의 이른 아침에는 싸락눈이 내리고 있었다. 우리는 할 수 있는 한 빠른 걸음으로 여관에서 멀어져 갔다.

"난 그가 죽으리라는 것을 알고 있었습니다."

안이 말했다.

"난 짐작도 못했습니다."

라고 나는 사실대로 이야기했다.

"난 짐작하고 있었습니다."

그는 코트의 깃을 세우며 말했다.

"그렇지만 어떻게 합니까?"

"그렇지요. 할 수 없지요. 난 짐작도 못 했는데……."

내가 말했다.

"짐작했다고 하면 어떻게 하겠어요?"

그가 내게 물었다.

"씨팔것, 어떻게 합니까? 그 양반 우리더러 어떡하라는 건지……."

"그러게 말입니다. 혼자 놓아두면 죽지 않을 줄 알았습니다. 그게 내가 생각해 본 최선의, 그리고 유일한 방법이었습니다."

"난 그 양반이 죽으리라는 짐작도 못 했으니까요. 씨팔것, 약을 호주머니에 넣고 다녔던 모양이군요."

안은 눈을 맞고 있는 어느 앙상한 가로수 밑에서 멈췄다. 나도 그를 따라가서 멈췄다. 그가 이상하다는 얼굴로 나에게 물었다.

"김 형, 우리는 분명히 스물다섯 살짜리죠?"

"난 분명히 그렇습니다."

"나도 그건 분명합니다."

그는 고개를 한번 기웃했다.

"두려워집니다."

"뭐가요?"

내가 물었다.

"그 뭔가가, 그러니까……."

그가 한숨 같은 음성으로 말했다.

"우리가 너무 늙어 버린 것 같지 않습니까?"

"우린 이제 겨우 스물다섯 살입니다."

나는 말했다.

"하여튼……"

하고 그가 내게 손을 내밀며 말했다.

"자, 여기서 헤어집시다. 재미 많이 보세요."

하고 나도 그의 손을 잡으며 말했다. 우리는 헤어졌다. 나는 마침 버스가 막 도착한 길 건너편의 버스 정류장으로 달려갔다. 버스에 올라서 창으로 내어다 보니 안은 앙상한 나뭇가지 사이로 내리는 눈을 맞으며 무언가 곰곰이 생각하고 서 있었다. [김승옥, <서울, 1964년 겨울>]

▎생각해 봅시다 ▎

1. 작품의 전체적인 흐름이 작자의 서술이나 묘사보다는 대화에 의해 주도되고 있다. 이러한 대화는 인물의 내면을 드러내 주는 동시에

작품의 의미를 완성시켜주고 인물들의 관계를 파악할 수 있는 근거를 제시해 준다. 나, 안(安), 사내에 대한 등장인물의 개별적 특징과 공통점을 작품 전체의 구조를 토대로 논의해 보자.

2. <서울, 1964년 겨울>의 공간적 배경의 이동과 내용 구조를 중심으로, 전체 줄거리를 500자 내외로 쓰고 발표해 보자.

3. 김승옥의 또 다른 작품 <누이를 이해하기 위하여>를 읽고 위의 작품과 비교하여, 두 작품에서 형상화 되고 있는 도시적 공간의 모습과 삶은 어떻게 그려지고 있는지 얘기해 보자.

제4부.
문학의 생명력

1. 한국문학(韓國文學)의 연속성(連續性)

한국문학(韓國文學)을 고전문학(古典文學)과 현대문학(現代文學)의 두 부분으로 나누어 인식하는 현상은 매우 일반화(一般化)되어 있다. 이러한 구분(區分)은 얼른 보아 한국문학을 이해하기 위한 편의적(便宜的)인 것으로, 어떠한 가치판단(價値判斷)도 개입(介入)되어 있지 않은 것처럼 보인다. 그러나 한국문학을 고전과 현대로 나누어 인식하는 이런 현상은, 우리가 이 구분에 익숙해져 있는 것처럼 그렇게 단순한 문제는 아니다.

여기에는 한국문학이 고전문학에서 현대문학으로 전개해 나가는 데 연속성(連續性)을 띠지 않고 단절(斷絶)되었다는 논리(論理)가 개입되어 있기 때문이다. 즉 전통적 사회에서 근대적 사회로 전환(轉換)하는 역사적 전환기(轉換期)에서 고전문학이 발전적으로 현대문학으로 이행(移行)한 것이 아니라, 고전문학의 전통(傳統)이 단절되고 서구의 문학이 이식(移植) 또는 수입(輸入)되어 현대문학이 형성되었다는 주장인 것이다. 이러한 주장을 이식문화론(移植文化論) 또는 전통단절론(傳統斷絶論)이라 부를 수 있다.

각각 1930년대와 1950년대에 등장(登場)하여 한국 문학사(文學史)의 골격(骨格) 파악(把握)에 중요한 한 기준(基準)이 되었던 이식문화론과 전통단절론은 동전(銅錢)의 양면(兩面)처럼 밀접한 관계에 있다. 이식문화론이란, 한국 현대문학이 외국문학(外國文學)의 영향에 의해 일방적(一方的)으로 형성된 모방(模倣)의 문학이란 주장을 말하며, 전통단절론이란, 개화기(開化期)를 중심으로 하여 그 전후(前後)의 문학은 완전히 그 성격을 달리하는 단절된 것이라는 주장이다.

요컨대 이 두 주장은 개화기 이후의 한국문학(韓國文學)은 서구문학(西歐文學)의 모방일 뿐, 그 전단계(前段階) 문학의 계승과 창조적(創造的) 전개(展開)가 아니라는 논리에 근거(根據)를 둔 것으로, 궁극적(窮極的)으로는 서로 일치한다. 그러면, 이러한 주장이 나오게 된 원인은 무엇인가? 그 원인을 든다면, 대략 다음과 같을 것이다.

첫째, 무엇보다도 먼저, 한국 근대사(近代史)의 특수성(特殊性)에서 그 원인을 찾을 수 있다. 20세기 초 이른바 서구의 충격(衝擊)이 한국에 가해져 왔을 때, 일본 제국주의(帝國主義)에 의해 한국은 식민지(植民地) 상태로 전락(轉落)하고 만다. 식민지로 전락했다는 것은 국가를 상실(喪失)한 것으로, 이 국가 상실의 기간은 1948년의 정부수립(政府樹立)에까지 이어진다. 따라서 한국 근대사의 전개는 국가는 없고 민족만 있는 민족사(民族史)의 전개가 된다. 그리하여, 이 기간은 그 전후와 명백히 구분되는바, 고전문학과 현대문학의 단절론(斷絶論)을 형성시킨 한 원인을 여기에서 찾을 수 있다.

둘째, 20세기 초 한국 문학을 가장 뚜렷하게 특징짓는 계몽주의(啓蒙主義)의 한국적 특성에서 그 원인을 찾을 수 있다. 계몽주의란 사회적 변동기(變動期)에서 시대의 선각자(先覺者)들에 의해 형성(形成)되고 주도(主導)되는 대중계몽(大衆啓蒙)의 이념(理念)을 가리키는데, 그 중요한 속성의 하나는 신구(新舊) 세대(世代)의 교체(交替) 및 그로 말미암아 빚어지는 여러 가지 갈등에 초점(焦點)을 둔다는 점이다.

　19세기 말과 20세기 초에 걸쳐 제국주의(帝國主義) 침략이 근대(近代)라는 이름으로 충격을 가해 왔을 때, 한국에서는 이러한 계몽주의 사상이 압도적(壓倒的)인 세력(勢力)을 이루며 형성되어, 한 시대를 지배하는 주된 이념으로 떠오른다. 이광수(李光洙), 최남선(崔南善) 등에 의해 주도된 한국의 계몽주의는 전근대(前近代) 사회(社會), 즉 조선 사회를 지배하던 유교이념(儒敎理念)의 극복(克服)을 그 중심과제(中心課題)로 삼고 있다.

　그런데 그들의 유교이념 극복 방식은 매우 과격(過激)한 성격을 띠었다. 이처럼 20세기 초 한국 계몽주의의 유교 극복 방식이 과격했기 때문에, 그것은 결국 유교이념으로 대표되는 전근대 사회를 전면 부정(否定)하는 것으로 비약(飛躍)되고, 그들 자신을 하늘에서 내려온 신종족(新種族)으로 자처(自處)하기에 이른다. 20세기 초 한국 계몽주의의 성격이 이러했기에, 여기에 근거(根據)하여 출발한 한국 현대문학은 고전문학과 단절된 것으로 인식되었던 것이다.

　셋째, 일제 치하에 이루어진 한국문학(韓國文學) 연구(硏究)가 지니는 역사적 제약성(制約性)에서 또한 그 원인을 찾을 수 있다. 1930년대에 들어와 조금씩 행해진 일제하(日帝下)의 한국문학 연구는 거의 고전문학에 편중(偏重)되어 있었다. 이러한 현상은 고전문학 연구가 가치평가(價値評價)에서 보다 객관적(客觀的)일 수 있고, 또 현대문학은 아직 진행 중이어서 연구대상(硏究對象)으로 삼기에는 시기상조(時機尙早)라는 점 등에 기인하는 것인데, 이로 인해 현대문학은 거의 연구

되지 못하였었다.

　이처럼 고전문학에만 연구가 편중(偏重)되었기 때문에, 고전문학과 현대문학 사이의 관련이 진지(眞摯)하게 추구(追究)되지 못하였는데, 이러한 사정은 양자(兩者)를 단절된 것으로 인식하는 한 원인이 되었다. 이와 함께 또 하나의 역사적 제약(制約)으로 들 수 있는 것은 고전문학 연구자들이 한글로 표기(表記)된 것을 한국문학의 정통(正統)으로 잡았다는 사실이다. 이 시대의 고전문학 연구가들은 대부분의 기록문학(記錄文學)이 한문(漢文)으로 되어 있음에도 불구(不拘)하고, 그것이 단지 한글로 표기 되지 않았다는 이유로 해서 거의 연구대상(研究對象)에서 제외하고 말았다.

　이러한 현상은 한국인의 정신(精神)을 말살(抹殺)하기 위한 한국어 말살정책(抹殺政策)이 강력하게 추진되고 있던 식민지 상황에서, 한글을 지키고 연구하는 작업이 곧 일제에 대한 일종의 항거(抗拒)의 성격을 지닌다는 것과 동일한 이유에서 기인된 것으로 역사적(歷史的) 제약(制約)의 산물(産物)이다. 이처럼 국문(國文)으로 표기된 문학만을 한국문학으로 인정한 태도는 결국 고전문학의 범위(範圍)를 축소(縮小)시킴으로써 한국문학 전체를 파악할 수 없게 만들었고, 이러한 사정은 다른 요인들과 복합적(複合的)으로 작용하여 고전문학과 현대문학을 단절된 것으로 인식하게 하는 데 하나의 간접적인 원인이 되었다.

　넷째, 식민사관(植民史觀)의 영향을 그 원인의 하나로 들 수 있다. 한민족(韓民族)의 창의성(創意性)과 능동성(能動性)을 부정하기 위해 일제(日帝)의 어용사학자(御用史學者)들은 식민사관을 고안(考案)하여 한국문화가 중국문화나 서양문화 또는 일본문화의 일방적인 영향 하(影響下)에 존속(存續)해온 주변문화(周邊文化)라고 강조(強調)했다.

즉 19세기까지는 중국문화에 종속(從屬)되었고 그 이후에는 일본문화와 서양문화에 종속되었다는 논리인데, 바로 이러한 식민사관의 극복이 거의 이루어지지 못했기 때문에 고전문학과 현대문학의 단절은 자연스럽게 받아들여졌던 것이다.

이상 몇 가지 측면(側面)에서 고전문학과 현대문학의 연속성을 부정하게 된 직접(直接), 간접(間接)의 원인을 살펴보았다. 그렇다면 이러한 단절의식(斷絕意識)은 과연 올바른 것이며, 또 실제로 현대문학은 고전문학과의 연속성(連續性)을 결여(缺如)한 채 서구문학의 이식(移植)과 수입(輸入)으로 이루어진 것인가? 그러나 다음 몇 가지 사실을 고려(考慮)한다면 이러한 단절 의식은 마땅히 부정(否定)되어야 할 것이다.

먼저, 한국사(韓國史)를 국가 유무의 여부(與否)가 아니라 민족의 역사 전개 과정으로 본다면, 한민족(韓民族)이 존속(存續)하는 한 거기에는 엄연히 연속성이 존재하게 된다. 따라서 국가개념(國家概念)의 단절에 근거하여 문학사(文學史)의 단절을 이야기하는 것은 설득력(說得力)을 얻기 어렵다. 더구나 문학은 본능(本能)이나 정서(情緖) 쪽에 보다 밀접히 관련된 것이어서 쉽게 소멸(消滅)되거나 변하는 것이 아니다. 특정시대(特定時代)는 그 시대에 알맞은 특정의 문학양식(文學樣式)을 창출(創出)하지만 그것은 오랜 시간에 걸쳐 서서히 형성(形成)되며, 또 서서히 소멸해 간다.

즉 전단계의 문학 양식이 소멸해 가는 과정에서 서서히 형성되는 것이며, 다음 단계의 문학 양식이 형성되는 과정에서 서서히 소멸해 가는 것이다. 고전문학과 현대문학의 접합점(接合點)에 놓인 개화기(開化期) 문학이 양자의 성격을 동시에 지니고 있다든지, 고전문학의 풍부한 해학성(諧謔性)이 김유정(金裕貞)의 작품들에서도 마찬가지로 나타난다든지 하는 것은 이에 대한 예증(例證)일 것이다.

이렇게 본다면 조선조 때나 일제 때나 광복 후에나 한민족(韓民族), 그리고 한민족의 정서(情緖)에 바탕을 둔 한국문학의 연속성은 인정될 수밖에 없다. 이러한 사실을 전제(前提)로 하고, 이와 함께 문화수용(文化受容)과 문화변동(文化變動)의 일반적 현상을 고려한다면 한국문학이 지니고 있는 서구적 요소들을 강조함으로써 한국문학의 연속성을 부정하는 주장은 다시 한 번 부정될 수밖에 없다. 아래에서 이를 간단히 검토하기로 한다.

어떤 문화 또는 문학의 변동은 결코 외래문화(外來文化)또는 문학의 압도적 영향이나 이식에 의해 일방적으로 이루어지는 것이 아니라, 수용주체(受容主體)측의 창조적(創造的), 능동적(能動的) 측면과 관련되어 이루어지는 매우 복합적인 성격의 것임이 먼저 지적되어야겠다. 이러한 수용주체의 창조적, 능동적 측면은 문화 수용과 변동에서 무엇보다 우선하는 것인데, 이것이 외래문화(外來文化) 또는 문학요소(文學要素)의 수용을 결정짓는다.

즉, 어떤 문화나 문학의 내부에 결핍요인(缺乏要因)이 있을 때, 그 문화 또는 문학의 창조적, 능동적 측면은 이를 자체적(自體的)으로 극복(克服)하려 노력하지만 이러한 극복이 내부에서 성취될 수 없을 때, 그것은 외래요소(外來要素)의 수용을 통해 이를 이루고자 한다. 그리하여 외래문화나 문학 중에서 이러한 결핍부분(缺乏部分)의 충족(充足)에 유용(有用)한 부분만을 선별(選別)해서 선택적(選擇的)으로 수용하게 된다. 다시 말해 외래문화 또는 문학은 수용주체의 내부요인(內部要因)에 따라 수용 또는 거부(拒否)되는 것이다.

여기서 간과(看過)되어서는 안 될 것은 수용되는 외래요소는 그 수용 과정에서 수용주체의 창조적, 능동적 측면에 의해 어떤 식으로든지 변형(變形)된다는 사실이다. 즉 수용주체의 내부 사정에 따라 편리하고 유익하도록 조정(調整)된다는 것인데, 이러한 현상을 굴절(屈折)이라고 부른다. 이러한 굴절 현상은 문화 수용과 문화 변동을 특징짓는 매우 중요한 측면이다.

한국문학이 외국문학의 영향을 크게 받으며 전개(展開)되었다는 것은 부인할 수 없는 엄연한 역사적 사실이지만, 위에서 살핀 바 문화 수용과 문화 변동의 일반 현상을 고려(考慮)할 때 그 영향관계(影響關係)는 일반적인 종속관계(從屬關係)가 아니라 한국문학의 창조적, 능동적 측면이 적극적으로 개입된 그러한 성격의 것임을 알 수 있다. 이렇게 볼 때 한국문학의 연속성을 부정하는 논리는 자연히 극복되는 것이다.

앞에서 우리는 한국문학의 연속성을 부정하는 인식(認識)을 형성하게 한 원인의 하나로 식민사관의 영향을 들었는데, 이는 매우 심각한 문제점(問題點)을 내포(內包)하고 있어서 이를 충분히 극복하지 않고서는 한국문학의 연속성을 부정하는 주장을 분쇄(分碎)하기 어렵다. 이미 언급(言及)했듯이 식민사관은 일제의 어용사학자들이 고안한 것으로, 우리 민족으로 하여금 사대주의(事大主義)와 민족적 패배주의(敗北主義)에 젖도록 유도하는 데 그 목적을 두었다.

이를 위해 식민사관은 한국 민족의 창의성(創意性)과 능동성(能動性)을 부정할 뿐 아니라, 한 걸음 더 나아가 한국 민족이 역사발전(歷史發展)을 담당(擔當)할 능력(能力)을 지니지 못하였고, 따라서 전근대적 사회에 정체(停滯)되어 있었다고 주장하였다. 이러한 주장은 명백히 역사를 왜곡(歪曲)한 것으로 조선 후기에 자생적(自生的)으로 이루어진 전근대적 체제(體制)의 극복, 즉 근대적 토대(土臺)의 형성을 고려하지 않은 것이다.

예컨대 경제적 토대의 측면에서는 생산력(生産力)의 증대(增大)와 상업자본(商業資本)의 축적(蓄積) 등이 이루어져 자본주의적 관계가 내재적(內在的)으로 형성되었으며, 사상적인 측면에서는 전근대적 이념인 성리학(性理學)에서 실학사상(實學思想)이 대두했고, 다시 이것은 개화사상(開化思想)으로 전환(轉換)되었던 것이다. 이러한 근대에로의 자생적(自生的) 추진력(推進力)은 19세기 중반 무렵에는 중국, 일본과 거의 대등한 위치를 확보했으나 19세기 후반에 전면적인 서구 충격에 직면했을 때에 국제적 역학관계(力學關係) 및 국내적 요인(要因)들로 말미암아 중국, 일본과는 다른 방향으로 전개되었을 뿐이다.

따라서 한국사가 정체성(停滯性)을 띠고 있었다는 주장은 한국을 식민지(植民地)로 획득함으로써 제국주의(帝國主義) 대열(隊列)에 들게 된 일본 제국주의 쪽의 허구적(虛構的) 조작(造作)에 지나지 않는다. 이처럼, 허구적 조작에 불과한 식민사관은 경제적, 사상적 측면에서 이루어진 우리의 근대적 토대의 형성을 부정할 뿐 아니라 거기에 바탕을 두고 조선조 후기에 이루어진 문학상에서의 근대적 양상(樣相) 또한 부정한다.

즉 박지원(朴趾源) 등의 실학파(實學派)들의 비판적 문학이나 판소리, 사설시조 등 평민문학(平民文學)을 통해 이루어지기 시작한 전단계 문학의 극복 양상을 부정하는 것이다. 이와 같이 고전문학 내부에서 자생적으로 추진된 근대문학(近代文學)에의 지향을 인정하지 않았기 때문에, 당연하게도 고전문학과 현대문학을 극복과 계승이란 연속성의 측면에서 관련시켜 파악하지 못하고 고전문학, 그리고 이와 단절된 현대문학이라는 선명(鮮明)한 이분법(二分法)의 논리로 파악했던 것이다.

식민사관의 허구성(虛構性)에 대한 이상과 같은 비판(批判)과 아울러 염두(念頭)에 두어야 할 것은 한국 근대사가 감당(堪當)해야만 했던 저항(抵抗)과 창조의 등식(等式)이다. 앞서 살핀 근대화의 자생적 추진력은, 근대 사회의 성립이라는 지상과제(至上課題)와 아울러 전근대 사회의 극복과 서구외세(西歐外勢)의 극복이라는 과제를 동시에 수행하지 않으면 안 되었다. 따라서 전근대적 질서(秩序)및 외세에의 저항(抵抗)과 극복은 근대 사회의 창조와 등가(等價)의 의미를 가진다.

반외세(反外勢), 반봉건(反封建)을 내세운 동학농민운동(東學農民運動), 근대적 개혁(改革)을 추구(追求)한 개화운동(開化運動), 애국계몽운동(愛國啓蒙運動), 그리고 국권회복(國權回復)을 내세운 의병운동(義兵運動) 등은 상충(相衝)하는 것처럼 보이지만, 실제로는 근대사가 떠맡은 저항과 창조의 구체적 양상들이었다. 이러한 과제(課題)는 바로 한국 현대문학의 과제이기도 한 것인데, 예컨대 동학가사(東學歌辭), 평민(平民)들의 여러 가지 노래, 계급타파(階級打破), 남녀평등(男女平等), 자유연애(自由戀愛), 새로운 소년들의 진취적(進取的) 기상(氣象) 등을 표방(標榜)한 개화기의 신소설, 개화가사, 신체시, 그리고 앞서 든 이광수(李光洙), 최남선(崔南善)의 계몽주의 문학은 전근대적 요소에 대한 저항과 새로운 세계로서의 근대 사회 창조라는 과제를 구체적으로 수행하고 있는 것들이다.

따라서 계몽주의가 표방(標榜)한 전근대적인 것의 부정은 전통과의 단절이 아니라, 전통을 매개(媒介)로 한 창조적 극복으로 파악되어야 한다. 이상의 논의(論議)에서 한국문학의 연속성은 부정될 수 없음을 살폈다. 그러나 이러한 결론은 결코 전통은 절대로 단절될 수 없다는 일반적 주장(主張)과는 다르다. 전통이 불변(不變)한다는 주장은 전통단절론(傳統斷絶論) 만큼이나 위험한 것이고 이 두 주장은 모두 역사적 전환기(轉換期)에 있어서의 민족의 주체적 역량(力量)을 무시한 것이다. 변하지 않는 측면만을 지나치게 내세워 한국문학의 연속성을 주장하는 것은 변화된 측면만을 지나치게 강조하여 전통의 단절을 주장하는 것과 마찬가지로 민족사의 정체성을 옹호(擁護)하는 것이 되기 쉽기 때문이다.

　전통의 계승에서 변하는 측면과 변하지 않는 측면을 동시에 포괄(包括)하면서 한국문학의 연속성을 획득하는 것이야말로 가장 바람직한 것이다. 그러므로 한국문학의 연속성은 문화를 주체적으로 창조, 계승해 온 한국 민족사의 연속성과 나란히 가는 것이다. 바로 이 점에서 한국문학의 연속성은 고전문학과 현대문학의 연속적 전개에만 국한(局限)되는 것이 아니라 민족문학(民族文學)의 연속성에까지 확대(擴大)된다.

　한국문학의 연속성을 민족문학의 연속성으로 끌어올려 파악하는 것은 그것이 개화기라는 근대적 전환기에 있어서의 연속성 문제만이 아니라, 현재에 있어서도 또 다른 한국문학의 연속성 문제를 유발(誘發)할 수 있는 분단(分斷) 상황(狀況)의 극복을 위해서도 가치 있는 개념(槪念)이기 때문이다. 이처럼 한국문학의 연속성은 고전문학에서 현대문학에로의 연속적 전개라는 역사적 사실을 가리키면서, 동시에 분단 상황을 극복하는 민족문학의 연속성이라는, 성취(成就)되어야 할 가치 개념이 되기도 한다. [김윤식, 「한국문학의 연속성」]

▌생각해 봅시다 ▌

1. 위 글을 토대로 한국문학(韓國文學)의 연속성(連續性)에 대한 부정의 원인을 네 가지로 정리하여 발표해 보자.

2. 이식문화론(移植文化論)과 전통단절론(傳統斷絶論)의 극복(한국문학의 연속성 확인)을 위한 방편으로, 그에 대한 논리적 결함과 반론을 제시해 보자.

3. 현대문학 작품 중 한 편을 선택하여 현대문학사의 맥락에서 다시 읽어 보고, 고전문학의 전통이 어떻게 계승되어 창조적으로 발전되었는가. 살펴보자.

2. 관련 내용의 이해

한국문학(韓國文學)의 연속성(連續性)과 관련해 언급되는 내용을 정리해 놓았다. 위 글은 우리 문학사에 대한 잘못된 인식의 원인을 상세히 규명하고 그것이 얼마나 터무니없고 허구적인가를 밝힌 다음, 우리 문학사를 민족이 주체가 되어 외래의 것을 우리 문학에 수용, 흡수시킨 일관된 문학사로 이해하려는 관점에서 그 근거를 논리적으로 제시한 글이다. 따라서 국문학사의 주체적 흐름 속에서 고전문학과 현대문학의 전통성을 이해하고, 고전문학사와 현대문학사를 이질적으로 보게 했던 원인이 어디에 있는가를 찾아 이를 극복해야 할 것이다. 그리고 면면히 이어 온 한국문학의 역사적 전개를 이해하는 계기로 문화민족으로서의 자부심을 가져야 한다.

2.1. 이식문화론(移植文化論)과 전통단절론(傳統斷絶論)의 극복

이식문화(移植文化)란 1900년대에서 1920년대까지 우리나라 신문학의 성격을 규정한 1930년대의 견해로, 그것을 전통의 단절이라는 비극적 명제로 부각시킨 것은 1950년대라 할 수 있다. 결론적으로 말해 이식문화론(移植文化論)과 전통단절론(傳統斷絶論)의 공통점은 현대문학은 고전문학의 영향을 전혀 받지 않았다는 의미를 지닌다.

임화(林和)는 그의 「신문학사의 방법」에서 신문학사의 대상을 이렇게 정의했다. "신문학사의 대상은 물론 조선의 근대문학이다. 무엇이 조선의 근대문학이냐 하면 물론 근대정신을 내용으로 하고 서구문학의 장르를 형식으로 한 조선의 문학이다." 이처럼 조선 근대문학의 대상을 정의한 임화의 진술은 두 가지 점에서 흥미를 끈다.

첫째는 그가 무언중에 근대정신을 서유럽의 문물이 들어온 이후의 소산으로 치부하고 있다는 사실이다. 그 사실은 임화뿐만 아니라 근대문학, 근대정신에 관심을 쏟은 거의 모든 문학사가와 문학 비평가들의 기본 태도를 이루어, 1955년대에 전통의 단절이라는 중차대한 문제까지 이끌어 내게 한 것이다. 근대정신을 소위 개화기 이후로 잡는다면 고대문학과의 연결점은 객관적으로 단절된다. 개화기 이전의 문학은 근대정신이 없는 고대문학이고, 개화기 이후의 문학은 근대정신이 있는 근대문학이라는 간명한 명제가 곧 성립된다.

그리고 임화의 전술에서 흥미로운 두 번째는 내용과 형식을 분리해서 생각하려는 태도이다. 근대정신과 서유럽의 장르의 결합을 곧 근대 조선 문학이라고 보는 태도는 유럽어와 한국어, 유럽인과 한국인을 혼동하게 만들어 보편성이라는 미망으로 이끌어 간다. 개화기 이후 일제 말에 이르기까지, 한국 토속어의 가능성에 주의를 한 몇 사람을 제외한 거의 모든 문인들을 보편성, 보편인이라는 미망으로 몰고 간 것은 언어 의식 없는 서유럽적 장르에 대한 무조건의 신봉이다.

이식문화론(移植文化論)과 전통단절론(傳統斷絶論)은 이론적으로 극복되어야 한다. 임화의 다음과 같은 견해를 참고해 보자. "신문학이 서구적인 문학 장르를 채용하면서부터 형성되고 문학사의 모든 시대가 외국문학의 자극과 영향과 모방으로 일관되었다 하여 과언이 아닐 만큼 신문학사란 이식문화의 역사다." 시간적인 거리가 지나치게 짧았기 때문에 얻어진 단견이라는 것을 감안한다하더라도 채용, 이식문화 등의 어휘는 대단한 반발을 일으킨다.

서유럽의 제도를 탁월하고 높은 단계의 것으로 설정하였기 때문에, 그것의 채용은 아무런 논리적 감정적 비난을 받지 않고 오히려 조장된다. 더구나 그것은 일제를 극복하기 위해서라는 식으로 민족주의와 결부되어 있다. 그래서 자신이 속한 사회의 문화를 이식문화라고 대담히 말할 수 있게 된다. 조선 초의 유학자들이 변방의 나라라고 스스로 낮춰 부른 것과 마찬가지이다. 이처럼 문화가 이식되었다는 생각은 당연한 결과로 전통의 단절이라는 명제를 부른다. [임화, 『문학의 이론』, 김윤식·김현, 『한국문학사』]

2.2. 이광수의 신종족론(新種族論)

이광수의 '신종족론'에 나타난 심리 상태를 단적으로 드러낸다면 그것은 전통의 부정이라 할 수 있다. 이광수는 조선이 날로 쇠퇴해 가는 것을 보고 이래서는 안 되겠다는 생각 아래 민족개조의 생각을 가지게 되었다. 그의 개조는 과거의 것은 모두 나쁜 것이라는 과거 혐오증과 새 것은 무조건 좋은 것이라는 생각 아래 이루어졌다.

그래서 조선 시대의 지도 이념인 유교사상과 구 가족제도에 대해 철저히 공격한다. 개인의식, 자아인식을 억압하는 것이 유교이며, 숙명론적 인생관, 노동천시, 무위도식 습성을 낳게 하는 것이 구 가족제도라고 비판한다. 동시에 숙명론의 탈피, 노동의 신성함, 조혼타파, 정조 관념 확대, 자유연애를 주장하며 이 모든 것을 '합리'라는 말로 요약했다. 그리고 이런 것을 가르치고 실행하는 자기 세대야 말로 "天上으로서 吾土에 降臨한 新種族으로 자처하여야 한다."고 주장했다.

2.3. 식민사관(植民史觀)

식민사관(植民史觀)은 일본의 어용사학자들이 일본의 한국 침략을 합리화시키기 위해 세운 한국의 역사를 왜곡해 보는 관점으로 부정되어야 한다. 고려까지는 <동국통감>, 조선 시대는 당쟁 기록류, 그 이후는 청일·노일 관계 기록을 붙여 식민사관을 형성 했는데, 중국 의존의 사대성, 사색당쟁에 나타난 당파성, 문화 창조 능력의 부족, 역사 개척의 능동성 부족 등 소위 주변문화를 그 특색으로 삼았다. 따라서 고전문학은 주변문화의 측면으로 19까지 중국문화에 종속되었고, 현대문학은 20세기 이후 일본이나 서양문화에 종속되었다는 잘못된 식민사관을 가지게 되었다. 더욱이 이것은 아쉽게도 자연스럽게 고전문학과 현대문학의 단절로 받아들여지게 된다.

2.4. 문학의 소재적 특성

문학의 소재적 특성을 생각해 볼 때, 문학은 인간의 여러 면을 다루는데 '본능-정서-사상-유행' 중에서 본능과 정서는 모든 인간에게 보편적인 공통성이 있고 거의 불변하는 요소이며, 사상과 유행은 가변적이며 시대와 사회에 따라 다르기 때문에 문학은 불변의 요소인 본능과 정서를 다루게 된다.

2.5. 문화변동의 이론

문화변동의 이론은 사회학에서 다루는 이론인데, 상이한 문화를 가진 여러 집단이 지속적인 접촉을 하여 어느 한편 혹은 쌍방 집단이 종래의 문화 내용에 변화를 일으키는 현상이라고 정의된다. 한 집단에 따른 다른 집단의 문화가 수용되려면, 첫째 사회에서 그 문화에 대한 요구가 있을 것. 둘째 그것이 기존 문화 체계에 적합할 것. 셋째 그 문화에 대한 이해가 가능할 것. 넷째 이념적 반발이 없을 것 등의 조건이 필요하다. 이렇게 해서 문화가 수용될 때는 이는 곧 문화를 창조하는 과정이 동시에 진행된다고 본다. 수용된 요소는 그대로 모방되지 않고 전통적 문화의 의미가 부여되어 그것을 재해석, 재구성, 융합 등 굴절시키는 쪽으로 진행된다.

2.6. 근대의식 형성

영·정조시기를 근대의식 형성의 시기로 보는데, 그 근거는 다음과 같다. 첫째, 경영형부농이 생기고, 소작농으로 전락하는 양반이 생김에 따른 신분제의 혼란. 둘째, 상인 계급이 대두하여, 화폐가 전국적으로 유통되고 상업 자본이 집적되기에 이른다. 셋째, 몰락한 남인계의 양반이 주가 되어 조선의 문물제도에 회의를 나타내는 실사구시파가 생김. 넷째, 관영수공업이 쇠퇴하고 독자적 수공업자들이 대두하여 시장 경제의 형성을 가능하게 했다. 다섯째, 시조나 가사 등이 집대성되어 평민문학으로 볼 수 있는 판소리, 가면극, 소설이 발전됨. 여섯째, 서민계급의 다수 진출로 서민과 양반을 동일 인격체로 보려는 평등 의식의 성장을 지적할 수 있다.

2.7. 민족문학(民族文學) 형성

민족문학(民族文學)은 한 민족의 특성을 나타내는 문학을 가리키는데, 우리나라의 경우 다음과 같은 과정을 거쳐서 형성된 개념이다. 1926년경 국민문학파에 속했던 문인들이 내세운 문학론이다. 이는 계급 제일주의를 주장한 프로문학의 이론적 강화와 대공세에 맞서 일어난 것이다. 염상섭, 양주동, 이병기 등이 주동된 이 운동은 조선적인 것의 쟁취가 목표였다. 조선적인 것의 추구와 촉진은 당연히 민족의 복고적 사상을 동반하게 되어 시조부흥운동이 나타나기에 이른다. 1929년 절충주의 입장에서 발간된 <문예공론>을 통해 나타난 것이 계급문학과 민족문학의 제휴를 주장한 것이다. 이는 1930년대 브나로드운동에 영향을 주었다.

1945년 해방 후 민족문학수립운동이 전개 되었다. 좌우익의 대립에서 우익은 민족의 고유성과 민족의식의 고취 및 문학, 예술의 독자성을 부르짖어 유물사관에 입각한 좌익 진영과 맞서 싸웠다. 1970년대 초기에 제기된 민족문학의 논의가 <월간문학> 1970년 10월호에 특집으로 다루어졌다. 여기서는 고고학적 측면에서 민족문학의 근원을 찾아보고 고대문학 속에서 민족의식의 발원을 찾으려고 애썼다. 그리고 일제 치하의 구호뿐이었던 민족문학의 허구성을 비판하고, 민족문학의 결론으로 민족의식과 미학(美學)의 결합을 요청하고 있다. 이런 주장은 민족의 재통합 염원과 자주적 민족의식의 당위성에서 나온 견해이다.

2.8. 전통(傳統)

전통(傳統)은 민족 생활의 역사적 발전 과정에서 스스로 형성된 정신적 경향 또는 성격이 여러 시대를 통하여 전승되어 하나의 근본적 힘으로 후세의 문화 창조를 규정할 때 이것을 전통이라고 한다. 즉, 전통이란 한 사회, 민족 또는 여러 문화 영역에 있어 과거에 형성되고 그것이 역사적 생명을 가지고 미래에 적극적 영향을 미칠 수 있는 모든 행동(行動), 관습(慣習), 의식(儀式), 사유(思惟), 양식(樣式), 태도(態度) 등의 가치체계(價値體系)를 뜻한다. 전통은 단순한 인습(因襲)이 아니라 개인과 사회의 상호작용(相互作用)을 통해서 일어나며, 골동품(骨董品)이나 고적(古蹟)과 같은 정적(靜的)인 것이 아니라 역사의식(歷史意識)에 의하여 성장, 발전하는 가치체계이다. 문학에서의 전통은 과거에서 계승된 온갖 표현 양식, 약속, 기교 및 어법을 포함한다.

3. 아이로니컬한 비극과 반전

(가) 원하는 것을 소유하지 못한 여자

운명의 잘못이랄까. 간혹 하급 관리의 가정에 예쁘고 귀여운 여자아이가 태어나는 일이 있다. 그녀도 그런 고운 처녀였다. 지참금이 없고 유산이 굴러 들어올 만한 데도 없으며, 행세깨나 하는 돈 많은 남자를 만나 귀여움을 받으며 아내로 맞아질 그런 연줄도 없었다. 그녀는 문부성에 근무하는 한 하급 관리가 청혼하는 대로 결혼하고 말았다.

몸치장을 하려고 해도 할 형편이 못되어 간소하게 지냈지만, 원래보다 낮은 계급으로 전락한 여자가 불행하듯, 그녀는 행복하지 못했다. 여자란 본래 신분이나 혈통과 무관하게 그들이 지닌 아름다움과 매력이 곧 그들의 태생과 가문 구실을 하기 마련이다. 타고 난 기품, 본능적인 우아함, 재치 그런 것만이 그들의 유일한 등급이며 하층 계급의 처녀도 높은 신분의 귀부인과 나란히 설 수 있게 하는 것 아닌가…….

자기가 온갖 좋은 것, 값진 것을 누리기 위해 태어났다고 생각하는 그녀에게 매일 매일의 구차스러운 살림이 고통의 연속일 뿐이었다. 초라한 집, 얼룩진 벽, 부서져 가는 의자, 누더기 같은 빨랫줄에 빨래가 널린 것까지 모두가 보기 싫고 괴로움의 씨앗이었다. 같은 계급의 다른 여자라면 그다지 마음 상하지 않을 그 모든 것이 그녀를 괴롭히고 부아를 돋우었다. 브루타뉴 태생 여자 애를 하나 하녀로 두었지만 이 소녀를 볼 적마다 절망적인 안타까움과 미칠 것 같은 꿈이 떠올라 시달리곤 했다.

그녀가 항상 꿈에 그리는 것은 동양풍 벽걸이가 걸려 있는 조용한 거실에 청동으로 만든 촛대에 불이 켜진 그런 풍경이었다. 거기 짧은 바지를 입은 건장한 하인 둘이 의자에 파묻혀서 졸고 있다. 실내가 너무 따뜻해 깜박 졸고 있는 것이다. 고급 비단을 깐 넓은 객실도 그녀의 몽상에 떠올랐다. 진귀한 골동품들이 가득 찬 으리으리한 가구들, 가까이 지내는 친구들은 모든 여자가 선망하는 유명인들이다. 그런 가까운 친구들과 오후 다섯 시에 모여 그윽한 향기로 가득 찬 멋진 살롱에서 고상한 대화를 나눈다. 저녁을 먹을 때, 사흘이나 빨지 않은 식탁보를 씌운 둥근 식탁에서 남편과 마주 앉는다. 남편은 스프 그릇 뚜껑을 열며 기쁜 듯이

"야, 이 스프 맛있겠는데! 이보다 맛있는 건 세상에 없을 거야!"

하며 큰 소리로 말한다. 그럴 때면 으레 그녀는 으리으리한 만찬을 생각하지 않을 수 없다. 번쩍거리는 은 식기, 요정이 사는 숲 한가운데 이상한 새나 옛날이야기의 인물이 수놓아진 벽걸이, 고급 그릇에 듬뿍 담아 내놓는 산해진미가 있다. 송어의 빨간 고기나 기름진 병아리의 부드러운 날개를 입에 넣으면서 속삭이는 사람이나 듣는 사람 모두 스핑크스처럼 신비한 미소를 띠고, 여성의 환심을 사려는 그런 대화를 나누는 것이다. 그녀는 그런 광경이 떠올리지 않고는 견딜 수 없었다.

그녀는 나들이옷도 없고 장신구도 없고 뭐 하나 갖고 있는 게 없었다. 그러나 그녀가 좋아하는 것은 그런 것뿐이었다. 그런 것을 위해 자기가 태어났다고 그녀는 느끼고 있었다. 사람들의 마음에 드는 것, 사람들이 부러워하는 것, 사람들의 화제의 대상이 되는 것, 이것이 그녀의 간절한 소원이었다. 그녀에게는 돈 많은 친구가 하나 있었다. 수도원 학교의 기숙사 동창이지만 지금으로선 만날 마음이 내키지 않았다. 만나고 돌아올 때 마음이 괴로웠던 것이다. 며칠이고 연거푸 울며 새우는 때도 있었다. 분하고 억울하고 절망과 비탄이 얽힌 마음에서였다.

(나) 장관 댁의 무도회 초대

그런데 어느 날 저녁, 남편이 손에 큰 봉투를 들고 신이 나서 돌아왔다.

"이것 봐, 이거 당신에게 주는 선물이야."

아내는 급히 봉투를 열어 인쇄한 카드를 꺼냈다. 거기엔 이렇게 적혀 있었다.

'문부성 장관 및 그 조르쥬 램뽀노 부인은 루와젤 씨와 그 부인을 오는 1월 8일 월요일 밤 관저에 오십사 초대합니다.'

그러나 남편의 기대처럼 기쁜 마음으로 어쩔 줄 몰라 하기는커녕, 아내는 분한 듯 식탁 위에 초대장을 내던지며 중얼거렸다.

"이걸 갖고 어떡하라는 거죠?"

"아니 여보, 난 당신이 기뻐할 줄 알았는데……. 여간해서 외출하는 일도 없으니 이건 참 좋은 기회야. 이걸 얻으려고 다들 무척 애를 썼지. 서로 이걸 가지려고 했으니까. 원하는 사람이 많은데다 더구나 아래 사람들에겐 몇 장 나오지도 않았어. 가봐, 이름 있는 사람들만 모이거든."

아내는 약이 오른 눈초리로 남편의 얼굴을 쳐다보다가 참을 수 없다는 듯 소리쳤다.

"뭘 입고 가라는 거예요, 그런 곳엘 말이에요?"

남편은 미처 거기까지는 생각하지 못했다. 그는 말을 더듬었다.

"하지만 극장에 갈 때 입는 옷 있잖아. 그것 참 좋아 보이던데…… 내겐……."

남편은 그만 입을 다물었다. 멍하게 아내를 바라봤다. 울고 있지 않은가. 커다란 눈물방울이 두 눈 끝에서 입가로 스르르 떨어지는 것이었다.

"왜, 왜 그래?"

남편은 더듬듯 말했다. 간신히 괴로운 심정을 가라앉힌 아내는 젖은 볼을 닦으며 조용히 말했다.

"아무 것도 아니에요. 다만, 제겐 나들이옷이 없어요. 그러니까 그 파티에는 갈 수 없어요. 옷이 많은 부인이 있는 동료 어느 분에게나 초대장을 드리세요."

남편은 어떻게 해야 좋을지 알 수 없었다.

"여보! 마틸드, 어때…… 얼마쯤이나 하는 거야? 그런 데 입고 나가서 부끄럽지 않고 다른 때도 입을 만한 그런 옷 말이야? 멋있으면서도 수수한 그런 옷으로 말이야."

그녀는 잠시 생각했다. 여러 가지로 계산을 해봤다. 조금 밖에 벌지 못하는 이 하급 관리 남편이 깜짝 놀라서 대뜸 비명을 지르며 거절하지 않을 정도로 돈을 타내려면 얼마 정도를 말해야 할까. 마침내 주저하면서 그녀는 대답했다.

"정확하게는 모르겠지만, 4백 프랑만 있으면 그럭저럭 해볼 수 있을 것 같아요."

남편은 약간 창백해졌다. 꼭 그만한 돈을 따로 남겨 두었던 것이다. 엽총을 사서 오는 여름에 친구 네댓 명과 함께 낭떼르 근교로 사냥을 갈 예정이었다. 그 친구들은 매주 일요일마다 그 쪽으로 종달새를 잡으러 가곤 했다. 그렇지만 남편은 대답했다.

"좋아. 4백 프랑은 어떻게든 만들어 보지. 대신 멋진 옷을 만들어야 해."

무도회 날이 가까워졌다. 루와젤 부인은 뭔가 생각에 잠겨 불안하고 안절부절 하는 것처럼 보였다. 나들이옷은 이미 다 완성돼 있었다. 그래서 어느 날 저녁 남편이 물었다.

"무슨 일이 있는 거야? 당신 사흘 전부터 뭔가 이상한데······."

아내는 대답했다.

"장신구랄 게 하나라도 있어야죠. 보석 한 개도 없어요. 몸에 붙일 것이 하나도 없다니, 궁상을 떠는 것처럼 보일 거예요. 그날 밤 모임엔 숫제 안가는 편이 나을 것 같아요."

남편은 대답했다.

"꽃이라도 달면 되잖아. 계절이 계절인 만큼 산뜻할 거야. 10프랑만 내면 아주 멋있는 장미꽃 두세 송이는 살 수 있을걸."

아내는 코웃음을 쳤다.
"안돼요…… 돈 많은 여자들 틈에 끼어 궁색한 꼴을 보이는 것처럼 창피한 건 없어요."
갑자기 남편이 큰 소리로 말했다.
"당신도 바보로군! 당신 친구 포레스터 부인에게 가서 장신구 좀 빌려 달라고 부탁하면 되잖아. 서로 친하니까 그 정도 부탁은 들어 줄 거야."
아내는 환호성을 올렸다.
"참, 그래요. 어쩜 그 생각을 못했을까."

　　　　(다) 옷과 보석, 성공, 그리고……
　이튿날 그녀는 친구를 찾아가 자기의 처지를 이야기했다. 포레스터 부인은 거울 달린 장롱으로 가서 커다란 상자를 꺼내 뚜껑을 열며 루와젤 부인에게 말했다.
"자, 좋은 걸로 골라 봐."
루와젤 부인은 먼저 팔찌를 보고 그리고 진주 목걸이, 다음에는 기막힌 솜씨로 세공한 금과 보석으로 된 베네치아 산 십자가 장신구를 살펴보았다. 거울 앞에 서서 이것저것 달아보고, 망설였다. 그렇다고 쉽게 단념하고 돌려주지도 못했다.
"딴 건 없어?"
"또 있어, 찾아 봐. 어떤 게 네 마음에 들지 나는 모르니까."
한 순간, 루와젤 부인은 바라던 것을 찾았다. 까만 비단으로 싸인 상자 속에 찬란한 다이아몬드 목걸이가 있었다. 그녀의 가슴은 억제할 수 없는 욕망 때문에 몹시 울렁거렸다. 그것을 집으며 그녀의 손은 떨렸다. 목걸이가 감추어지는 옷이었지만 그래도 그 목걸이를 달아보고 거울 속의 자기 모습을 보면서 도취됐다.
그녀는 주저하며 불안에 목이 잠겨 물었다.
"이거 빌려줄 수 있어? 이것만 있으면 충분해."
"그럼, 그럼. 괜찮아."
루와젤 부인은 친구의 목을 껴안고 마구 입을 맞추고 보석을 갖고 도망치듯 돌아갔다. 파티 날이 왔다. 루와젤 부인은 대성공을 거두었다. 그녀는 어느 여자보다 아름다웠다. 점잖고, 우아하고, 명랑하게 웃고, 너무 기뻐서 정신을 잃을 지경이었다. 남자란 남자는 모두 그녀에게 시선을 집중하고, 그녀를 소개받고 싶어 했다. 정부의 높은 사람들이 모두 그녀와 왈츠를 추려고 했다. 장관조차도 그녀를 유심히 바라보았다.
그녀는 취한 듯 정신없이 춤을 추었다. 쾌락에 취해 다른 것은 아무것도 생각할 수 없었다. 그녀 미모의 승리, 이 밤의 영광스러운 성공, 이 모든 아부와 찬미…… 욕망이 일깨워지고, 여자의 가슴에 더할 나위 없이 달콤하기만 한 승리, 그러한 것에서 생기는 행복의 구름, 그 속에서 일체를 잊었다. 파티는 새벽 네 시가 되어서야 겨우 끝이 났다. 남편은 자정이 지나자 다른 세 사람의 남자와 함께 사람이 드문 조그만 방에서 자고 있었다. 이 세 신사의 부인들도 한바탕 맘껏 즐겼던 것이다.
남편은 아내의 어깨에, 돌아갈 때 입으려고 갖고 온 옷을 걸쳐 주었다. 평상시 입는 소박한 옷으로 무도회의 화려한 의상과는 너무 어울리지 않았다. 그녀 역시 그걸 느끼고 급하게 길거리로 몸을 피하려 했다. 화려한 모피를 휘감은 귀부인들의 눈에 띄고 싶지 않았던 것이다. 루와젤이 그걸 말렸다.
"기다려, 그대로 밖에 나갔다간 딱 감기 걸리기 좋아. 내가 마차를 불러오겠어."

그러나 그녀는 귀담아 듣지 않고 재빨리 계단을 내려갔다. 두 사람이 거리에 나오자 차라곤 한 대도 눈에 띄지 않았다. 둘은 멀리 달려가는 마차들을 부르면서 거리를 걸었다. 마차를 찾을 수 없자 둘은 맥이 풀려 추위에 벌벌 떨면서 세느강 쪽으로 걸어 내려갔다. 강가에서 겨우 마차 한 대를 잡았다. 낡아빠진, 밤에만 나타나는 작은 마차로 대낮의 파리에서는 그 초라한 모습이 부끄러워 나타나지 못할 것 같은 그런 마차였다.

이 초라한 마차를 타고 두 사람은 마르치르거리 그들의 집에까지 갔다. 그들은 침울한 기분으로 집에 들어갔다. 이제는 모든 것이 끝이다. 그녀는 감회에 잠겼다. 남편은 아침 열 시에는 직장에 나가야 한다는 것에 새삼 생각이 미쳤다. 그녀는 어깨를 감싼 옷을 벗어 던지고 거울 앞에 서서 다시 한 번 자기의 영광스러운 모습을 바라보려 했다. 돌연 그녀는 앗 소리쳤다. 목걸이가 없어진 것 아닌가. 벌써 반쯤 옷을 벗은 남편이 그 소리를 들었다.

"왜 그래?"

아내는 미친 것처럼 남편을 돌아보았다.

"그…… 글쎄…… 포레스터 부인에게서 빌려온 목걸이가 없어졌어요."

남편도 놀라서 벌떡 일어났다.

"뭐, 뭐라고? 설마……."

둘은 함께 드레스의 갈피, 망토의 구석구석 주머니 속까지 다 찾아보았다. 목걸이 어디에도 보이지 않았다. 남편은 몇 번이나 물었다.

"무도회에서 나올 때 분명히 갖고 있었어?"

"그럼요. 저택 현관을 나올 때 손으로 만져 본 걸요."

"하지만 거리에서 없어졌다면 떨어지는 소리라도 났을 텐데. 마차에서 떨어트린 것이 틀림없어."

"그래요. 그런 것 같아요. 마차의 번호 기억하세요?"

"아니, 당신은? 당신은 번호 못 봤어?"

"보지 못했어요."

두 사람은 절망적으로 얼굴을 마주 봤다. 결국 루와젤은 다시 옷을 입었다.

"우리들이 걷던 길을 다시 한 번 가보지. 혹시 찾을지도 모르니까."

그는 나갔다. 그녀는 야회복을 입은 채, 잠자리에 들어갈 힘마저 빠져 털썩 의자에 주저앉아 불기도 없는 곳에서 아무 생각도 못하고 꼼짝 못하고 앉아 있었다.

(라) 불의의 재난

남편은 일곱 시쯤 돌아왔다. 그러나 아무 것도 찾지 못했다. 경찰에도 가고 신문사에도 가서 분실물 신고를 했다. 마차 조합에도 가보았다. 한 마디로 조금이라도 가능성이 있는 곳은 어떤 수고도 마다하지 않고 돌아다녔다. 아내는 이 천지가 뒤집힐 것 같은 재난 앞에서 하루 종일 어쩔 줄 모르고 혼 나간 사람처럼 절망에 빠져 기다렸다. 루와젤은 저녁에 창백한 얼굴로 해쓱해진 얼굴로 돌아왔다. 아무 소득도 없었다.

"포레스터 부인에게, 목걸이 고리가 망가져 수리하러 보냈다고 편지를 쓰도록 해. 그러면서 여러 가지 다른 방법을 찾아 봐야지."

아내는 남편이 일러주는 대로 편지를 썼다. 1주일이 지나고 모든 희망의 줄이 끊어졌다. 루와젤은 갑자기 대여섯 살은 더 늙었다.

"다른 것을 찾아 봐야지."

이튿날 부부는 목걸이가 들어 있던 상자를 들고 상자 속에 이름이 써진 보석상을 찾아 갔다. 보석상은 장부를 조사해 주었다.

"이 목걸이는 저희가 판 것이 아닙니다. 부인, 저희는 상자를 드렸을 뿐입니다."

두 사람은 이 보석상에서 저 보석상으로 기억을 더듬으며 비슷한 목걸이를 찾아 헤맸다. 둘 다 마음의 고통과 불안으로 심하게 앓는 사람들 같았다. 파레로 와이 아르의 어느 상점에서 두 사람은 찾고 있던 것과 똑 같은 다이아몬드 목걸이를 발견했다. 4만 프랑이었다. 그러나 3만 6천 프랑까지는 가격을 깎아준다고 했다.

두 사람은 앞으로 사흘 동안 목걸이를 팔지 말아달라고 보석상에 부탁했다. 2월 말까지 원래 목걸이가 발견되면 3만 4천 프랑으로 환불해 준다는 약속도 받았다. 루와젤은 부친이 남겨준 1만 8천 프랑을 갖고 있었다. 나머지는 빌려야 했다.

그는 돈을 꾸었다. 이 사람에게 1천 프랑, 저 사람에게 5백 프랑 하는 식으로 돈을 꾸고 여기서 5루이, 저기서 3루이 꾸느라 수많은 차용증서를 썼다. 목숨 같은 증서를 저당 잡히기도 하고, 고리대금업자와도 거래하고 온갖 사채업자를 찾아다녔다. 나머지 평생을 몽땅 바쳐도 갚을 힘이 있을지 생각할 여유도 없이 마구 서류에 서명했다.

미래의 불안에 떨며, 앞으로 자기에게 닥칠 절망적인 생활과 모든 물질적 제약, 정신적 고뇌를 생각하면서 그녀는 새 다이아몬드 목걸이를 찾으러 보석상에 갔다. 그리고 계산대 위에 3만6천 프랑이란 돈을 올려놓았다. 루와젤 부인이 포레스터 부인에게 목걸이를 돌려주러 갔을 때 부인은 약간 기분이 나쁜 듯 쌀쌀한 말투였다.

"좀, 일찍 갖다 줘야지. 나도 언제 쓸지 모르잖아."

포레스터 부인은 상자 뚜껑을 열어보지도 않았다. 루와젤 부인은 마음속에서 은근히 친구가 상자를 열어볼까 봐 두려웠다. 물건이 바뀐 것을 알아차리면 어떻게 생각했을까? 뭐라고 말했을까? 나를 도둑으로 생각하지는 않았을까? 루와젤 부인은 빈민들의 생활, 하루하루 끼니를 걱정하는 사람들의 무서운 생활을 직접 체험하게 됐다. 물론 그 점은 이미 각오하고 있었다. 이 무서운 빚을 갚아야 한다. 갚지 않으면 안 되니까. 무조건 갚아야 한다. 그녀는 하녀를 내보내고 집도 싸구려 다락방을 빌려 이사했다.

살림살이가 어렵다는 것, 부엌일이 얼마나 짜증나는 것인지 그는 알게 됐다. 식기도 손수 씻었다. 장미 빛 손톱은 기름 묻은 그릇과 냄비 바닥을 닦느라 다 닳았다. 더러워진 속옷, 셔츠, 걸레도 자기가 빨고 줄을 매고 널어 말렸다. 매일 아침 큰길까지 부엌 쓰레기를 운반하고 물을 길어 올렸다. 계단마다 한 번 멈춰 숨을 돌리면서. 하층 계급 여자와 똑 같은 차림으로 거리낌 없이 바구니를 팔에 낀 채 과일 집에도 잡화점에도 갔다. 가서, 막된 말을 들으면서도 한 푼이라도 깎아서 물건을 샀다.

매달 어음을 지불해야 했다. 증서를 새로 써야 하는 것도 있었다. 그래서 지불을 연기해야 했다. 남편은 매일 밤 어떤 상점의 장부를 정리하는 일을 맡아 했다. 밤에는 때로 한 페이지에 5스우 짜리 싸구려 서류 복사 일까지 하곤 했다. 이런 생활이 십 년이나 계속됐다.

십 년이 지나서 두 사람은 빚을 한 푼도 남기지 않고 깡그리 갚았다. 터무니없는 고리대금 이자, 쌓이고 쌓인 이자의 이자까지 완전히 빚을 다 갚은 것이다. 루와젤 부인은 이제 할머니 같았다. 드세고 우락부락하고 지독한 여자, 가난에 찌든 단단한 아줌마가 되었다. 머리도 제대로 빗질하지 못하고, 스커트가 볼품없이 구겨져도 태연했다. 굵은 목소리로 지껄이면서 벌개 진 손으로 물을 첨벙대면서 마루를 닦았다.

제4부 문학의 생명력 | 179

(마) 십년 후의 진실

그렇지만 이따금 남편이 직장에 나가고 없어 한가할 때면 창가에 앉아서 옛날 그 밤 무도회에서 있었던 일, 자기가 그렇게도 아름답고 그렇게도 칭송을 받으며 여왕처럼 행세하던 무도회의 일을 떠올리며 생각에 잠기곤 했다. 그 목걸이를 잃지 않았다면 어떻게 됐을까? 누가 알 수 있으랴! 인생이란 참으로 기묘한 것, 참으로 변화무쌍한 것이다. 한 사람이 파멸하거나 반대로 구원을 얻거나 하는 것이 다 그렇게 사소한 것 하나로도 충분한 것이다.

어느 일요일, 그녀는 일주일 내내 고되게 일한 생활에서 한숨 돌리려고 샹제리제로 산책을 나갔다. 그때 아이를 데리고 산책하고 있는 여인의 모습이 보였다. 포레스터 부인이었다. 그녀는 여전히 젊고 여전히 매력적이었다. 루와젤 부인은 가슴에 무언가 뭉클 치밀어 오르는 것을 느꼈다. 이제 말해 줘야지. 이미 빚은 몽땅 갚았으니까 전부 말해야지. 무엇이 겁나 말하지 못한단 말인가?

그녀는 터벅터벅 친구 곁으로 다가갔다.

"잘 있었어? 쟌느?"

상대는 루와젤 부인을 알아보지 못했다. 허름한 옷차림의 여인이 이렇게 허물없이 친구처럼 부르는 것에 놀란 것이다. 그녀는 말을 더듬었다.

"저, 실례지만…… 저는…… 혹시 댁이 잘못 본 게 아닌지?"

"나 마틸드 루와젤이야."

상대는 깜짝 놀랐다.

"뭐! 마틸드? 너무 변했구나."

"그래, 변했어. 무척 고생을 했단다. 그게 너를 만나고 나서부터야…… 다 너 때문이었어……!"

"나 때문에? 어쩜, 왜?"

"너 기억나니, 그 다이아몬드 목걸이 말이야. 장관 댁 무도회에 가느라고 내게 빌려준 거 말이야?"

"그럼 기억해. 그게 어쨌다는 거니?"

"그게 말이야. 그걸 내가 잃어버렸어."

"뭐라고? 하지만 돌려줬잖아."

"아주 비슷한 딴 걸로 갖다 줬어. 꼭 십 년이 걸렸구나. 그 돈을 갚느라고 잘 알겠지만 우리들처럼 재산도 아무 것도 없는 처지에선 그리 쉽지 않았지…… 아무튼 겨우 끝장이 난 셈이야. 이제 맘이 편안해."

포레스터 부인은 우뚝 멈춰 섰다.

"내 것 대신 다른 다이아몬드 목걸이를 샀단 말이야?"

"응, 그래. 너 몰랐구나. 하긴 모양이 똑 같은 목걸이였으니까."

그녀는 자랑스러운 듯 순진한 웃음을 띠었다. 포레스터 부인은 숨이 탁 막혀 친구의 두 손을 꼭 쥐었다.

"어쩜, 어떡하면 좋아. 마틸드! 내건 가짜였어. 기껏해야 5백 프랑밖에 나가지 않는……."[모파상, <목걸이>]

┃생각해 봅시다┃

1. 루와젤 부인(마틸드)과 포레스터 부인(루와젤 부인의 친구), 루와젤 씨(마틸드의 남편)에 대한 인물형을 작품의 구조와 결말과 관련하여 논의해 보자.

2. 목걸이는 궁극적으로 어떤 의미를 지니며, 이 작품을 통해 작자가

우리에게 제시하고자 하는 바를 극적 반전과 관련하여 생각해 보자.

   3. 루와젤 부인은 빚에 몰려 가난해지자 옛날의 아름다움을 포기하고 억척스러운 서민적 부인의 모습으로 변한다. 김동인의 <감자(1925)>에 등장하는 복녀는 무능한 남편과 가난한 현실로 말미암아 몸을 팔게 되고, 나중에는 도둑질은 물론 그의 가치관마저 변화하기에 이르며, 끝내 목숨까지 잃게 된다. 이러한 사실을 토대로 '루와젤' 부인과 '복녀'의 인물 형상을 중심으로 공통점과 차이점을 말해 보자.

4. 검은 고양이

   이제부터 기록하려는 세상에서도 괴이한, 또한 세상에서 가장 단순한 이 이야기를 나는 믿어 주리라고는 생각지 않으며, 또한 그것을 바라지도 않는다. 그것은 나의 눈, 나의 귀가 우선 인정을 하지 못하는 이 사건을 남이 믿기를 바란다는 것은 말 그대로 미친 잠꼬대라고나 할까. 그러나 나는 미치지도 않았으며 또한 꿈을 꾸고 있는 것도 아니다. 어찌됐든 나는 이제 내일이면 죽어갈 몸이다. 하다못해 오늘 안으로 이 마음의 무거운 짐을 벗어놓고 싶다.
   우선 내가 말하고자 하는 것은 하찮은 가정의 미미한 일을 다만 있는 그대로 간결하게, 아무런 주석을 덧붙이지 않고 세상 사람들에게 알려주고 싶다는 것이다. 결과적으로는 이 사건은 나를 공포의 구렁텅이로 몰아넣고, 괴롭히고, 그리고 마침내는 파멸시켰다. 하지만 그것을 설명하려 고는 생각지 않는다. 내게 있어서 그것은 거의 공포 이외의 아무것도 아니었지만 - 다른 사람들에게는 두렵다기보다는 오히려 그저 황당무계(荒唐無稽)한 일이라고나 여겨질 것이 분명하기 때문이다. 그리고 심지어 그 중에는 내게 있어서의 악몽(惡夢)이었던 것도 다만 있을 수 있는 평범한 사건이라고 웃어버리고 마는 지성인도 나타나리라. 나보다 더 냉정하고 논리적이고 간단히 흥분할 줄을 모르는 지성인에게 있어서는 이제 내가 끝없는 두려움으로 적는 사건도 단순하고 평범하기 짝이 없는, 매우 자연스러운 인과관계(因果關係)의 뒤얽힘이라고 생각할 것이다.

나는 어린 시절부터 인정 많고 차분한 성격의 아이로 알려져 왔다. 나의 상냥하고 부드러운 마음씨는 흔히 친구들의 놀림감이 되었을 정도였으니까. 특히, 나는 동물을 좋아했고 부모는 내가 원하는 대로 갖가지 애완동물을 무엇이든 사다주었다. 나는 하루 종일 그 짐승들과 함께 지내며, 그들에게 음식을 주거나 애무하거나 하고 있을 때처럼 내게 있어 행복한 시간은 없다고 늘 생각했다. 게다가 이런 성격은 세월이 지남에 따라 더해 어른이 된 뒤에도 나의 가장 큰 즐거움이 되었다.

만일 단 한 번만이라도 충실하고 영리한 개를 사랑한 적이 있는 사람이라면, 이런 종류의 즐거움이 어떤 것인지, 얼마나 깊은 것인지 굳이 설명할 필요가 없으리라 생각한다. 인간들의 치사한 우정이나 휴지조각 같은 진실에 몇 번씩 고배(苦杯)를 마셔 본 경험이 있는 사람들이면 오히려 동물들의 자기(自己) 희생애(犧牲愛)에 더욱 마음이 끌리는 것이 당연하다. 나는 젊은 나이에 결혼을 했다. 게다가 다행스럽게도 아내 역시 대체로 나의 성미와 맞는 성격의 소유자였다. 내가 동물을 좋아하는 것을 알자 그녀는 즉시 여러 가지 귀여운 동물들을 입수해 왔다. 참새, 금붕어, 개, 토끼, 원숭이 그리고 고양이도 한 마리 기르고 있었다.

마지막으로 말한 이 고양이는 매우 큰, 온몸이 새까만, 또한 대단히 영리한 아름다운 고양이었다. 본시 철저한 미신가였던 아내는 흔히 이 고양이의 영리함은 화제로 삼아, 옛날부터 검은 고양이는 모두 마녀의 화신이라는 그런 이야기조차 꺼낼 정도였다. 물론 아내가 그렇다고 해서 이런 말을 곧이곧대로 생각하고 있었던 것은 아니다. — 이제 내가 그 말을 한 것도 다만 어쩌다가 생각이 났기 때문인 것이다.

프루우토우 — 그것이 고양이의 이름이었다. — 는 내가 사랑하는 고양이이기도 하고 나의 장난을 받아주는 친구이기도 했다. 먹이를 주는 일은 내 일이었으므로 고양이는 집 안에서 내가 가는 곳이면 어디건 따라 다녔다. 심지어 행길까지 따라 나오는 것을 나는 여러 번 간신히 쫓아 보냈을 정도였다. 우리의 우정은 이런 식으로 몇 년 동안 계속되거니와, 그 사이에(부끄러운 얘기지만) 나의 성질과 성격이 — 그 술이라는 악마 때문에 완전히 타락해 버린 것이다.

나는 하루하루 무뚝뚝해지고, 공연히 화까지 내게 되었으며, 남의 입장은 아랑곳하지 않게 되었다. 아내에게도 태연히 거친 말과 상스런 말을 쓰게 되었고 마침내는 그것이 발전하여 폭력까지 서슴지 않았다. 짐승들이 곧 나의 사나운 이 성격 변화에 영향을 입게 되었음은 두말할 나위도 없다. 나는 그들을 무시하는 것은 고사하고 갖은 학대로 그들을 괴롭혔다.

다만 프루우토우에게만은 그래도 아직 다소간 자제하는 마음이 남아 있었다고나 할까? 그것은 학대라고 할 정도의 것은 아니었다. 그럴 것이 집에 있는 다른 토끼나 원숭이나 개 따위는 설령 우연이라고 하건 나를 따르는 마음에서건 어쨌든 내 앞에 나타나기만 하면 인정사정 없이 골탕을 먹이며 그것을 즐기고 있었으니까. 그러나 나의 병, 정말 아아, 술처럼 무서운 병이 또 있을까?

병은 더욱 심하게 되고 이윽고 마침내는 그 프루우토우 - 그때는 이미 늙기 시작하고 있었고 따라서 얼마간 곰살궂은 면이 사라졌지만, 그 프루우토우 조차도 이따금 나의 괴팍스러움의 희생물이 되었다. 어느 날 밤, 역시 동리 술집에서 잔뜩 취해 가지고 돌아와 보니 지레 짐작인지 프루우토우가 내 눈을 피하는 것 같이 보였다. 나는 느닷없이 고양이를 잡았는데, 그 순간 폭력을 두려워했는지 내 손목에 희미하나마 이빨 자국을 남겼다.

순식간에 악마 같은 분노가 나를 들끓게 했다. 아무 것도 분간할 수가 없었다. 본래의 나의 넋은 순식간에 내 몸에서 사라지고 취기에 선동된 악마 같은 증오의 감정이 나의 온몸을 격렬하게 부채질했다. 조끼 포켓에서 펜나이프를 꺼내자 나는 고양이의 목덜미를 잡고 한쪽 눈알을 조심스레 후벼냈다. 말로 담기도 무서운 그 흉악함, 이제 그것을 표현하는 것조차도 나는 부끄럽고 떨리며 온몸이 달아오르는 것 같다.

이튿날 아침 - 전날 밤의 취기가 가서버린 맑은 정신에서 - 다시금 이성으로 돌아옴과 동시에 내가 저지른 죄의 두려움에 공포 반(半), 뉘우침 반(半)을 느꼈다. 하지만 결국 그것은 약하고 애매한 감정에 불과했으며 잠깐 뿐이었고 마음은 여전히 그대로였다. 나는 다시금 타락의 생활로 돌아갔으며 이윽고 그 끔찍한 사건의 기억도 술과 더불어 깨끗이 잊어 버렸다. 그러는 가운데 고양이의 상처는 차츰 회복되었다. 물론 도려낸 눈알은 보기에도 끔찍했지만, 이제는 상처의 아픔은 느끼지 않는 모양이었다.

이제까지와 마찬가지로 집안을 돌아다니는 것은 변함이 없었는데 다만 내가 다가서기라도 할 것 같으면, 당연한 노릇일 테지만 겁을 집어 먹고 줄행랑을 치는 것이었다. 내게도 다소는 옛날의 마음이 남아 있어, 전에는 그렇듯 나를 따르던 동물이 이제는 이렇듯 분명히 나를 싫어하는 것을 보고 처음에는 몹시 괴로웠다. 그러나 그런 감정은 이윽고 격렬한 초조로 바뀌고 마침내는 걷잡을 수 없는 나의 최후의 발악이기도 하듯이 될 대로 되라는 생각을 갖게 되었다.

  이 정신 변화에 대해서는 철학도 아직 아무런 설명을 주지 못한다. 그러나 사실에 거역하는 이 심정이야말로 인간의 마음에 가장 원시적인 충동의 하나이며 – 그것은 사람의 성격을 결정하는 단계를 넘어선 근원적인 능력 내지 감정의 하나임은 마치 나의 이 살아있는 넋의 분명함과도 같이, 이미 의심할 여지가 없는 사실이었다. 다만 해서는 안 된다는 그 이유만으로 사람은 그 얼마나 자주 나쁜 짓과 어리석은 행동을 저지르고 있는가!

  우리는 자칫 최고의 이성을 거슬러가면서까지 이른바 법(法)이라는 것을 어기려고 하는 경향이 있다. 게다가 그것은 어째서인가? 다만 그것이 법이라는 사실을 아는 까닭에 지나지 않는다. 그런데 바야흐로 그 사실에 거역하는 근원적 성질이 마침내 나를 멸망의 구렁텅이로 이끌게 한 것이다. 결국 이 죄 없는 동물을 여전히 괴롭힐 뿐만 아니라 마침내는 온갖 학대를 하게 만든 것은 실로 이 자기학대 – 말하자면 자신이 나의 본성을 모독하고 – 다만 악을 위해 악을 행하는 불가사의한 넋의 감정에 지나지 않았다.

  어느 날 아침 나는 아주 비정한 마음으로 이 고양이의 목을 잡아매어 나뭇가지에 매달았다. – 두 눈에는 눈물을 흘리며, 마음은 뼈아픈 뉘우침을 느끼면서……게다가 그것은 다만 그 고양이가 나를 사랑하고 있음을 알고 하등 학대할 이유를 주고 있지 않았다는 사실을 의식하는 까닭에 그렇게 한 것이다. 그것이 크나큰 죄(만일 그런 것이 있을 수 있다면) 나의 이 불멸의 넋마저 위태롭게 만들며, 이미 끝없는 신의 은총조차 미치지 않는 지옥의 밑바닥으로 떨어지는 그런 무서운 죄라는 것을 아는 까닭에 저지른 것이다.

　이 잔혹한 행위를 저지른 날 밤, 나는

"불이야!"

하는 소리에 놀라 잠에서 깨어났다. 침대의 커튼이 훨훨 타오르고 있었고 사방은 온통 불바다였다. 그래도 아내와 심부름꾼과 나는 가까스로 불 속에서 도망쳐 나왔다. 그것은 완전한 파멸이었다. 땅 위의 나의 전 재산은 모조리 잿더미로 화하였고, 그 뒤로 나는 절망 속에 빠져 버렸다. 이 화재와 그 잔인한 행위, 그렇다고 해서 두 사건 사이에 인과(因果)의 실오라기를 찾을 만큼 나는 어리석진 않다. 그러나 나는 다만 어떤 일련의 사실을 그대로 자세히 기록하고 싶을 따름이다 - 연달아 일어난 무서운 사건이라도 나로서는 상세하게 밝혀두고 싶다.

　불이 난 이튿날 나는 불탄 자리를 찾아가 보았다. 벽은 단 한군데만을 빼놓고는 모조리 무너져 내려 있었다. 그런데 예외지만 그것은 대략 집의 중앙, 마침 나의 침대 머리맡이었던 과히 두껍지도 않은 벽이었다. 이곳만은 석회가 불길에 강하게 저항한 모양이다 - 그것은 최근에 칠을 다시 했기 때문일 것이라고 나는 짐짓 생각했다. 벽 근처에는 숱한 군중들이 모여 있었고 특히 그 중 몇 사람은 그 어떤 곳을 연거푸 꼼꼼히 조사하고 있는 것 같았다.

"이상하다!"

"묘한데!"

하는 말이 문득 나의 호기심을 끌었다. 다가가 보니 이것이 웬일인가! 새하얀 벽면에 마치 얇은 살로 조각이라도 한 것처럼 커다란 고양이의 모양이 뚜렷이 새겨져 있는 것이 아닌가! 게다가 참으로 놀라운 것은 목둘레에는 분명히 올가미 자국마저 정확하게 박혀 있었다. 처음으로 이 환영 - 그렇게 밖에 표현할 수 없다. - 을 보았을 때의 나의 놀라움, 나의 공포, 그것은 끔찍한 공포, 바로 그것이었다. 하지만 겨우 침착하게 이것저것을 생각해 보고 난 뒤 나는 안정을 되찾았다.

곰곰이 생각해 보니 내가 고양이를 매달은 곳은 바로 집 곁의 뜰이었다. 불이야 하는 고함소리에 뜰은 군중들로 가득 찼을 것이다─그리고 아마도 그 군중 가운데 한 사람이 고양이의 올가미를 잘라내어 열린 창에서 나의 방으로 던져 넣은 것이 분명하다. 필경 나의 잠을 깨게 하려고 한 것일 테지만, 마침 다른 벽이 모두 무너져 내리는 순간, 나의 잔인한 행위의 희생을 막 칠한 석회 속에 밀어 넣었다.

그리고 그 석회가 우연히 불길의 화력과 시체에서 나오는 암모니아와 결합되어 그야말로 우연스럽게 이 고양이 상(像)을 만든 것이다. 이리하여 나는 어쨌든 이제 말한 기괴한 일에 설령 양심적으로는 만족할 순 없었지만 이성으로는 힘 안들이고 설명할 수 있었다. 그러나 그렇다고는 하지만 나의 상상에 준 심각한 인상에는 변함이 없었다. 몇 달 동안을 나는 이 환상을 떨쳐버릴 수가 없었다. 그리고 그 사이 나의 마음에는 다시 막연한 뉘우침 비슷한 감정(사실은 그렇지 않은데도)이 샘물 솟듯 솟아났다.

나는 마침내 그 고양이가 없어진 것을 안타깝게 생각하고는, 그 무렵 드나들고 있던 불길한 곳에서 새삼스럽게 이 고양이와 똑같은, 게다가 우정 털빛마저 닮은 놈을 구하기 시작한 것이다. 어느 날 밤 나는 얼큰히 취해 더럽기로 이름난 어느 굴속에서 노닥거리고 있었는데, 그 때 이 방에서 가구라고는 다만 그것뿐이라고 말할 만한 큰 술통위에 뭔가 검은 점이 올라앉아 있는 사실을 알았다.

술통 위 같으면 나는 아까부터 보고 있었다. 그랬으므로 그 때까지 눈에 띄지 않는 새로운 것이 뜻밖이었다. 나는 가까이 가서 손으로 만져 보았다. 검은 고양이었다. 무섭게 큰 마치 프루우토우와 똑같은 크기이고, 게다가 단 한 가지 점을 제외하고는 프루우토우와 똑같았다. 결국 프루우토우에게는 온 몸 어디에도 점이라고는 하나도 없었는데, 이 고양이는 가슴 전체에 걸쳐 윤곽이 뚜렷하지 않지만 흰 털의 얼룩점이 있었다.

손으로 만지자 고양이는 곧 일어나서 목을 길게 늘이면서 나의 손에 몸을 비벼대는 것이었다. 자기를 발견해 준 것이 여간 기쁜 게 아닌 모양이었다. 이거야말로 내가 찾고 있던 고양이구나 생각한 나는 주인에게 당장 사겠노라고 말했다. 그런데 주인은 그 고양이는 자기 것이 아니라며 전혀 모르며 본 일도 없다고 하는 것이었다. 나는 잠시 어루만져 주다가 얼마 후 집으로 돌아갈 채비를 했다. 그러자 고양이도 같이 따라오고 싶은 모양이었다.

따라오도록 내버려 두고 이따금 발을 멈추고는 몸을 굽혀 가볍게 두드려 주었다. 집에 닿자 곧 우리는 사귀게 되었고, 이내 아내의 마음에도 들게 되었다. 그런데 얼마간의 시간이 흐르자 나는 이 고양이가 몹시 싫어졌다. 예상했던 것과는 정반대인 셈이었는데, 그가 내게 애정을 나타내면 낼수록 ― 어째서 그런지 그 까닭은 지금도 알 수 없지만 ― 나는 못 견딜 정도로 싫어졌다. 게다가 이 혐오(嫌惡), 이 불쾌는 이윽고 차츰 심한 증오로 변해갔다.

나는 되도록 그를 피하려고 했다. 어떤 두려움과 게다가 전의 잔인한 소행에 관한 기억으로 섣불리 거친 행위를 저지르지도 못하게 한 것이었다. 사실 몇 주일 동안은 전혀 때리거나, 그 밖에 학대하는 일이 한 번도 없었거니와 그런 만큼 차츰 서서히 꼴조차 보기 싫게 되었고 그 보기 싫은 모습이 눈에 띄면 마치 전염병 환자의 숨결을 피하기라도 하듯이 나는 말없이 허둥지둥 도망치게 되었다.

그런데다가 나의 증오심을 한층 불타오르게 한 것은 집으로 데리고 온 이튿날 아침 문득 보니 그 놈이 프루우토우와 마찬가지로 한쪽 눈이 없다는 사실 때문이었다. 하지만 이 같은 사정이 아내에게는 오히려 더 한층 동정심을 느끼게 하는 모양이었다. 앞에서도 말했지만, 전에는 나의 특질이었고 소박하고 순결한 행복의 원천이었던 마음의 상냥함을 아내 역시 다분히 갖추고 있었던 것이다.

그런데 내가 싫어하면 할수록 고양이는 나에게 따라붙는 것이었다. 필경 독자 여러분은 쉽사리 이해할 수 없겠지만 고양이는 무서우리만큼 내가 가는 곳을 따라다녔다. 내가 앉으면 의자 밑에 웅크리거나 아니면 무릎 위에 뛰어올랐다. 생각만 해도 소름이 쫙쫙 끼치는 아양을 떨었다. 일어서서 걸으면 두 다리 사이에 엉켜들어 자칫하면 나는 쓰러질 뻔 하든가, 아니면 그 길고 날카로운 발톱을 나의 옷에 걸치고는 가슴까지 기어오르는 판이었다.

그런 때는 실상 단숨에 쳐 죽이고 싶어지는 마음이 굴뚝같았으나, 가까스로 그것을 참았다. 역시 지난날의 죄의 기억 때문이었는데, 하지만 더 큰 이유는 솔직히 말을 하면 - 무엇을 숨기랴 - 나는 그 고양이가 무서워서 견딜 수 없었던 것이다. 공포라고 해도 그것은 반드시 육체적인 위해(危害)에의 공포는 아니다. - 그렇다고 해서 달리 무어라고 말해야 할는지 그것은 나로서도 모른다. 게다가 그런 것을 고백하기도 창피하다. - 그렇다. 무거운 범죄로 독방에서 신음하는 현재의 상황에서 조차 이런 고백은 부끄러워 견딜 수 없는데 - 이 고양이에 대한 나의 공포와 전율은 나의 헛된 공상에 의해 더 한층 고조되고 있었다.

앞에서도 말했지만, 현재의 이 낯선 고양이와 전에 내가 죽인 고양이와의 눈에 띄는 유일한 다른 점이 있다면 그 흰 털의 얼룩점이었는데, 그것에 대해 아내는 벌써 수없이 내게 주의를 주고 있었다. 독자 여러분도 기억하고 있을 테지만 얼룩무늬란 제법 큰 것이었는데 처음에는 거의 이렇다 할 형태를 이루고 있지 않았다. 그런데 그것이 서서히 – 아니, 거의 눈에 띄지 않을 정도로 오랫동안 나 자신의 이성(理性)조차 대수롭지 않은 마음의 갈등이라고 굳이 부정을 되풀이하고 있었을 정도였는데 – 그것이 드디어 어떤 뚜렷한 윤곽을 잡기에 이른 것이다. 말하기조차 두려운 어떤 것의 형태였다. – 이렇게 되어 나는 이 괴물을 미워하고 두려워했으면, 아아, 만일 가능하다면 단숨에 때려잡고 싶었다.

그 무서운 – 기막힌 – 오오, 그 전율과 죄의 슬프고 무서운 형벌 – 고통과 죽음의 형벌 – 실로 그것은 교수대의 형태였던 것이다. 이제 나의 비참함은 보통 세상 사람들의 흔히 말하는 그런 비참함을 넘어선 참담함이었다. 한 마디로 나는 경멸의 마음으로 죽였을 터인, 이 짐승의 모양이 – 감히 조물주의 모양을 닮게 만들어진 인간인 이 내게 – 이렇게 견딜 수 없는 고뇌를 주다니!

아아, 나의 마음은 이미 밤도 낮도 평화의 기쁨도 없었다. 낮에는 한시도 내 곁을 떠나지 않았고 밤에는 밤대로 거의 한 시간마다 꿈속에서 이루 말할 수없는 무서운 가위에 짓눌려 눈을 떴다. 그래서 정신을 차리고 보면 그놈의 뜨거운 숨결이 내 얼굴에 뿜어지고 – 그 무서운 몸무게 – 그렇다, 나로서는 밀쳐낼 힘도 없는 악몽의 화신이 – 영원히 물러서지 않겠다는 듯이 나의 가슴에 파고들었다.

이런 고통의 압박 속에서 아직 나의 마음에 그나마 남아있던 선심(善心)도 견디다 못해 마침내 사라지고 말았다. 흉악한 생각, 보기 드물 정도의 어둡고 무서운 생각만이 내 마음속을 지배했다. 평소의 시무룩함은 더 한층 늘어나고 이제는 모든 사물, 모든 인간에 대한 관계가 증오로 발산됐다.

한편 이제는 다만 맹목적으로 나를 버리고 수없이 돌발하는 나의 미쳐 날뛰는 발작에 대해서 가엾게 언제나 말없이 참아준 최대의 피해자는 잔소리 한마디 하지 않는 나의 그 착한 아내였다. 어느 날 집 안 일로 그녀는 나를 따라 그 무렵 이미 찌들대로 찌든 가난한 우리 집 낡은 건물의 지하실로 내려갔다. 고양이도 우리 뒤를 따라 가파른 계단을 내려왔는데, 나는 어쩌다가 그에게 다리를 감겨 하마터면 거꾸로 떨어질 뻔했으며, 그렇게 되자 나는 흥분을 참지 못했다.

도끼를 들어 올리자 홧김에 이제까지는 꼭 참아왔던 어린애 같은 공포도 순식간에 잊고는 고양이를 향해 내리친 것이다. 물론 뜻대로만 되었더라면 상대방은 단숨에 죽었을 것이다. 그러나 그 손은 아내의 손에 의해 저지되었다. 방해가 끼어들자 나의 분노는 마치 악마처럼 불타올랐다. 아내의 손을 뿌리치자 느닷없이 아내의 머리통 깊숙이 일격을 가한 것이다. 아내는 신음소리 하나 없이 그 자리에서 죽었다.

이 무서운 살인이 끝나자 이번에는 즉각, 게다가 용의주도하게 나는 시체의 은닉에 착수했다. 낮이건 밤이건 집 밖으로 시체를 끌어내리려 하면 이웃의 눈에 뜨일 것은 분명하다. 여러 가지 계획이 머리에 떠올랐다. 시체를 잘라 불에 태워 버릴까도 생각했다. 또한 지하실 바닥을 파서 매장(埋葬)하려고도 했다. 아니면 안[內] 뜰에 있는 우물 속에 던져 넣는 것 ― 그렇지 않으면 보통 상품처럼 상자에 넣어 운반해 내려고도 했다.

그러나 결국 나는 그런 것보다도 훨씬 명안(名案)으로 생각되는 어떤 기막힌 방법을 생각해 냈다. 지하실 벽에 넣어 버리는 것이다. ― 흔히 중세의 승려들이 그 희생물을 그렇게 했다고 책에 적혀 있듯이, 그렇게 맘을 먹고 나니 그 지하실은 참으로 안성맞춤이었다. 벽은 몹시 들쑥날쑥해 있고 게다가 근래 칠을 다시 한 것 같으며, 그것이 공기의 심한 습도 때문에 아직 제대로 마르지 않은 것이다. 게다가 그 중의 한군데는 겉보기에 굴뚝인지 난로인지 모르는 것이 불쑥 나와 있는데, 그곳이 나중에 칠해져서 보기에는 벽의 다른 부분과 마찬가지로 보였다.

이곳이라면 벽돌을 손쉽게 들어내어 시체를 집어넣고, 그 누구도 의심을 품지 못하도록 원래대로 칠해 버릴 수가 있을 것이다. 여기까지는 나의 계산은 모든 것이 순조로웠다. 곧 기와를 들어내어 조심스럽게 시체를 벽에 기대놓고, 그대로의 자세로 막대기에 받쳐 놓고는 손쉽게 모든 것을 원래대로 만들었다.

그리고 시멘트와 모래와 머리카락을 입수하여 그야말로 세심한 주의를 기울여 먼저의 상태와 조금도 변함이 없는 석회를 섞어 가지고 그것으로 새로운 벽돌 위를 덮어 칠해 나갔다. 모든 것을 마무리한 뒤 만족해하며 벽면을 쳐다보았다. 벽면은 벽돌 하나 움직인 자취도 안 보였다. 바닥 위의 먼지며, 티끌 같은 것은 주의해서 소중히 주워 모았다. 나는 사방을 둘러보고 득의양양하여 생각했다.

"됐어. 적어도 헛수고는 아니었어."

그 다음 문제는 다름 아닌 이 불행의 원인이 된 그 고양이를 찾는 일이었다. 이번이야말로 죽여 버리겠다고 굳게 결심했기 때문이다. 만일 이 때 만났더라면, 그의 운명은 뻔한 것이었는데, 워낙 교활하고 영리한 짐승이라, 나의 격렬한 분노에 두려움을 느꼈음인지 모처럼 결심하고 있는 내 앞에 전혀 얼씬거리지 않았다. 그러나 한편 저주스러운 그놈의 모습이 안 보이게 된 것은 내 마음에 그 얼마나 행복한 안심을 가져왔는지 모른다.

어쨌든 그 날 밤은 모습을 나타내지 않았다 – 그런 까닭에 그 고양이가 우리 집에 온 후로 나는 비로소 적어도 하룻밤은 정신없이 포근히 잠을 잘 수가 있었다. 그렇다. 마음에는 살인의 무거운 짐을 짊어지고서도 그래도 잠을 잔 것이다. 이틀째와 사흘째도 그렇게 무사히 지나갔다. 하지만 고양이는 돌아오지 않았다. 나는 그제야 간신히 다시금 자유로운 인간으로 돌아갔다. 괴물은 놀라서 영원히 이 집에서 도망쳐 버린 것일 게다. 이제 두 번 다시 그 낯짝을 보는 일은 없을 것이다!

아! 나의 행복은 완전하다! 그 무서운 행위의 죄악감도 거의 나를 괴롭히지 않았다. 이삼일 동안 아내의 실종에 관한 문책을 당했지만, 힘들이지 않고 벗어날 수가 있었다. 가택 수색까지 했으나 – 물론 발견될 일이 없었다. 이제 장래의 행복은 틀림없는 것이라고 생각한 것이다. 살인이 있은 지 나흘째였다. 그이야말로 뜻밖에 경찰관들이 몰려들어서 새삼스럽게 엄중한 가택수색을 시작하는 것이었다. 그러나 은닉 장소의 안전에 대해서는 자신이 있었던 만큼 나는 태연스레 담당해 했다. 경관들은 수색에 입회하라는 것이었다.

구석구석을 빈틈없이 뒤졌다. 세 번째였는지, 네 번째였는지, 그들은 드디어 지하실로 내려갔다. 나는 근육 하나 움직이지 않았다. 나의 심장은 마치 무심히 잠을 자듯 조용히 뛰고 있었다. 나는 지하실의 끝에서 끝까지 걸어 보았다. 팔짱을 끼고 유유히 돌아다녔다. 경관도 이제는 만족하여 철수하려는 때였다. 나는 마음의 환희를 누를 수 없었다. 한 마디의 말이라도 좋으니 승리의 이 기쁨을, 또한 나의 무죄에 대한 그들의 심증(心證)을 다짐해 두기 위해 무언가 한 마디하고 싶었다.

"이것 보시오. 여러분!"

나는 일행이 계단을 올라가려고 할 때 드디어 말했다.

"혐의를 풀어 주셔서 고맙소. 건강을 빌겠소이다. 그리고 동시에 앞으로는 좀 더 예의라는 것을 갖춰줬으면 싶소. 그리고 얘기는 다르겠지만, 이 집 – 이놈은 참 잘 만들어진 집이오."(무언가 연거푸 지껄여 보고 싶은 격렬한 욕망에서 실은 무슨 말을 하고 있는지 나 자신 알 수 없었던 것이다.)

"정말 기막히게 잘 지은 집이오. 우선 이 벽을 말하자면 – 아니, 그만 가시렵니까. – 이 벽의 구조가 그야말로 기막히게 튼튼하단 말씀이야."

그리고는 나는 그야말로 제 정신이라고는 생각되지 않는 행위였거니와, 마침 손에 들고 있던 지팡이로 하필이면 그 아내의 시체가 들어 있는 벽돌 부근을 힘껏 친 것이다. 아아! 신이여. 이 나를 그 큰 악마의 이빨에서 지켜 주시라! 나의 지팡이의 반향이 사라지자마자 난데없이 무덤 속에서 대답하는 목소리가 있었던 것이다! 처음에는 어린아이의 흐느낌처럼 무언가 중얼중얼하는 울음소리가 순식간에 긴, 드높은, 뭐라고 표현할 수 없는 괴상한, 도저히 사람의 목소리로는 생각되지 않는 연속적인 비명이 되고, 울부짖음이 되어 마침내는 공포 반(半), 승리 반(半)의, 마치 지옥의 맨 밑바닥에서 고통에 시달리는 연옥의 비참한 신음과 그것에 미쳐 날뛰는 악마들의 개가(凱歌)가 더불어 솟아오르는 그런 통곡의 울음이 되었다.

그 때의 나의 놀라운 심정, 그 때 그 심정을 말로 표현한다는 것은 어리석은 일이다. 나는 실신하여 건너편 벽에 쓰러졌다. 한 순간은 경관들도 너무나 놀랍고 두려운 나머지 계단 위에 못 박혀 있었으나, 잠시 후 몇 사람의 우람스러운 팔이 벽을 부수고 있었다. 벽은 이내 허물어졌고 벌써 몹시 썩어 피가 엉겨 붙은 시체가 사람들의 눈앞에 서 있었다. 그리고 그 머리 꼭대기에는 그 교묘히 나를 충동하여 살인을 시키고 이제 또한 폭로자로서 나를 교수인(絞首人)의 손에 넘겨 준 그 악마의 고양이가 새빨간 입을 벌리고 불같은 애꾸눈을 반짝이면서 앉아

있었다. 나는 그 괴물을 무덤 속에 같이 넣어 버린 것이었다. [에드거 앨런 포우, <검은 고양이>]

┃ 생각해 봅시다 ┃

1. 에드거 앨런 포우(Edgar Allan Poe)의 <검은 고양이>에서 극단적인 결말이 가져다 준 교훈은 무엇이며, 주인공이 파멸로 치닫는 과정이 결국 검은 고양이의 복수인가, 아니면 우연인가, 또는 제3의 어떤 무엇인가. 각자 선택하고 주인공의 파멸과정을 얘기해 보자.

2. <검은 고양이>의 내용 구조를 중심으로, 전체 줄거리를 500자 내외로 쓰고 발표해 보자.

3. 삶 속에서 자신이 체험한 또는 주위에서 겪었던 병적 심리 상태나 양심의 가책, 공포, 우울, 무기력에 대한 감정을 사실대로 적어보자. 그리고 이러한 심리 상태에 대하여 어떻게 극복(평정 상태의 회복 내지는 대처) 또는 조언해야 하는지 생각해 보자.

5. 미래의 성(性)

오늘날 많은 사회학자들은 현재와 같은 가족의 모습이 미래에도 존속 가능할 것인지에 대해 매우 비관적이다. 어느 학자는 <사이언스>지에 이렇게 쓰고 있다. "퇴폐가 지금과 같이 가속도로 진행되면

석유가 고갈되기 전에 미국에서는 가족이 붕괴해 버릴 것이다." 분명히 학자가 아닌 일반인에게 있어서도 우려해야 할 많은 현상이 있다. 난교나 간통, 강간, 새로운 방법에 의한 산아제한이나 합법적인 중절, 가정 내의 폭력, 근친상간의 증가, 사생아의 증가, 동거하는 남녀의 비율, 밀실에서 행해지는 동성애, 프리섹스 집단, 온천지나 나이트클럽에서의 퇴폐, 높은 이혼율, 결손가정, 새로운 도덕관들의 출현 등등이 그것이다.

가족이라는 개념은 이제 파멸의 위기를 맞고 있는 것일까? 나는 그렇게 생각지 않는다. 왜냐하면 난교나 간통은 지금까지 조사된 모든 사회에 공통적으로 나타나고 있기 때문이다. 즉 우리들의 친 인류인 유인원과 마찬가지로 우리에게도 본래 그런 '소양'이 있기 때문은 아닐까? 강간 역시 우리들의 사촌쯤에 해당하는 오랑우탄을 비롯해서 많은 동물 종에게 일반적으로 나타나는 것으로 그것은 인간 사회에 있어서도 예외적인 것은 아닐 것이다.

즉 에스키모나 남아메리카 원주민 사이에서는 비교적 일반적으로 발견되고 있으며 또 브라질의 어느 종족은 몸가짐이 헤픈 여자를 벌하는 합법적인 수단으로 심지어 집단 강간을 하기도 한다. 중절이나 유아살해는 산아제한의 '원형'이지만 그것은 실제 수백 년 동안 전 세계 어느 사회에서나 합법적으로 행해져 왔다. 가정 내 폭력도 조사 연구된 모든 사회에서 볼 수 있는 보통의 일이다. 게다가 그 대부분은 섹스 때문에 일어난다. 즉 부시맨의 경우 가족 사이에 일어나는 언쟁의 절반 이상은 성적 질투가 그 원인이었다.

또한 오늘날 대단히 늘어난 것이지만 근친상간 역시 현대에 이르러 시작된 것은 아니다. 지그문트 프로이트는 1897년에 자신의 환자 대부분이 근친상간을 한 사실에 주목했고 수에토니우스(Suetonius)도 로

마제국이 쇠약해지기 시작했을 무렵 근친상간이 상류사회에 놀랄 정도로 만연해 있었다고 기록한다. 최근의 젊은이들은 결혼하기 전에 '동거'하는 일이 많은데 이것도 결코 새로운 일은 아니다. 동거는 수세기 동안 많은 사회에서 용인되고 장려되기조차 한 것이다. 동성애 역시 오늘날 뉴기니에서 네덜란드에 이르는 많은 사회에서 볼 수 있는 것과 마찬가지로 고대 그리스에서는 흔한 일이었다.

프리섹스의 사고방식도 결코 새로운 것은 아니다. 미국에서는 19세기에 이미 있었고 서유럽에서는 이미 18세기 초에 일반적인 것이 되어 있었다. 난행이나 배우자교환, 바람기, 간통, 강간, 중절, 근친상간, 동거, 동성애는 수백 만 년이라고는 말할 수 없어도 적어도 수천 년 동안 행해져 온 것이다. 그동안 그것들 중 어느 것도 가족의 존재를 위협하는 일은 없었다. 앞으로도 이러한 여러 가지의 섹스 형태가 우리 사회생활에 극적인 변화를 가져오는 일은 없을 것이다. 여자가 언제라도 성적으로 수용 가능한 존재인 한 - 우리들이 하나의 동물 종으로써 존재하는 한- 사람들은 여러 가지 형태의 섹스를 앞으로 계속 시도할 것이다.

그런데 '부부'라는 관계는 단순한 성적 현상 이상의 보다 복잡한 의미를 가지는 것이다. 그것은 하나의 계약이고 서로 의무와 책임을 가진 약속이다. 그리고 이 계약은 지금도 전 세계에서 계속되고 있다. 인도의 어느 지방에서는 한 명의 여자와 여러 명의 남자가 결혼하는 것이 이상적이며 회교 국가에서 남자는 여러 명의 여자와 결혼하는 것을 바라지만 대부분의 사회에서 결혼 상대는 보통 한 사람이다. 어쨌든 지구상 어디에서도 사람들은 지금까지 계속해서 결속을 맺고 있는 것이다.

일부일처제라는 관습은 아마 변화해 갈 것이다. 로빈 폭스는 "지금

이대로의 상태가 계속되면 어떤 형태로든 복수 혼이 이루어질 것이다. 현재 이미 일부일처제는 그 기능을 상실했다."고 말하는데 사실 이런 변화는 이미 시작되었다. 즉 오늘날 대부분의 서구인들의 경우 전체적으로 보면 일부일처제는 없어졌다. 처음에는 한 사람의 상대와 관계를 맺어도 이윽고 그 관계를 끊고 다른 상대와 관계를 맺게 된다. 즉 '차례차례로 이어지는 일부일처제'가 된 것이다. 이것은 다른 사회에서도 볼 수 있는 일이다. 이혼 역시 모든 사회에서 허락되고 있는데 이혼한 후에는 거의가 다른 상대와 다시 관계를 맺고 있다.

부부관계를 위협하는 것으로써 자주 지적되는 것은 결손가정의 증가다. 이 현상은 남자든 여자든 혼자서 아이를 양육하는 것이 경제적으로 가능한 서구의 도시에서 흔히 볼 수 있다. 침팬지나 고릴라나 오랑우탄은 암컷 혼자서 새끼를 기르는데 분명히 인간의 경우도 가능한 조건이 갖추어진다면 여성은 혼자서 아이를 기를 것이다. '부부관계는 이제 아이의 생존이라는 점에 있어서는 필요하지 않게 되었다.'고 말할 수 있다. 그러나 우리가 우리의 친 인류인 유인원과 다른 점은 모자(母子)가정의 어머니도 예전에는 부부관계를 맺어서 아이를 낳고 아이가 어릴 때는 그 상대와 살았지만 마침내 더욱 마음에 드는 상대를 찾아서 최초의 부부관계를 깨뜨려 버렸다는 점이다. 게다가 미국의 결손가정 중 13퍼센트가 부자(父子)가정이라는 것은 다른 영장류에서는 볼 수 없는 기묘한 현상이다.

짝이 된다는 사실은 인간의 마음 깊은 곳에 새겨져 있는 것이다. 10대의 젊은이는 자연스럽게 결합에 대한 경험을 하고 전 세계의 젊은 부부들은 열심히 부부관계를 유지하고 아이를 기른다. 짝을 짓는다는 충동이 너무나 강해서 아이를 낳으려는 의지가 없어도 짝을 지으며 동성연애자 역시 때때로 동성애 상대와 짝을 짓는다. 동거하는 두 사람도 짝을 짓는다. 아이를 만들 시기가 한참 지난 나이의 남녀도 짝을 짓는다. 흥미롭게도 이러한 남녀의 부부관계는 깨지기 어렵다. 10대에 맺어진 부부관계는 그 의지가 사라져 버린 훨씬 뒤에 성인이 되어서도 계속되는 일이 많다. 기혼자는 보통 상대에게 흥미를 잃어도 몇 년 동안은 부부관계를 지속한다. 이혼한 부부도 이혼 후에 종종 옛날처럼 논쟁하기도 하며 서로 완전한 친구 관계를 맺는 사람들도 있다.

'짝짓기' 행동은 인간이 선조에게서 물려받은 다른 여러 가지의 생득적인 행동 유형과 매우 비슷하다. 우리들은 나무 위의 생활을 통해서 떨어진다는 공포감을 몸에 지니게 되었고 지금도 고소공포증에 시달리고 있다. 또 폐쇄된 장소에 있으면 공포를 느끼는 사람도 있고 대부분의 아이는 암흑이나 사람이 많은 곳을 두려워한다. 지금도 우리들은 나무 위 생활의 흔적으로 배설물을 아래로 떨어뜨리고 유인원이 그렇듯이 악수하고 어깨를 가볍게 두드리고 키스하고 서로 포옹한다.

여러 가지 몸짓이나 자세, 표정으로 자신의 기분을 상대에게 알린다. 지금도 즐거움을 추구하고 낮잠을 잔다. 친구의 옷깃에 붙은 실밥을 발견하면 털을 만져주기라도 하듯이 손가락 끝으로 잡아서 떼어내 준다. 서로 간질이거나 서로 쫓기도 한다. 흉내도 잘 낸다. 한 사람이 울거나 웃거나 음식을 빨리 먹거나 하면 그 주위 사람도 따라 한다.

모든 모임에는 그것이 큰 회의든 작은 회합이든 사회적 서열이 존재한다. 이런 모든 행동 형태는 우리들의 선조인 영장류로부터 받은 유산의 일부이며 그것이 바뀔 징조는 전혀 없다. 영장류에게 공통적인 이런 행태 위에서 인간은 '짝짓는 일'을 발전시키는 동시에 그런 결속을 유지시키는 모든 근본적인 인간 감정을 발전시켰다. 우리가 가지고 있는 공포감이나 여러 가지의 습성과 마찬가지로 이 감정이 사라지는 일은 없을 것이다.

지금도 우리들은 애교 웃음을 짓는다. 부부관계의 초기에는 상대에게 열중하고 부부관계가 지속되고 있는 동안은 상대에게 성실하려고 정성을 기울인다. 그리고 부부관계가 깨지면 슬픔을 느낀다. 난교나 질투 상대에게 버림받았을 때 일어나는 복수심 때문에 죄책감을 갖는다. 지금도 남자들은 아내가 다른 남자와 정을 통하지 않을까 주의하고 여자들은 남편에게 버림받지 않을까 고심한다.

현대의 고도 산업사회에서 이러한 감정은 전혀 필요가 없는 것이며 사실상 부부관계 자체조차 필요하지 않다. 그럼에도 불구하고 우리들은 그것을 버리려고 하지 않는다. 결속을 맺는다는 것은 극히 인간적인 일이다. 그것은 성의 계약과 함께 아득히 먼 옛날에 시작되었다. 그 계약의 내용은 시대와 함께 변화해 가겠지만 계약을 맺는다고 하는 본능마저 사라지는 일은 결코 없을 것이다. [헬렌 피셔 著作・박매영 譯, <미래의 성>]

▎생각해 봅시다 ▎

1. 위 글의 저자는 많은 사회학자들이 사회 윤리의 퇴폐에 따른 가족의 붕괴를 우려하는 데 대해 인류문화사적 근거를 제시하며 반론을 제기하고 있다. 이 주장에 대한 자신의 찬반 처지를 밝히고 그 근거를 토론해 보자.

2. 현재 우리 사회에서 결혼이 가지는 계약적 의미(부부간의 여러 의무와 책임)를 생각해 볼 때, 과거 전(前) 세대와 어떤 변화를 보이고 있는지 그 순기능과 역기능을 논의해 보자.

3. 현재 우리 사회의 부권 중심적 호적제도와 이에 반발한 여성계의 여성 호주제 인정과 관련해 자신의 처지를 정리하고, 그 근거를 논의해 보자.

4. 서로가 좋으면 계약 동거나 성관계도 결혼에 관계없이 할 수 있다는 요즘 젊은 층의 적극적이고 개방적인 성문화와 관련하여, 남녀의 순결성과 사랑 그리고 결혼은 꼭 필요한 것인가에 대해 각자의 견해를 나누어 보자.

제5부.
근대 계몽기 논설자료 텍스트

01. 『독립신문』, 죠션 셔울 건양 원년 오월 칠일, 논셜

　스람이란 거슨 학문이 업슬소록 허혼거슬 밋고 리치 업눈 일을 브라 눈 거시라 그런 고로 무당과 판슈와 션앙당과 풍슈와 즁과 각식 이런 무리들이 빅셩을 쇽이고 돈을 쌔시며 무음이 약혼 녀인네와 허혼거슬 밋눈 사나희들을 아혹히 유인호야 직물을 부리고 악귀를 위호게 호니 그거슨 다름이 아니라 사름들이 몰나셔 이러케 쇽는거시오 이사름들 이 몰나셔 놈을 쇽이눈 거시니 엇지 가이 업지 안호리요 귀신이라 호 눈거슨 당쵸에 업눈 물건이어눌 귀신이 잇눈 줄노 알고 무음을 먹은즉 귀신이 싱기눈디 그 귀신은 무엇신고 호니 그 사름 무음 쇽에 잇눈 귀 신이라 그 귀신의 일홈은 악귀니 형용도 업눈거시요 그 귀신의 직무눈 사름의 무음을 어둡게 호고 업눈 물건이 잇눈쳬 호눈 거시니 이런 무 음이 싱기눈 거슨 그 사름이 귀신이 잇거니 싱각호고 두려워 호눈 무 음이 잇눈 고로 실샹 귀신은 업지마눈 그 사름 무음 가온대 그런 무음 이 곳 그 사름의게눈 악귀가 되눈거시라 그런즉 무당과 판슈와 다른 요수시런 거슬 밋눈 사름들이 즈긔 무음 쇽에 즈긔 무음으로 그 악귀를 ᄆᆞᆫ드러 가지고 얼마 후에 그 악귀의 죵이되야 늡드려 주긔 ᄆᆞᄋᆞᆷ 속에 잇ᄂᆞᆫ 악귀를 밋고 두려워ᄒᆞ라 혹즉 그 사ᄅᆞᆷ 역시 ᄎᆞᄎᆞ 그 악귀를 ᄆᆞᄋᆞᆷ 속에 쟉만 ᄒᆞ야 얼마 아니 되여 그 악귀의 죵이 ᄯᅩ 되니 히마다 이러케 죵 되ᄂᆞᆫ 사ᄅᆞᆷ이 죠선에 몃 쳔명이라 악귀의 죵이되거드면 히ᄂᆞᆫ 무엇신고 ᄒᆞ니 쳣ᄌᆡ ᄆᆞᄋᆞᆷ이 악ᄒᆞ여지니 정직ᄒᆞ고 올흔 일을 결단ᄒᆞ기 어렵고 둘ᄌᆡᄂᆞᆫ 악귀를 디졉 ᄒᆞ량으로 ᄌᆡ물을 만히 ᄇᆞ리니 그 ᄌᆡ물을 가지고 가난ᄒᆞᆫ 사ᄅᆞᆷ을 구졔 ᄒᆞ다든지 병원을 지여 병든 ᄉᆞ람을 치료 ᄒᆞ다든지 학교를 지여 사ᄅᆞᆷ을 교휵 ᄒᆞ다든지 그러치 안ᄒᆞ면 그 ᄌᆡ물을 가지고 쟝ᄉᆞ를 ᄒᆞ야 국즁에 돈이 만히 드러 오게 ᄒᆞ다든지 졔죠쇼를 비셜ᄒᆞ야 각식 물건을 죠션셔 ᄆᆞᆫ들던지 묵은 ᄯᅡ흘 기쳑ᄒᆞ야 곡식과 슬과를 기른다든지 길을 닷가 인마가 통노 ᄒᆞ기가 편리ᄒᆞ고 사ᄂᆞᆫ 동리가 졍ᄒᆞ야 ᄇᆡᆨ셩이 병이 안 나게 ᄒᆞᄂᆞᆫ거시 맛당ᄒᆞᆫ 일이어 늘 주긔가 주긔 ᄆᆞᄋᆞᆷ 속에 악귀를 ᄆᆞᆫ드러 가지고 그거슬 인연ᄒᆞ야 업ᄂᆞᆫ 병을 공연이 ᄆᆞᆫ들고 업ᄂᆞᆫ 두려옴을 공연이 ᄆᆞᆫ들며 업ᄂᆞᆫ 독가비를 잇ᄂᆞᆫ것 ᄀᆞᆺ치 아ᄂᆞᆫ 고로 춤 독가비가 잇ᄂᆞᆫ걸노 싱각ᄒᆞ고 사ᄅᆞᆷ이 나무나 돌이나 쇠나 그런 걸노 귀신이라고 ᄆᆞᆫ드러노코 돈을 드리며 몸을 나추워 졀을 ᄒᆞ며 두려워 ᄒᆞ니 만일 귀신이 춤 잇슬것 ᄀᆞᆺᄒᆞ면 엇지 사ᄅᆞᆷ이 아모 물건으로나 ᄆᆞᆫ드럿다고 귀신이 될 묘리가 잇스며 ᄯᅩ 사ᄅᆞᆷ이 능히 귀신이나 부쳐를 ᄆᆞᆫ드러 춤 귀신이나 부쳐가 될터이면 그 귀신이나 그 부쳐ᄂᆞᆫ 곳 사ᄅᆞᆷ만 못ᄒᆞᆫ 물건이라 물건은 무엇시던지 사ᄅᆞᆷ만 못ᄒᆞᆫ 식ᄃᆞᆰ에 언졔든지 물건이 사ᄅᆞᆷ 담에 보ᄂᆞᆫ거시라 만일 사ᄅᆞᆷ이 귀신을 ᄆᆞᆫ들것 ᄀᆞᆺᄒᆞ면 그 ᄆᆞᆫ든 사ᄅᆞᆷ이 엇지 그 ᄆᆞᆫ든 물건 보다 더 놉지 안ᄒᆞ리요 우리가 ᄇᆞ라건ᄃᆡ 죠션 인민도 ᄎᆞᄎᆞ이 허무ᄒᆞ고 요ᄉᆞᄒᆞᆫ 무당과 판슈와 즁과 풍슈들을 밋지 말고 리치 잇ᄂᆞᆫ 정직ᄒᆞᆫ ᄆᆞᄋᆞᆷ이 싱겨 올코 춤 착ᄒᆞ고 의 잇고 신 잇고 회셩 잇ᄂᆞᆫ 일을 실샹으로 힝ᄒᆞ면 다만 ᄌᆞ긔의게만 유죠 홀ᄲᅮᆫ 아니라 젼국에 큰 리가 잇스리라 우리가 무당과 판슈와 즁과 풍슈를 지금 ᄎᆡᆨ망 ᄒᆞᄂᆞᆫ거시 아니라 모로ᄂᆞᆫ 고로 이런 일을 ᄒᆞ야 싱이 ᄒᆞ랴ᄂᆞᆫ 쥬의니 만일 이거시 허무ᄒ고 인민의게 유익지 안 홀줄 알면 이사름들도 이런 일을 밋지 안홀터이요 ᄌ긔들이 밋지 안 ᄒ면 다른 사름을 쇽이지 아니 홀듯 ᄒ노라 산리라 ᄒᄂ거슨 더구나 허무ᄒ 일인고로 길계 말 아니ᄒ나 구산ᄒᄂ ᄉᄃᆰ에 시비와 원망과 무리ᄒ 숑ᄉ가 만히 잇사니 산리란게 업ᄂ 줄만 알면 이런 폐단이 업슬 터이니 다만 우리가 오날 말 ᄒ기ᄂ 산리란거슨 쳥국 사름의 허ᄒ 싱각으로 ᄆᄃᆫ 일이니 이런거슬 밋을 지경이면 죠션도 청국 모양이 되리라 후일에 그 자셔ᄒ 리치와 외국 산쇼 쓰는 법을 말 ᄒ리라.

02.『독립신문』, 죠션 셔울 건양 원년 오월 십이일, 논셜

정부에셔 학교를 지여 인민을 교휵 ᄒᆞᄂᆞ거시 정부에 뎨일 쇼즁ᄒᆞᆫ 직무요 다른 일은 아즉 못ᄒᆞ드릭도 정부에셔 인민 교휵은 ᄒᆞ여야 홀거시라 나라히 지금은 이러케 약ᄒᆞ고 빅셩이 어두워 만스가 ᄂᆞᆷ의 나라만 못ᄒᆞ고 ᄂᆞᆷ의 나라에 업수히 넉임을 밧으나 죠션도 인민을 교휵만 ᄒᆞ면 외국과 ᄀᆞᆺ치 될지라 지금 쟝셩ᄒᆞᆫ 사ᄅᆞᆷ들을 무론 남녀ᄒᆞ고 교휵을 식히랴고 ᄒᆞ면 ᄆᆡ우 어렵거니와 자식들을 ᄂᆞᆷ의 나라 ᄋᆞ희들 ᄀᆞᆺ치 교휵을 식혀야 그 ᄋᆞ희들이 자라셔 ᄂᆞᆷ의 나라 사ᄅᆞᆷ ᄀᆞᆺ치 될 터이니 그 ᄯᅢ나 죠션도 ᄂᆞᆷ의 나라 ᄀᆞᆺ치 되기를 ᄇᆞ랄터이라 그러나 만일 ᄌᆞ식들을 교휵을 아니 식히면 그 ᄋᆞ희들이 쟝셩ᄒᆞᆫ 후에도 ᄌᆡ긔 아비나 혼아비 보다 더 지식 잇ᄂᆞᆫ 사ᄅᆞᆷ이 못 될터인즉 그러면 나라히 ᄌᆡ긔 아비나 혼아비 ᄯᅢ 보다 엇지 낫게 되리요 ᄌᆞ식을 ᄉᆞ랑 ᄒᆞᄂᆞᆫ 사ᄅᆞᆷ은 지금 브터 ᄌᆞ식을 교휵식히ᄂᆞᆫ거시 올코 만일 ᄌᆞ식이 학문이 잇ᄂᆞᆫ 사ᄅᆞᆷ이 되거드면 그 ᄌᆞ식이 다만 집만 보호 홀쑨 아니라 나라를 보호 홀터이요 그 사ᄅᆞᆷ들이 나라를 지금보다 낫게 ᄆᆞᆫ들터이니 실샹을 싱각ᄒᆞ면 ᄌᆞ식 교휵 ᄒᆞᄂᆞ거시 곳 나라를 위흠이라 혹 사ᄅᆞᆷ이 말ᄒᆞ기를 지금 나라히 말이 못 되얏ᄂᆞᆫ 듸 언제 그 ᄌᆞ식들이 학문을 빅화 가지고 나라 잘 되게 ᄒᆞ기를 ᄇᆞ라리요 ᄒᆞ나 농ᄉᆞ ᄒᆞᄂᆞᆫ 사ᄅᆞᆷ이 봄에 량식이 업다고 봄에 씨도 심으지 안코 밧도 갈지 아니 ᄒᆞ면 그 사ᄅᆞᆷ은 가을이 되야도 봄 보다 더 낫지 못 홀터이나 그러나 봄에 ᄂᆞᆷ의 집에 가셔 일을 ᄒᆞ면셔라도 그여히 씨를 싸에다 ᄲᅮ려두면 가을에ᄂᆞᆫ 츄슈를 홀터인즉 그 ᄯᅢᄂᆞᆫ 집에 먹을거시 잇셔 과동 ᄒᆞ지라도 걱정 업시 홀터이니 엇지 봄에다 비유 ᄒᆞ리요 지금 ᄌᆞ식들 교휵 ᄒᆞᄂᆞ거시 곳 봄에 씨 ᄲᅮ리ᄂᆞᆫ 거시니 츄슈 ᄒᆞ고 스푼 부모는 ᄌᆞ식을 교휵들 식히기를 봄에 씨 ᄲᅮ리ᄂᆞᆫ 줄노 싱각ᄒᆞ기를 ᄇᆞ라노라 정부에셔 학교 몃츨 지금 시쟉ᄒᆞ야 ᄋᆞ희들을 ᄀᆞᄅᆞ치나 계집 ᄋᆞ희 ᄀᆞᄅᆞ치ᄂᆞᆫ 학교ᄂᆞᆫ 업스니 정부에셔 빅셩의 ᄌᆞ식들을 교휵 홀 ᄯᅢ 엇지 남녀가 충등이 잇게 흐리요 계집 ᄋ희들은 죠션 ᄋ희가 아니며 죠션 인민의 ᄌ식 되기는 일반이어늘 오라비는 정부 학교에 가셔 공부ᄒᆞ는 권이 잇스되 불샹흔 계집 ᄋ희는 집에 가두워 노코 ᄀᆞᄅ치는 거슨 다만 사나희의게 종 노릇 흘 직무만 ᄀᆞᄅ치니 우리는 그 계집 ᄋ희들을 위ᄒᆞ야 분히 넉이노라 정부에서 사나희 ᄋ희들을 위ᄒᆞ야 학교 ᄒᆞ나를 짓거 드면 계집 ᄋ희들을 위히셔 ᄯᅩ ᄒᆞ나를 짓는거시 맛당흔 일이니 원컨디 정부에서 몬져 죠션 인민 싱각 ᄒᆞ기를 공평 이치만 가지고 ᄒᆞ고 남녀 노쇼 샹하빈부 분간 업시 흔 법륜노만 다스리기를 ᄇᆞ라노라 사나희 ᄋ희들은 자라면 관인과 학ᄉ와 샹고와 농민이 될터이요 계집 ᄋ희는 자라거드면 이 사름들의 안히가 될터이니 그 안히가 남편만콤 학문이 잇고 지식이 잇스면 집안 일이 잘 될터이요 ᄯᅩ 그 부인네들이 ᄌ식을 낫커드면 그 ᄌ식 기르는 법과 ᄀᆞᄅ치는 방칙을 알터이니 그 ᄌ식들이 츙실 흘터이요 학교에가기 전에 어미의 손에 교휵을 만히 밧을터이라 그런즉 녀인네 직무가 사나희 직무 보다 쇼즁ᄒᆞ기가 덜 ᄒᆞ지 아니 ᄒᆞ고 나라 후싱을 빅양 ᄒᆞ는 권이 모도 녀인네의게 잇슨즉 엇지 그 녀인네들을 사나희 보다 쳔디 ᄒᆞ며 교휵 ᄒᆞ는디도 등분이 잇게 ᄒᆞ리요.

03.『독립신문(1898.12.2)』, <상목지 문답>

엇던 친구의 글을 좌에 긔지ᄒ노라. 상목지란 사름이 어늬 신문을 보다가 손으로 칙상을 치며 크게 소리질너 글으ᄃᆡ 인졔는 우리 대한이 흥왕ᄒ리로다 이러ᄒ고야 흥왕치 아닐리치가 업스리라 ᄒ니 그 소리의 겻히셔 잠자던 사름이 놀나 씨여 물어글으ᄃᆡ 션싱이 무슴 연고로 뎌다지 길거워 ᄒ며 소리를 질으나뇨 ᄒ ᄃᆡ 상목지 글으ᄃᆡ 자네는 나의 말을 좀 들으라 지금 동셔양 졔국 졍형을 본즉 셔양 졔국은 무비 국부민강ᄒ고 동양 졔국은 무비 국빈민약ᄒ니 그럴 리치가 업슬 것이 사름이 셰상에 나올 째에 빈손으로 나오고 도라갈 째에 ᄯᅩ 빈손으로 가기는 뎐하 万국 사름이 필연 죠곰도 다르지 아니ᄒ 터이요 하늘도 우로지틱이 나라와 토디에 싱산지물을 먹기는 ᄯᅩ흔편하 万국이 쏙ᄀᆺ흘 터인ᄃᆡ 엇지ᄒ 연고로 셔양 졔국은 뎌다지 부강ᄒ고 동양 졔국은 이다지 빈약ᄒ고 이 곡졀을 알고져 ᄒ야 동셔양 셰계를 류람도 ᄒ엿고 동셔양 셔칙을 렬람흔즉 비로소 황연대각흔 귀졀이 잇나니 다름 아니라. 동양 ᄉ름의 심 셩졍이 셔양 사름의 심 셩졍에 대ᄒ여 반ᄃᆡ흔 죠건이 네 가지가 잇셔셔 금일 대한이 이쳐럼 빈약흔 경우를 당ᄒ엿더니 지금 뎌 신문지을 본즉 잡보 즁에 국가가 흥왕흘 죠증이 보이기로 불승 환희ᄒ여 ᄒ노라 그 사름이 글으ᄃᆡ 그 네 가지 반ᄃᆡ흔 심 셩졍은 무엇시뇨. 상목지 글으ᄃᆡ 사름이 셰상에 나온 후에 비호지 안코 자연히 졀노 ᄒ는 것은 닙을 버리고 먹는 것과 눈을 쓰고 보는 것과 잠자고 쏭 오줌 누는 것 ᄲᅮᆫ이요 그나마 쳔만 가지 일은 비호지 안코 졀노 되는 것은 ᄒ나도 업는지라. 셔양 사름들은 이런 리치를 씨다라 사름이 셰상에 낫다가 죽을 째ᄭᅡ지 비호고 글으치기로 뎨일 긴흔 일노 삼는 고로 뎌ᄀᆺ치 나라이 부강ᄒ엿는ᄃᆡ 우리 대한 사름은 여추ᄒ 뎨일 긴흔 일을 반ᄃᆡᄒ는 셩품이 네가지가 잇스니 자셰히 들으라. 법스를 알고져 ᄒ지 안는 셩품과 몰으고도 비호고져 ᄒ지 안는 셩품과 알면셔도 힝코져 ᄒ지 안는 셩품과 붓그러워 뭇고져 ᄒ지 안ᄂ 셩품이니 이 네 가지 셩품이 사ᄅᆷ의게 극히 ᄒ로온 줄을 ᄭᆡ다라 곳치지 못홈으로 오날늘 우리나라이 이ᄀᆞ치 빈약ᄒ게 되엿스되 오히려 곳치려ᄂ ᄆᆞ음을 두지 아니ᄒ니 엇지 가셕지 아니ᄒ리요. 슬프다 하늘이 사ᄅᆷ을 ᄂᆡ일 젹에 인의예지의 셩품을 주시기ᄂ 필련뎐하 万국이 다 갓홀 터인딕 무슴 미운 ᄆᆞ음이 동양에 잇셔셔 우리 대한 사ᄅᆷ은 인의예지 셩품 주신 외에 ᄯᅩ 이 네 가지 괴악ᄒᆫ 셩품을 더 주시와 셰상 만ᄉ를 알랴지 안키와 빈호랴지 안키와 힝ᄒ랴지 안키와 몰으고도 아ᄂ 체ᄒᄂ 셩품이 잇기로 오날늘 대한이 이 디경에 이르럿스니 엇지 원통치 아니ᄒᆞ랴. 이럼으로 ᄆᆡ양 탄식ᄒ던 차에 즉금 뎌 신문지를 본즉 황셩 북셔 찬양회에서 계쳔 경졀에 경츅ᄒᄂ 례식을 빈호랴고 독립협회에다 편지를 보내여 찬셩원을 구쳥[쳥구]ᄒ엿슨즉 그 부인네ᄂ 그 괴악ᄒᆫ 네 가지 셩품을 바라시고 몰으ᄂ 것을 빈호고져 ᄒ여 릉히 붓그러옴을 억계ᄒ고 남ᄌ의게 찬셩원을 쳥구ᄒ엿슨즉 그러ᄒᆫ 부인네가 ᄌ손을 빙양ᄒ시면 그ᄌ손 되난 사ᄅᆷ이 필경 그 괴악ᄒᆫ 네 가지 셩품이 업슬 터이니 그 네가지 셩품이 업셔지면 우리 대한도 응당 부강ᄒᆫ 나라이 되여 오늘 이ᄀᆞ치 남의게 슈모 당홈을 셜치홀 터이니 이럼으로 길거워 소ᄅᆡ가 졀노 나감을 ᄭᆡ닷지 못ᄒ엿노라 ᄒ더라.

04.『매일신문(1898.7.27)』, 론설

양쥬 따헤 흔 사름이 년젼브터 병이 드럿는디 그 병 증세가 엇더흔고 흐니 쳣지 원긔가 대탈흐고 젼신에 혈믹이 고로로 통치 못흐며 비위를 일어 음식을 잘 먹지 못흐고 간경이 부실흐고 회긔가 우흐로 써셔 눈이 어두우며 슈희가 부죡흐야 머리가 흔들니며 스지가 무력흐야 힝동을 잘못흐고 히소가 셩흐야 호흡이 쳔촉흔 즁 인후병이 나셔 말을 잘 못흐더니 근일은 밧그로 등창이 나고 빈에 종긔가 나며 목에 련쥬가 셩흐고 방광에 치질이 나셔 안과 밧그로 병이 이럿케 되야 누어 쏨싹을 못 흐는디 그 사름의 아들이 십여 형뎨라 그 즁에 십 형뎨는 학문도 업고 셩질이 우쥰흐야 져의 친환이 이러흐되 의약을 엇어 곳쳐 볼 싱각은 아니흐고 집안에 잇는 돈이나 날마다 가져다가 슐이나 먹고 노름이나 흐야 쥬스쳥루로만 도라다니며 져의 친환은 조곰도 근심치 아니 흐고 놈의일 보듯 흐는디 그나마 두 아들은 텬셩이 지효흐고 품힝이 단졍흔지라 그 부친의 병이 이러흐미 밤낫으로 의퇴를 그르지 아니흐고 우심쵸쵸흐야 날마다 의원을 보고 약을 지어 시탕을 흐는디 그 병든 사름이 여러히 병든디 지리흐야 심병이 더 나셔 그 두 아들의 졍셩껏 드리는 약을 먹기 슬타흐고 혹 꾸즈지며 혹 싸리기도 흐는지라 두 아들이 더욱 쵸민흐야 울며 간흐야 아모쏘록 약을 권흐며 긔이흔 약과 이샹흔 방문이 잇다 흐면 쳔 번 험흐고 만 번 위퇴흔 곳이라도 긔어히 차져가셔 구흐야다가 치료흐니 그 병인이 유시 혹 졍신이 나면 감동흐야 약도 더러 먹으며 밧긔로 고약도 더러 붓쳐 지금은 추추 좀 나하간다 흐니 이거슬 보거드면 주식이 여럿이라고 다 효홀 것을 밋을 수도 업고 다만 흔 두주식이라도 부형의 병도 낫게 흐며 집안도 능히 지팅흐야 가는지라 만일 그 두 아들이 업셧드면 그 부형도 필경 사지 못흐고 그 후에 그 십형뎨 숌시에 집이 다 망홀 터이니 엇지 불샹흐고 이듥지 아니흐리오 이후로 그 십형뎨도 쏘흔 긔과쳔션흐야 추추 량션

흔 사름이 되어가기를 바란다고 그 동리 사는 사름이 말ᄒ기로 대강 긔록ᄒ야 셰샹에 불효부뎨ᄒ고 외도로만 향ᄒᄂ 사름의게 젼ᄒ노니 아모쪼록 내 집 일을 ᄂᆷ의 일노 아시지 마오.

05. 『매일신문(1898.7.29)』, 론셜

신진학이라 ᄒᆞᄂᆞ 사름은 본ᄃᆡ 미쳔흔 사름인ᄃᆡ 텬품이 총민ᄒᆞ고 긔우가 헌앙ᄒᆞ며 ᄆᆡᄉᆞ에 부지런ᄒᆞ고 학문샹에 대단히 유지ᄒᆞ야 놉흔 션ᄉᆡᆼ이 잇다 ᄒᆞ면 불원쳔리ᄒᆞ고 차자가셔 뭇고 비호며 됴흔 셔칙을 보면 즁가를 앗기지 아니ᄒᆞ고 주고사셔 닐그며 ᄯᅩ 손지됴가 잇셔 무ᄉᆞᆷ 물건이던지 ᄆᆞᆫ들면 다 졍교ᄒᆞ고 력력이 과인ᄒᆞ야 두 팔에 쳔근지력이 잇고 가산이 유여ᄒᆞ야 량젼 슈만 경이 잇ᄂᆞᆫ지라 고ᄃᆡ광실에 금의와 육식으로 셰월을 보내ᄂᆞᆫᄃᆡ 그 친구 ᄒᆞ나이 잇스니 셩명은 구완식이라 본ᄃᆡ 명문 거죡인ᄃᆡ 추추 침쳬ᄒᆞ야 이 사름에 니르러ᄂᆞᆫ 일 초시도 못 엇어ᄒᆞ고 가셰가 빈흔ᄒᆞ야 노복이 다 다라나고 말이 못 되엿ᄂᆞᆫᄃᆡ 그 사름 되음이 의졋ᄒᆞ고 졈잔ᄒᆞ며 례법을 숭상ᄒᆞ고 고집이 대단ᄒᆞ야 이쳐로 곤궁ᄒᆞ야도 조곰도 변통샹이 업ᄂᆞᆫ지라 신진학으로 더브러 피ᄎᆞ에 셩미ᄂᆞᆫ 조곰도 맛지 아니ᄒᆞ나 ᄋᆞ희 ᄶᆡ브터 죽마고우라 그러흔 고로 유시호 신씨가 구씨를 심방ᄒᆞ되 구씨ᄂᆞᆫ 흔 번 가셔 찻지도 아니ᄒᆞ고 희샤ᄒᆞᄂᆞᆫ 법도 업ᄂᆞᆫ지라 그러ᄒᆞ나 신씨ᄂᆞᆫ 조곰도 긔의치 아니ᄒᆞ고 은근히 고죠도 만히ᄒᆞ야 지내더니 일일은 쟝마가 져셔 여러 늘 만에 ᄀᆡ엿ᄂᆞᆫ지라 신씨가 구씨의 집에 차자가니 집 대문짝은 쟝부가 썩어 잣바지고 울타리ᄂᆞᆫ 삭어셔 문허지고 부엌에ᄂᆞᆫ ᄀᆡ고리가 희산을 ᄒᆞ고 방안에셔 하늘이 보히ᄂᆞᆫᄃᆡ 그러ᄒᆞ야도 구씨ᄂᆞᆫ 건너방 아렛목에 초방셕을 ᄭᆞᆯ고 관 쓰고 창옷 닙고 도도 ᄭᅮ러안져 례긔를 랑독ᄒᆞ다가 신씨를 보고 니러 마져 한헌를[을] 맛친 후에 신씨가 말ᄒᆞ되 그ᄃᆡ가 지금 이 쳐디에 안져셔 례긔만 닉지 말고 ᄉᆞ물샹에 유의를 ᄒᆞ야 좀 나셔셔 널리 놀고 비호면 그ᄃᆡ 품질에 얼마 아니되야 ᄉᆞ업도 능히 홀 것이오 ᄒᆞ다 못 ᄒᆞ면 무ᄉᆞᆷ 츄리라도 ᄒᆞ야 집안을 좀 도라보지 글만 닐그면 무ᄉᆞᆷ 도리가 잇ᄂᆞ뇨 흔ᄃᆡ 구씨가 졍식ᄒᆞ고 ᄃᆡ답ᄒᆞ되 ᄃᆡ 말ᄉᆞᆷ이 무ᄉᆞᆷ 말ᄉᆞᆷ인지 알 수가 업고 량반의 ᄌᆞ식이 아모리 죽게 되엿기로 쟝ᄉᆞ란 말이 무ᄉᆞᆷ 말이며 슈업이라도 다 조슈ᄒᆞᄂᆞᆫ되셔 되ᄂᆞᆫ 것이지 널니 노ᄂᆞᆫ 사람이라고 다 슈업을 홀 리가 업ᄂᆞᆫ지라 나ᄂᆞᆫ 다만 글 ᄒᆞ나만 알지 다른 것은 모로ᄂᆞᆫ 터이니 그러ᄒᆞᆫ 말은 내 압헤셔 다시 말나 ᄒᆞ고 로긔가 등등ᄒᆞ야 다시 칙을 향ᄒᆞ야 고셩랑독ᄒᆞᄂᆞᆫ지라 신씨가 긔가 막혀 아모 말도 아니ᄒᆞ고 이러셔 도라와 다시ᄂᆞᆫ 구씨를 아니 찻고 ᄒᆡᆼ샹 사람을 딕ᄒᆞ야 말ᄒᆞ기를 썩은 나무ᄂᆞᆫ 삭일 수가 업다고 ᄒᆞ더라.

06. 『매일신문(1898.11.9)』, 론셜

남산 아릭 어느 친구를 차자갓더니 그 친구가 만면 슈식으로 츄연히 장탄ᄒ며 쵸당 압헤 세 와람이나 되는 나무 ᄒ나를 가라쳐 말ᄒ기를 져 나무는 우리 션죠의 손으로 심으신 나무라 지엽도 무셩ᄒ고 지목도 건장ᄒ야 화죠월셕에 경치을 도도으며 륙동셜한에 봄빗이 의구ᄒ니 쵸당 안식이 져 나무로 말믜암아 빅층이나 더 ᄒ더니 수빅 년 젼에 우리 가셰가 젹픽ᄒ야 져 나무를 어느 셰가에 뎐당으로 잡힌 후에 져 나무에 여는 실과를 삼분 일식 그 집으로 보내니 나무는 내 손으로 빅양ᄒ나 져 나무 쥬인을 물을진딕 북촌 아모 집이라 뎐당을 잡히기도 ᄉ셰 부득이ᄒ 일이어니와 우리 션죠의 심으시던 슈틱이며 빅양ᄒ시던 근렴을 싱각ᄒ면 ᄌ손이 되는 마음에 황숑ᄒ며 쳐창도 ᄒ거니와 외인의게 슈모가 젹지 안이ᄒ지라 항샹 억울ᄒ 마음이 흉격에 막히엿더니 불쵸손 나의게 당ᄒ야 다힝히 어느 친구의게 힘을 빌며 내 ᄒ인들도 각히 츌력ᄒ야 뎐당 잡히엿던 져 나무를 도로 차잣ᄉᄌ 션죠의게 득죄ᄒ 일도 쇽신이 되엿고 외인의 슈모 되는 것도 젹이 면ᄒ엿거니와 차자 놋코 ᄌ셰히 본즉 샋리가 들치이고 좀이 먹어 나무가 거의 젼도홀 디경이 되엿스니 션죠의 심으시던 마음이 오날날 허경이라 싱각ᄒ면 통곡류쳬ᄒ는 즁 져 무지ᄒ 쵸동 목슈들이 나무만 걱구러지면 각히 졔 욕심을 치우랴고 나무겻헤 버려셧스니 그도 ᄯ호 가증ᄒ도다 엇지ᄒ면 죠흔 계칙으로 나무를 보젼ᄒ야 션죠의 죄인이 되지 안이ᄒ리오 쳥컨딕 나를 위ᄒ야 방냑을 가라치라 내 쵸당 쥬인의 말을 듯고 감챵ᄒ 마음을 익이지 못ᄒ야 유연이 남산을 보다가 쥬인을 딕ᄒ야 말ᄒ기를 깁히 걱졍홀 일이 안이라 어렵지 안이ᄒ 방칙이 잇스니 쳣지는 그딕의 집 어린 ᄋ희를 금ᄒ야 나무 샋리에 흙을 파지 못ᄒ게 ᄒ고 돌지는 ᄋ희를 명ᄒ야 나무샋리에 흙을 더 도도며 ᄯ 물을 기러주어 불식지공이 잇스면 나무샋리가 ᄌ연히 완고홀 것이오 샋리가 완고ᄒ면 지업이 번

화ᄒힹ야 나무가 죠잔ᄒힹ기ᄂᆞᆫ 고ᄉᆞᄒힹ고 무셩흔 모양이 젼보다 빅비나 더 ᄒힹ리라 쵸당 쥬인이 그 말을 올히 넉여 즉시 가동의게 분본ᄒힹ야 죵금 이후로ᄂᆞᆫ 져 나무ᄲᅮ리ᄂᆞᆫ 도모지 샹ᄒힹ지 못ᄒힹ게 ᄒힹ고 날마다 흙으로 붓 도드라 ᄒힹ며 ᄯᅩ 쵸동목슈를 불너 ᄭᅮ짓기를 너희가 져 나무 걱구러지기 를 기다릴 ᄲᅮᆫ 안이라 도로혀 우리 집안 몰지각흔 아희들을 달내여 져 나무 잡바지도록 흙도 파내여 ᄲᅮ리도 들치게 ᄒힹ며 혹 은연히 칼노 베히 기도 ᄒힹ니 너의 죄샹이 가히 엄즁홀 만ᄒힹ거니와 아즉 용서ᄒힹ노니 곳 물 너가라 ᄒힹ엿다 ᄒힹ니 쵸당 쥬인의 나무를 보호ᄒힹ려 ᄒힹᄂᆞᆫ 셩력이 도뎌홀 ᄲᅮᆫ 안이라 남의 긔유ᄒힹᄂᆞᆫ 말을 듯고 ᄭᅢ닷ᄂᆞᆫ 마음이 가샹ᄒힹ더라 우리 대 한 형편에 비교ᄒힹ야 보거드면 나무를 보호ᄒힹ랴ᄂᆞᆫ 마음이나 나라를 경 계ᄒힹ랴ᄂᆞᆫ 방침이 일호도 틀닐 것이 업기로 두 친구의 슈쟉ᄒힹ던 말을 대 강 등긔ᄒힹ노니 대한 졍형을 아ᄂᆞᆫ 군ᄌᆞ들은 셰 번 ᄉힹᆼ각들 ᄒힹ시오.

07. 『매일신문(1898.12.29)』, 론셜

　이젼에 무슈옹이라 ᄒᆞᄂᆞᆫ 사름 ᄒᆞ나히 잇ᄂᆞᆫᄃᆡ 가셰도 유여ᄒᆞ거니와 셩미가 쳥ᄒᆞᆫ 것을 됴화ᄒᆞ고 겸ᄒᆞ야 물고기 기르기를 즐겨ᄒᆞ야 마당에 연못 ᄒᆞᄂᆞ를 팔ᄉᆡ 쥬회가 세 이량은 되고 셕츅을 견고ᄒᆞ게 쌋코 깁기ᄂᆞᆫ 삼ᄉᆞ 쳑이나 되ᄂᆞᆫᄃᆡ 말근 싀암 물이 가득ᄒᆞᆫ 즁에 연꼿을 졍졍히 심으고 각죵 슈죡을 기를ᄉᆡ 삼ᄉᆞ 년이 지ᄂᆞᄆᆡ 물고기가 대단이 번셩ᄒᆞ야 푸른물과 불근 꼿 사이에 은인옥쳑이 부침 왕ᄅᆡᄒᆞ니 쥬나라 령쇼ᄂᆞᆫ 외람ᄒᆞ야 비길 슈 업거니와 쟈ᄋᆞ의 호샹관어ᄒᆞ던 락이 일노 두고 이름일너라 일일은 무슈옹이 ᄒᆞᆫ가이 지팡이를 잇글고 연못가에 이르러 고기 노ᄂᆞᆫ 것을 구경ᄒᆞᆯᄉᆡ 고인의 편지 젼ᄒᆞ든 삼십륙인 금싁이어와 돌을 안고 화ᄒᆞᆫ 졍령 셕슈어와 락셔 젓든 거복이며 보검 품은 치어로다 먹을 가져 호신ᄒᆞᄂᆞᆫ 오젹어며 유엽과 혼동ᄒᆞ야 분별업ᄂᆞᆫ 필어와 경각에 긔샹이 쳔번이나 변환ᄒᆞᄂᆞᆫ 금죠기와 편시에 풍랑을 징영ᄒᆞ게 ᄒᆞᄂᆞᆫ 경어러라 각싁어죡들이 만연ᄒᆞ고 유희ᄒᆞ니 무슈옹이 늣도록 셔셔 즐겨보며 도라올 쥴을 모로더니 이윽고 물밋흐로 적은 고기 두어 마리가 올나오ᄂᆞᆫᄃᆡ 몸은 비록 적으나 기리ᄂᆞᆫ 길고 비눌은 업고 슈염이 길고 등은 검고 빗ᄂᆞᆫ 불거 보기에 징그럽고 가징ᄒᆞ게 되엿ᄂᆞᆫᄃᆡ 닙으로 희감을 토하며 물밋히 진흙금 츙동ᄒᆞ야 이르혀 편시간에 온 연못물이 혼탁하야 어별을 분별ᄒᆞᆯ슈 업ᄂᆞᆫ지라 무슈옹이 악연실싁하야 감안이 싱각ᄒᆞ니 그 고기가 필경 츄어라 즉시 집안 사ᄅᆞᆷ을 명ᄒᆞ야 고기 건지ᄂᆞᆫ 그물을 가지고 못 속에 드러가 그 고기를 건져 업시 하랴 ᄒᆞᆫ즉 미그러워 그 물구멍으로 쌔지며 물밋 흙글 파고 드러가ᄆᆡ 죵ᄅᆡ 하나도 잡지 못하고 도로 나아왓스니 이쇽담에 일으기를 일어탁슈라 하ᄂᆞᆫ 말이 이를 보고 ᄒᆞᆫ 말인 듯하더라.

08. 『제국신문(1898.11.26)』, <어리셕은 사름들의 문답>, 론셜

무지옹이란 친구가 말ᄒᆞ기를 지금 셰샹이 이럿케 요란ᄒᆞ니 언졔나 간졍이 되며 이ᄉᆞ이 외국 사름이 틈을 엿보다가 무삼 흔단을 닉여 우리 나라에 큰 히가 업겟ᄂᆞ냐 ᄒᆞᄂᆞ지라 관셰즈라 ᄒᆞᄂᆞ 친구가 디답ᄒᆞ되 혹 그런 말도 잇슬 듯ᄒᆞ여 그러ᄒᆞ되 무삼 일이던지 크게 변ᄒᆞᄂᆞ 째에ᄂᆞ 셰샹이 요란치 안코ᄂᆞ 되ᄂᆞ 일이 업ᄂᆞ지라 그런 고로 젼에도 말ᄒᆞ 엿거니와 즁츄원 의관을 민회 즁으로 닌다 ᄒᆞᄂᆞ 거시 우수운 듯ᄒᆞ여 그러ᄒᆞ되 우리 동방 몃쳔 년에 쳐음으로 싱긴 일인즉 그럿케 큰 일이 엇지 순리로 되기를 바라리오 필경 고동이 된 연후에 되어야 쟝구ᄒᆞᆫ 법이오 ᄯᅩ 지금 ᄉᆞ셰를 술피건디 간셰지빈가 셔로 톄결ᄒᆞ야 나라 졍령을 어즈럽게 ᄒᆞ민 졍부 대신들이 그 직분을 닥지 못ᄒᆞ야 빅셩이 졍령을 밋지 아니ᄒᆞ고 탁지에 지물이 경갈ᄒᆞ여 쟝찻 빅관발록이며 군병방료를 씩에 주지 못ᄒᆞ게 되어간가 ᄒᆞ니 그리ᄒᆞ기를 마지 아니ᄒᆞ면 륙빅년 죵샤와 삼쳔리 강토를 보젼키 어려울지라 그런고로 불가불 한 번 변ᄒᆞᄂᆞ 긔틀이 싱겻ᄂᆞ디 민회에셔만 써들게드면 일이 순홀 ᄯᅡ름이오 크게 고동 되기가 어려온 고로 부샹이 일어나셔 민회를 반디ᄒᆞ여 셔로 ᄊᆞ와 우리나라 긔초를 굿건ᄒᆞ게 만드ᄂᆞ 긔계가 되엿스니 가위 하ᄂᆞᆯ이 지시ᄒᆞᄂᆞ 긔회로 아노라 ᄯᅩ 물어 왈 지금 민회와 부샹이 져럿게 강디ᄒᆞ야 셔로 익의랴 ᄒᆞᄂᆞ디 민회에셔ᄂᆞ 의지ᄒᆞᆫ 디가 업고 부샹은 착실이 보호ᄒᆞᄂᆞ 디가 잇슨즉 필경에 부샹이 익의고 민회가 질 ᄯᅳᆺᄒᆞ니 그럿케 되어되 나라의 긔초가 튼튼ᄒᆞ겟나냐 ᄒᆞᄂᆞ지라 디답ᄒᆞ기를 민회와 부샹의 승픽가 그럴 듯ᄒᆞ여 그러ᄒᆞ되 닉가 부샹이나 민회에 편심이 잇셔셔 그런 거시 아니라 듯고 보는 디로 말ᄒᆞ거니와 셰샹만ᄉᆞ가 화ᄒᆞᄂᆞ 것 밧게 더흔 일이 업ᄂᆞ지라 민회로 말 홀 지경이면 의지ᄒᆞᆫ 디ᄂᆞ 업스되 관민 간 남녀노소 업시 디예하쳔ᄉᆞ지라도 민회로 츄향ᄒᆞᄂᆞ 사름은 열에 아홉이오 부샹으로 쥬의ᄒᆞᄂᆞ 사름은 열에 흔 명이라 그 증거를 말ᄒ자면 민회에ᄂᆞᆫ 보조 아니 닉ᄂᆞᆫ 사ᄅᆞᆷ이 듬을고 각국 사ᄅᆞᆷ신지 보조 들을 ᄒᆞ엿슬 쓴더러 민회란 되ᄂᆞᆫ 의견 잇ᄂᆞᆫ 되로 말ᄒ고 시픈 되로 저 마다 ᄆᆞ음되로 권리를 찻ᄂᆞᆫ되니 경뉸 잇고 챵ᄌᆞ 잇ᄂᆞᆫ 쟈ᄂᆞᆫ 다 가볼 곳 이오 부상은 그렷치 못ᄒ야 아모리 의견이 넉넉ᄒ고 지조가 잇더릭도 두목의 지휘되로만 ᄒ고 본즉 자긔 권리를 차즐 슈도 업고 쏘ᄒᆞᆫ 쳐소 마다 항오가 잇셔셔 병뎡 모양으로 되어 가지고 젼잠안 친구들도 닉 쳐디만 못ᄒᆞᆫ 사ᄅᆞᆷ의게라도 두목의게ᄂᆞᆫ 쓸녀 다니ᄂᆞᆫ 되니 지각 잇고 챵 ᄌᆞ 잇ᄂᆞᆫ 사ᄅᆞᆷ들인들 두목 되기 젼에야 누가 가기를 질겨 ᄒ리오 쏘ᄒᆞᆫ 민회에셔ᄂᆞᆫ 수숫 리익이 업시 국사만 의론ᄒᆞᆫᄂᆞᆫ 되오 부상들은 당초붓 터 복셜되ᄂᆞᆫ 되 리를 취ᄒ야 모흔 되니 리를 론란ᄒᆞᄂᆞᆫ 자리에는 흔단 이 싱기기가 쉬운 법이오 또 경비로 말ᄒᆞᆯ 디라도 민회 사ᄅᆞᆷ의 보조라 던지 자긔 집마다 왕릭ᄒ며 먹고 쓰ᄂᆞᆫ 것슨 한뎡이 업ᄂᆞᆫ 거시어니와 부상들은 날마다 식가를 차하ᄒ지 안코ᄂᆞᆫ 할 수가 업슨즉 아모리 보아 주ᄂᆞᆫ 되가 잇더릭도 장구히 지물을 되기가 어려울 ᄯᅳᆺᄒᆞᆫ지라 만일 지졍 이 군식하게 드면 집으로 도라와셔 한거ᄒᆞᆫ 빅성이 되기를 원ᄒᆞᄂᆞᆫ 쟈 만흘 듯ᄒ고 셜혹 그러치 안고 날마다 수효가 만어지더릭도 쓸 곳을 닉가 싱각지 못ᄒᆞᆯ 거시 민회에셔 ᄊᆞ호자고 나갈 리가 업슬 듯ᄒ고 셩 닉로 말ᄒᆞᆯ 디경이면 병뎡 순검이 긔를 쓰고 막을터이니 ᄊᆞᄒᆞᆯ 슈도 업 슬 듯ᄒ도다 지금 형편된 법은 ᄒᆞᆫ 번 크게 ᄊᆞ온 후에 귀졍이 나야 될 쥴 노들 알지만은 우리 황샹폐하의 셩단으로 간셰지빅를 차차 몰어 닉치 시고 민회의 소원을 좃츠사 ᄎᆞᄎᆞ 실시ᄒᆞ옵시고 부상을 혁파ᄒ라 ᄒ시 며 닉부 관원과 디방관을 보닉여 물너가라고 효유ᄒ시며 부상 두목을 잡아셔 의률뎡빅ᄒ라 ᄒᆞ옵셧ᄂᆞᆫ되 그 사ᄅᆞᆷ들의 쥬의ᄂᆞᆫ 몰으거니와 잡 으러 간 사ᄅᆞᆷ을 구박ᄒ고 ᄒᆞᆯ며 길영슈 씨ᄂᆞᆫ ᄆᆞ음되로 궐닉에 츄립ᄒᆞᆫ 다 ᄒ니 아모리 밋ᄂᆞᆫ 되가 잇기로셔 결히 사ᄅᆞᆷ으로 ᄒ여금 보게 드면 물너 가라ᄂᆞᆫ되 물너 가지 앗ᄂᆞᆫ 거슨 용혹무괴어니와 아모리 밋ᄂᆞᆫ 되가 잇기로 잡으라신 칙령이 계신되 잡히지 앗ᄂᆞᆫ 거슨 차라리 피신을 ᄒ던지 셰력이 잇거든 잡으라신 칙령을 환수케 훌지언정 완연히 잇셔셔 잡히지 안는 거슨 우리 황상폐하에 셩덕을 논젹케 아니ᄒᆞᄂᆞᆫ 사ᄅᆞᆷ이니 가셕ᄒᆞ도다 그러고 본 즉 누가 부상이 올타 ᄒᆞ리오 젼국 인민과 각국 사ᄅᆞᆷ이 화합ᄒᆞᆫ 것과 부상에 실인심ᄒᆞᆫ 거슬 보게 드면 누가 익의고 누가 질 것슬 지각 업ᄂᆞᆫ 사ᄅᆞᆷ이라도 가히 알 거시오 외국으로 말ᄒᆞ더리도 우리 대한이 잘 되기를 바라ᄂᆞᆫ 나라ᄂᆞᆫ 만코 못 되기를 바라ᄂᆞᆫ 사ᄅᆞᆷ은 젹으니 무삼 렴녀ᄒᆞ리오 ᄒᆞ되 무지옹이 유유ᄒᆞ고 가더라.

09.『제국신문(1898.12.24)』, 론셜

일젼에 엇더흔 친구가 셔로 슈작ᄒᆞᄂᆞᆫ 말솜을 드른즉 가쟝 이샹ᄒᆞ기로 좌에 긔직ᄒᆞ노라. 흔 사름이 ᄀᆞᆯ으듸 우리 나라 사름은 평싱에 문견이 고루ᄒᆞ야 아모 일이던지 홀 수 업ᄂᆞ니 녯 글에 니른 바 우물 밋헤 기골이라 ᄒᆞᆼ샹 말ᄒᆞ기를 하늘이 젹다ᄒᆞ야 뎌 본 것만 올타 ᄒᆞ데 흔 사름이 ᄀᆞᆯ으듸 우리 나라 빅셩은 새깃데 눈은 반들반들 ᄒᆞ고 말은 직작지작 ᄒᆞ야 짓거리기ᄂᆞᆫ 잘도 ᄒᆞ고 쎄를 지여 모히기도 잘ᄒᆞ나 실샹은 쇠도 업고 겁도 만하 아모일도 못ᄒᆞᄂᆞ니 녯 글에 닐너스듸 연쟉(燕雀)이 당에 쳐ᄒᆞ야 구구히 셔로 즐거홀ᄉᆡ 부억 고래에 불꽂시 올나 집이 쟝ᄎᆞᆺ 타겟마는 연쟉은 화가 몸에 밋츨 줄 모로고 낫빗슬 변ᄒᆞ지 아니ᄒᆞᆫ다 ᄒᆞ엿스니 실샹 그와 ᄀᆞᆺ데흔 사름이 ᄀᆞᆯ으듸 아모는 참 가마귀 갓데 녯 말에 닐너스듸 가마귀가 어듸셔 큰 고기 흔덩이를 엇어 입에 물고 놉흔 나무 우에 안젓거늘 여호가 지나다가 그 고기를 보고 먹고쟈 ᄒᆞ야 가마귀ᄃᆞ려 ᄒᆞᄂᆞᆫ 말이 우미흔 이 셰샹이 다 말ᄒᆞ기를 가마귀ᄂᆞᆫ 검다 ᄒᆞ더니 나 보기에난 희기가 눈빗ᄀᆞᆺᄒᆞ 가히 일빅 시즘싱의 왕이 되리로다 그러나 쟈른 목을 길게 ᄒᆞ여 큰 소릭로 흔 번 울진듸 내가 참 시즁에 왕인줄 밋겟노라 가마귀 그 말을 듯고 깃거ᄒᆞ야 큰 소래로 흔 번 울ᄉᆡ 고기가 ᄯᅡ에 써러지거늘 여호가 집어먹고 도로혀 가마귀의 어리셕음을 웃더라 ᄒᆞ엿시니 ᄌᆞ긔 몸을 칭찬홈은 대단히 됴와ᄒᆞ데 흔 사름이 ᄀᆞᆯ으듸 그듸가 여호의 말을 ᄒᆞ니 참말이지 아모는 여호 갓데 녯 말에 닐너스듸 여호가 범을 보고 죽을ᄉᆡ 무셔워ᄒᆞ야 간샤흔 말노 범을 속이듸 나는 즘싱 즁에 왕이라 일빅즘싱이 나를 보면 두려워 피ᄒᆞᄂᆞ니 그듸가 나는 해ᄒᆞ지 못ᄒᆞ리라 만약 내 말을 밋지 아니커든 나와 홈ᄭᅴ 가자 ᄒᆞ니 범이 그 말을 의심ᄒᆞ야 여호와 홈ᄭᅴ 갈ᄉᆡ 산즁에 모든 즘싱들이 과연 겁을 내여 도망ᄒᆞ거늘 범이 졔 몸을 겁ᄒᆞᄂᆞᆫ 줄 모로고 여호ᄭᅴ에 속더라 ᄒᆞ니 지금은 참 여호가 호랑의 위엄을 빙ᄌᆞᄒᆞ나이가 만테

흔 사름이 굴 ᄋ ᄃᆡ 지금 셰샹에는 싹다고리가 만테 녯 말에 닐너스되 탁목됴(啄木鳥)가 고목에 집을 짓고 날노 고목을 쪼터라 ᄒ 니 그 고목 이 너머지지 아니 ᄒ 여야 졔 집도 온젼 ᄒ 렷마ᄂᆞᆫ 탁목됴는 그런 리치를 모로고 썩어가는 고목나무를 날마다 쪼키만 ᄒ 니 실노 익셕 ᄒ ᆫ 일이데 흔 사름이 굴 ᄋ ᄃᆡ 지금 사름들은 파리의 힝ᄉᆞ가 만테 파리라 ᄒ ᄂᆞᆫ 거 시 무슨 음식이던지 물건이던지 닙ᄉᆡ만 나면 곳 먹고져 ᄒ 야 모히ᄂᆞ니 무슨 일이던지 졔 몸에 리가 될 듯 ᄒ 면 포셔를 ᄃᆡ라 ᄒ 고 날마다 ᄃᆞ니 데 흔 사름이 굴 ᄋ ᄃᆡ 달관 ᄒ ᆫ 사름들은 물새와 ᄀᆞ데 륙디에셔 싱쟝 ᄒ ᆫ 즘싱들은 다만 산과 들에 잇ᄂᆞᆫ 것만 보고 물에 잇ᄂᆞᆫ 고기들은 다만 물 속에 잇ᄂᆞᆫ 것만 알거니와 물ᄉᆡ라 ᄒ ᄂᆞᆫ 즘싱은 물에도 드러가고 들에도 ᄃᆞ니면셔 본 것도 만커니와 지죠도 신통 ᄒ 데 두 사름이 말을 맛치지 못 ᄒ 야 압길에 셕양이 빗긴지라 흔탄 ᄒ 여 굴 ᄋ ᄃᆡ ᄭ ᅵ고리도 만히 잇고 탁목됴도 만컨마는 물ᄉᆡ는 어ᄃᆡ 잇노 분운 ᄒ ᆫ 이 셰샹에 승평일월 언제 볼소 일쟝을 통곡 ᄒ 고 각각 도라 갓다더라.

10. 『제국신문(1899.4.12)』, 론셜

최샹샤 산일 션싱은 본릭 문학이 유여ᄒ고 셰스를 주탄ᄒ더니 비스로 이 글을 지어 보냇기로 긔지ᄒ노라. 녯젹에 엇던 사룸이 쳡쳡산즁에셔 살아 붉으면 화뎐이나 파고 어두오면 잠이나 주고 리웃 집이 ᄒ나라도 잇슬가 셰샹 사룸 ᄒ나라도 오ᄂᆞᆫ이가 잇슬가 평싱을 혼자 사는 대 주식 나셔 졈졈 쟝셩ᄒ매 그 주식의 안목이 아비의 싱애는 화뎐 파고 어미의 싱애는 숨뵈 나흐며 음식은 감주나 먹고 집은 수삼 간 토실이 뎨일 됴흔 줄만 알고 의복은 석새 뵈옷시 웃듬인 줄 알고 어미가 무웟신지 아비가 무웟신지 졔 싱긴 대로 주라 아비가 무슴 일노 쑤즈지면 그 ᄋᆞ희도 졔 아비와 갓치 쑤즛고 어미가 무슴 일노 싸리면 그 ᄒᆞ희도 어미와 갓치 싸리거늘 그 아비와 어미가 걱졍ᄒ야 굴ᄋᆞ되 이 주식이 본릭 심스가 그러흔 거시 아니라 어려셔브터 엄흔 션싱이 ᄀᆞ르치지 못ᄒ고 부모가 ᄉᆞ랑ᄒ기만 ᄒᆞ야 브려둘 쑨더러 뎨일 윗단 집에 살아 뇸의 경샹을 보지 못ᄒ고 텬싱 싱긴 대로 주라 이러ᄒ니 쟝찻 엇지홀고 홀 즈음에 소금쟝스 ᄒ나히 지나가거늘 그사룸이 소금쟝스를 불너 쳥ᄒ여 굴ᄋᆞ대 내 주식이 산즁 무인젹흔 곳에셔 주라 부모도 모르고 셰샹 물졍을 모르니 흔가지 다리고 나가 셰샹 귀경도 식히고 부모의게 효도ᄒᄂᆞᆫ 리치를 ᄀᆞᄅᆞ쳐 달나 ᄒᆞ니 그 소금쟝스가 그 ᄋᆞ희를 다리고 나와 홈쎄 소금 쟝스를 ᄒᆞ다가 그 소금쟝스가 소금을 다 팔고 집에 도라 갈 째에 육죵도 사고 어곽도 사거늘 그 ᄋᆞ희가 무러 왈 그거슨 무웟세 쓰랴고 사나냐 소금쟝스 디답ᄒ되 내가 부모가 잇슨즉 주식이 실하에 써난 지 여러 날이 되얏고 또 주식된 도리에 그져 가셔 부모를 엇지 뵈올 수 잇스리오 ᄒ고 흔가지로 소금쟝스 집에 간즉 그 부모가 문을 의지ᄒ야 기드리다가 그 아들이 옴을 보고 놀나 즐거워ᄒ고 주식은 량치의게 나아가 공손이 졀ᄒ고 뵈오며 육죵과 어곽으로 삼시를 공양ᄒ고 부모가 무슴 분부 잇스면 황황급급ᄒ야 어긔지 아니커늘 그 ᄋᆞ희가

이 사름이 부모씌 봉양ᄒᆞ는 것과 부모의 령을 무셔워 홈을 보고 그졔야 감동ᄒᆞ야 집에 도라갈 쌔에 육죵과 어곽을 사가지고 집에 가셔 그 소금쟝ᄉᆞ와 갓치 ᄒᆞ니 그 부모가 놀나셔 무른즉 딕답ᄒᆞ되 셰샹에 나가 소금쟝ᄉᆞ의 모양과 효힝을 본즉 이 ᄌᆞ식이 그젼에 잘못ᄒᆞᆫ 죄도 알고 부모의게 봉양홀 바를 알겟ᄂᆞ이다 ᄒᆞ고 그 후로 효ᄌᆞ가 되야 힘써 소금쟝ᄉᆞ를 ᄒᆞ야 지물을 모화가지고 션싱 소금쟝ᄉᆞ 사는 동리에 됴흔 집과 뎐답을 사셔 그 부모의 감ᄌᆞ 먹던 것과 뵈옷 닙던 것슬 곳쳐 고량진미와 릉라쥬의로 편케 ᄒᆞ고 토실에 잇던 거슬 고대광실에 뫼셔셔 ᄌᆞ식 도리를 다 ᄒᆞ엿다 ᄒᆞ니 당쵸에 소금쟝ᄉᆞ 아니면 이 ᄋᆞ희가 엇지 변화ᄒᆞᆫ 짜에 나와 눔보다 더 잘 살니오 이 말이 쇽담이나 보면 감동홈이 잇슬 ᄯᅳᆺᄒᆞ오.

11. 『제국신문(1899.4.26)』, 론셜

엇던 학쟈님 흔 분이 머리에ᄂᆞᆫ 수 십 년 된 큰 갓슬 쓰고 몸에ᄂᆞᆫ 수삼 년 된 헌 도포를 닙고 손에ᄂᆞᆫ 쳥여쟝을 집고 호즁 싸흐로브터 와셔 인ᄉᆞ흔 후에 희희탄식ᄒᆞ여 왈 지금 셰샹이 엇지 이리 요요ᄒᆞ고 법도 이 젼 법이 아니오 의관도 이젼 의관이 아니니 이갓치 되다가 ᄂᆞ죵에ᄂᆞᆫ 엇지 되랴노 ᄒᆞ거늘 내가 무러 왈 녯적에 토굴에셔 살엇스니 지금 사ᄅᆞᆷ도 능히 ᄒᆞ겟ᄂᆞ뇨 그럿치 못ᄒᆞ다 녯적에 나무 열ᄆᆡ만 먹엇스니 지금 사ᄅᆞᆷ도 능히 ᄒᆞ겟ᄂᆞ뇨 그럿치 못ᄒᆞ다 녯적에 풀노 옷슬 ᄒᆞ여 닙엇스니 지금 사ᄅᆞᆷ도 능히 ᄒᆞ겟ᄂᆞ뇨 이것도 ᄯᅩ한 능히 못 ᄒᆞ리라 그러ᄒᆞ면 지금 셰계가 녯적 셰계가 아니오 지금 사ᄅᆞᆷ이 녯적 사ᄅᆞᆷ이 아니어늘 셰계와 사ᄅᆞᆷ은 다 녯적이 아니고 능히 이젼 법을 힝ᄒᆞ리오 만일 엇던 사ᄅᆞᆷ이 수빅년 젼 의관을 ᄒᆞ고 길가에 셔셔 사ᄅᆞᆷ으로 더브러 수작ᄒᆞ면 사ᄅᆞᆷ마다 보고 놀나며 웃지 아니ᄒᆞ리 업서셔 일긔 이샹흔 물건으로 지목ᄒᆞ리니 수빅 년 된 의관도 금 셰샹에 능히 용납홀 수 업거든 ᄒᆞ믈며 나라 다스리ᄂᆞᆫ 법이리오 그러흔즉 물건이 오래면 써러지고 법이 오래면 폐단이 나ᄂᆞᆫ 고로 셩인도 여셰추이ᄒᆞ샤 션흔 것만 퇵ᄒᆞ야 좃차 힝 ᄒᆞᄂᆞ니 시셰로 말ᄒᆞ여도 고금이 다르고 풍쇽으로 의론ᄒᆞ여도 고금이 더욱 다른지라 법이라ᄂᆞᆫ 쟈ᄂᆞᆫ 텬리를 슌ᄒᆞ고 인심을 좃차 시셰와 풍쇽을 침작ᄒᆞ야 인도ᄒᆞ면 빅셩들이 다토와 나아가 ᄌᆞ연이 되려니와 엇지 구습으로써 빅셩의 슈죡을 결박ᄒᆞ야 압으로 나아가지 못ᄒᆞ게 ᄒᆞ고 빅셩의 이목을 가리워 듯지 못ᄒᆞ고 보지 못ᄒᆞ게 ᄒᆞ며 빅셩의 졍신을 ᄲᅢ야 알지 못ᄒᆞ고 싱각ᄒᆞ지 못ᄒᆞ게 ᄒᆞ리오 이젼 법은 이젼 어리셕은 빅 셩을 위ᄒᆞ야 베프럿거니와 지금 인물이 날노 번셩ᄒᆞ야 지식이 날노 열니ᄆᆡ 구법은 ᄌᆞ연히 폐ᄒᆞ여 지ᄂᆞ니 지금 셰졍이 비록 변ᄒᆞ엿다 ᄒᆞ나 이후ᄂᆞᆫ 지금보다 더 크게 변ᄒᆞ리다 엇지 그러ᄒᆞ고 소위 야만이라 ᄒᆞᄂᆞᆫ 쟈ᄂᆞᆫ 져희 동류를 잡어 먹ᄂᆞᆫ 쟈로대 흔 번 변ᄒᆞ야 어진 사ᄅᆞᆷ이 되야셔 화평홈을 됴화ᄒᆞ고 살해홈을 실혀ᄒᆞ야 ᄌᆞ식은 아비보다 낫고 숀ᄌᆞ는 한아비보다 나셔 후의 변홈이 젼의 변홈보다 나흔즉 법은 사ᄅᆞᆷ으로 ᄒᆞ여곰 셰쇽과 어긔지시 안케만 홀 ᄯᆞᆫ이오 만일 셰쇽과 어긔여짐이 잇거던 곳 다ᄉᆞ린즉 살인과 도적과 기타 여러 가지 죄법이 ᄎᆞᄎᆞ 금치 아니ᄒᆞ여도 ᄌᆞ연이 업서지리다 법을 잘 변ᄒᆞ는 쟈는 단명코 이젼 규모만 존즁히 녁이지 아니ᄒᆞ며 ᄯᅩ 이젼 사ᄅᆞᆷ의 말만 밋지 아니ᄒᆞ고 범ᄉᆞ를 리치에 합당ᄒᆞ게 ᄒᆞ야 사ᄅᆞᆷ마다 ᄌᆞ유지권를 가지고 서로 압게ᄒᆞ는 폐단이 업게 홀 거시오 일동일경을 이젼 규모를 좃차 셰쇽에 합지 못ᄒᆞ게 ᄒᆞ면 어ᄂᆞ 날에나 사ᄅᆞᆷ의게 편리ᄒᆞ리오 근일 슈규ᄒᆞ다는 사ᄅᆞᆷ들은 ᄌᆞ긔 혼쟈나 잘 수구ᄒᆞ면 됴ᄒᆞ련마는 무워시 부족ᄒᆞ야 세상을 ᄭᅮ즛고 셰샹을 원망ᄒᆞ야 쳔단만단으로 셰상을 흔드는고 ᄌᆞ긔는 ᄌᆞ긔오 셰샹은 셰샹이어늘 ᄒᆞ믈며 ᄌᆞ긔는 풍쇽의 죵이 된 줄을 스스로 아지 못ᄒᆞ고 오히려 영화로 녁이고 셰샹을 ᄂᆞ므라니 엇지 우습지 아니ᄒᆞ리오 오늘날 셰샹의 힝ᄒᆞ는 법이 필연 후일에 수구ᄒᆞ는 사ᄅᆞᆷ들도 편리ᄒᆞ다 ᄒᆞ리다 ᄒᆞ니 그 학쟈님이 아모 말도 업시 가더라.

12. 『제국신문(1900.3.31)』, 론셜

유명흔 실과 동산 흐나히 잇스니 그 쥬인이 과목 심으기로 위업ᄒᆞ야 됴흔 과목 몃만 쥬를 무수히 심으고 모군 수쳔 명식 두워 동산 ᄉᆞ면에 울타리를 막고 봄과 여름이면 그 쏠희 밋혜 거름도 주고 것겁질도 글거주고 버러지도 잡아 주며 말은 가지ᄂᆞᆫ 베혀닉고 됴흔 가지ᄂᆞᆫ 접붓치며 ᄀᆞ믈면 물을 주고 쟝마지면 물을 쎅며 좌우로 얽흰 거믜줄도 쓴허 주며 날즘싱도 날녀주며 놀 ᄉᆡ 업시 지날 젹에 이삼월 한식 쩌가 도라 오면 나무나무 쏫치 픠여 벌과 ᄂᆞ븨ᄂᆞᆫ 분분히 늘어드러 연연흔 츈광을 ᄌᆞ량ᄒᆞ니 동풍에 ᄯᅳ라 오ᄂᆞᆫ 향취가 사름의 졍신을 새롭게 ᄒᆞ고 ᄉᆞ오월 팔일 단오가 당도ᄒᆞ면 가지가지 입히 픠여 쇠소리와 두견ᄉᆡᄂᆞᆫ 쌍쌍히 왕리ᄒᆞ야 쟝쟝흔 하일을 희롱ᄒᆞ며 남풍에 번듸기ᄂᆞᆫ 록음은 사름의 흉금을 쾌락케 ᄒᆞᄂᆞᆫ지라 풍경을 탐ᄒᆞ야 쏫과 새로 벗을 삼고 물과 돌노리옷을 삼아 쏫 아ᄅᆡ 잠을 자며 나무 입흘 따셔 글을 쓰니 ᄌᆞᄌᆞ마다 봄 소식이오 귀귀마다 쏫 졍신이라 그 화챵흔 뜻과 변화흔 졍으로 시흥을 이긔지 못ᄒᆞ야 도로혀 기리 수파를 불고 돌 우에 거러안져 경인귀를 놉히 을프니 이ᄂᆞᆫ 문쟝직ᄉᆞ의 즐거워ᄒᆞᄂᆞᆫ 일이오 츈흥을 못 익의여 입흘 따셔 숀에 들고 일광을 갈이오며 숩풀 아래 모혀안져 쏫을 따셔 화젼ᄒᆞ니 덤덤이 봄빗치오 죠각죠각 쏫향긔라 그 션연흔 틱도와 은근흔 심회를 억졔치 못ᄒᆞ야 고목을 의지ᄒᆞ고 묽은 노래 흔 곡됴를 놉히 부르니 이ᄂᆞᆫ 졀ᄃᆡ가인 놀이ᄒᆞᄂᆞᆫ 일이오 츈몽을 줌깐 ᄭᆡ여 동ᄌᆞ 불너 락화 쓸고 미인불너 슐 마시니 이ᄂᆞᆫ 풍류ᄌᆞ의 호탕흔 일이어니와 하졀이 지나고 츄졀이 도라 오ᄆᆡ 셔풍은 놉히 불고 이슬은 졈졈 ᄂᆞ려 동산 속에 됴흔 과실 쌔를 ᄯᅳ라 익엇스니 나무나무 쥬홍이오 가지가지 황금이라 식식이 둘닌실과 봄빗보다 빅승하야 졀승흔 가을 경개 뉘 아니 구경ᄒᆞ리 수쳔만 셕모흔 과실 모군들이 근간ᄒᆞ야 일반분 ᄉᆞ심 업시 쥬인을 위흔 고로 미삭품갑 몃빅 셕을 츠하ᄒᆞ야 분급ᄒᆞ고 대소빈긱 졉ᄃᆡ흘

것 몃몃 셕을 비비히도 남는 것이 졈졈 밀녀 가산이 늘어가니 인간 낙
스 뎨일이라 셰월이 여류ᄒᆞ야 모군들의 ᄌᆞ여손이 션듸젹 츙직ᄒᆞᆫ 일 일
호도 효측 안코 간스ᄒᆞ고 나틱ᄒᆞ고 방탕ᄒᆞ고 무식ᄒᆞ야 과목에 거름도
주지 안코 버례도 잡지 안코 물도 주지 아니ᄒᆞ야 과목을 갓구지는 안
니ᄒᆞ고 도로혀 구멍구멍 과실도 훔쳐가고 나무도 버혀가고 초동 목슈
들은 간간이 드러와셔 쏠이도 셱여가고 ᄋᆞ동 쥬졸들은 틈틈이 들어와
셔 가지가지 찌져가니 스면에 울타리는 ᄌᆞ연히 부셔져셔 스통오달ᄒᆞ
게 되야 길 가는 힝인들이 멀니 보고 ᄀᆞ릇치며 아모 동산 이리 될 줄 누
가 ᄯᅩᄒᆞᆫ 알엇슬고 츈삼월에 비가 오면 여간 늡은 리화도화 작작히 픠
엿스나 녜 견졍을 싱각ᄒᆞ고 눈물을 먹음은 듯 츄구월에 바름 불면 늘
근 고목 불근 과실 근심 빗슬 찍엿는 듯 그것이 뉘타시오 모군들의 불
찰이라 ᄯᅳᆺ밧긔 원근동에 욕심만흔 부자들이 그 동산의 모군들의 히티
ᄒᆞ고 탐람ᄒᆞ야 무식흠을 분변ᄒᆞ고 다졍ᄒᆞᆫ 모양으로 차저와셔 가긔이
방흔 말노 달닉고 위협ᄒᆞ되 그듸의 직칙이 엇더콴듸 양목ᄒᆞ난 법을 알
지 못ᄒᆞ야 과실도 만히 ᄯᅳ지 못할 뿐더러 동산도 역시 ᄇᆞ릴 디경에 니
르기 쉬으니 그 동산의 양목ᄒᆞ는 권리를 나의게 맛기면 과실을 젼보다
삼스 빈나 더 ᄯᅳ게 ᄒᆞ려니와 스방 변도리로 잇는 나무는 실과도 만히
열니지 아니ᄒᆞ니 그 몃 주식은 몃 히작경ᄒᆞ고 나를 주면 기간에 나무
를 기르고 가지를 졉붓치는 법을 그듸들도 빅화 능히 양목할 만ᄒᆞ거던
도로 주마 ᄒᆞ즉 무식흔 모군들이 과실을 만히 ᄯᅳ겟다 ᄒᆞ는 말을 듯고
쥬인에게 간쳥ᄒᆞ야 양목ᄒᆞ는 권리를 맛기기도 ᄒᆞ고 변도리에 잇는 나
무 몃 슈식을 주기도 ᄒᆞ나 그 변도리의 나무만 영영 줄 ᄲᅮᆫ이오 양목ᄒᆞ
야 실과를 잘 ᄯᅳ게 ᄒᆞ기는 고샤ᄒᆞ고 변도리로 하락ᄒᆞ여준 나무 잇는
곳에 왕릭ᄒᆞ너라고 가온듸 잇는 나무는 부지즁 쑬희도 상ᄒᆞ고 가지도
부러져셔 동산 모양이 몃 히 가지 못할 ᄯᅳᆺᄒᆞ나 모군들은 ᄌᆞ긔 쥬인의
일이 엇지됨은 싱각지 안는지라 그 쥬인의 집 어린 ᄋᆞ히들은 ᄌᆞ긔 집
의 견릭ᄒᆞ던 동산이 폐쟝이 될 ᄲᅮᆫ더러 여간늡은 과실이 ᄎᆞᄎᆞ 늄의 목

구멍으로 다 드러갈 뜻홈을 보고 그 분심을 이긔지 못ᄒ야 쥬야로 ᄌ
탄ᄒ다가 동산을 슈보ᄒᆯ 방칙을 말ᄒ면 그 모군들은 도로혀 칙망ᄒ기
를 가ᄉᄂᆞᆫ 임쟝이어늘 ᄋᆞ희들이 무웟슬 아너라고 말ᄒᄂᆞ냐 ᄒ고 ᄭᅮ짓
고 ᄶᅡ리니 그 ᄋᆞ희들이 더옥 근심ᄒ야 모군들의 ᄭᅴ닷기만 ᄇᆞ란다 ᄒ
더라.

13. 『제국신문(1900.6.19)』, 론셜

일젼에 슈삼 친구가 쥭반ᄒᆞ야 삼계동 근쳐로 나가더니 챵의문 밧게 엇던 흔 녀인이 긔쳔가에 륙칠 세나 된 아ᄒᆡ를 겻퇴 안치고 슯히 우는 대 그 모양을 본즉 시골틔가 분명혼지라 마음에 긍측ᄒᆞ야 나아가 무르되 남녀가 유별ᄒᆞ나 무삼 일노 길가에 안져 더듸지 우난요 그 녀인이 울기를 근치고 디답ᄒᆞ되 나는 시골 사더니 지원 극통혼 일이 잇셔 그러ᄒᆞ오 무엇이 지월극통혼 일인냐 흔즉 디답ᄒᆞ되 닉외 팔ᄌᆞ 긔구ᄒᆞ야 쳥츈에 샹부ᄒᆞ고 십륙 세 된 쭐ᄌᆞ식과 유복ᄌᆞ 뎌 ᄌᆞ식 ᄒᆞ나를 다리고 밤낫 업시 바누질품 팔아셔 푼푼이 모아 밧 몃날 경을 사셔 근근히 련명ᄒᆞ더니 우리 밧 근쳐에 동리 량반의 밧이 잇단듸 미양 우리 밧을 팔나ᄒᆞ여도 파지 아니ᄒᆞ엿더니 ᄒᆞ로난 그 량반이 불으신다 ᄒᆞ기로 방셕 다못ᄒᆞ야 간즉 그 량반의 말이 네 셔방 싱시에 듹 돈 오뷕 량을 쓴 것이 잇는대 지금 근 이십 년에 리상가리ᄒᆞ면 슈만 량이 되니 당중에 밧치라ᄒᆞ기로 디답ᄒᆞ기를 졔 셔방이 듹에 빗이 잇스면 싱젼 스후에 아모 말도업다가 졸연 문 왈 밧치라 ᄒᆞ시니 알 슈 업난 일일 ᄲᅮᆫ더러 셜녕 빗이 잇다 ᄒᆞ여도 과부솔님에 엇지 슈만 량을 판츌ᄒᆞᆯ릿가 ᄒᆞ엿더니 그 량반이 호령을 ᄒᆞ면셔 범갓튼 하인이 벌쎼갓치 달녀들어 연약혼 이 몸을 결박ᄒᆞ야 당중에 죽을 지경이기로 부득이ᄒᆞ야 그 밧 문권을 다 갓다 주엇더니 돈턱이 부죡ᄒᆞ다고 ᄯᅩ 십륙 세 된 쭐ᄌᆞ식을 죵으로 밧치라 ᄒᆞ니 셰샹에 일어혼 일도 잇소 리웃 사름들도 다 분울히 녁이나 감히 긔구ᄒᆞ야 말을 못ᄒᆞ시오 참다 못ᄒᆞ야 관가에 뎡소나 ᄒᆞ란들 셰부당텩불급ᄒᆞ야 뎡ᄒᆞ여도 쓸 듸 업기로 셔울에 나가셔 호소하쟈고 왓더니 본졍소지가 업스면 뎡ᄒᆞ지 못혼다 ᄒᆞ니 이러혼 원통혼 말을 어듸 가 호소ᄒᆞ리오 지금 나려가쟈고 ᄒᆞ는 길이로대 노ᄌᆞ가 푼젼이 업셔 어린 것을 다리고 긱듸에셔 쥬려 죽곗기로 안져 우는 일이라 ᄒᆞ거늘 그 말을 들으믹 더욱 긍측ᄒᆞ고 분울ᄒᆞ나 짐짓 무러 왈 갑오 이후 졍부에셔 신식을 반포ᄒ야 토호학민ᄒᄂ 버릇과 압량위쳔ᄒ난 폐단을 금단ᄒ엿거늘 지금에도 향곡에 그러ᄒᆫ 풍속이 잇소 그 녀인이 아모 말도 아니 ᄒ고 보다가 다시글ᄋᄃᆡ 딕도 셔울 량반인가 보오 기화ᄒ면 빅셩 살기가 편ᄒ다더니 기화 이후에 졈졈 더 살 슈가 업소 좀 드러 보랴오 갑오 이젼인들 감사슈령에게나 토호에게 학졍을 밧난 빅셩 무삼 죄가 잇소 혹 돈량 잇난 죄지 갑오 이후에ᄂ 시골셔 돈량 잇ᄂ 사름이 죄가 두어 가지가 싱겻지오 걸신ᄒ면 동학 여당이니 불효 부뎨니 걸신ᄒ면 돈 아니 주고 견ᄃᆡ겻소 빅셩이 글노만 못 살 ᄲᆞᆫ 아니라 파원ᄒᆯ ᄌᆞ식만 나앗던지 소위 금광파원 우셰파원 션셰파원 역답파원 등 각식 허다 파원이 업ᄂ 곳이 업시 널녀셔 빅셩을 못 살도록 일을 ᄒ고 관원들은 눈이 불거셔 부ᄌ 얼식기로 큰 졍사오 급션무로 알어 그러ᄒ니 그게 이 기화갓게 되면 빅셩이 편키ᄂ 식로이 빅셩 ᄒ나도 업고 말지오 ᄒᄂ지라 우리가 듯다가 어간이 딕딕ᄒ야 강ᄌᆨᄒ야 말ᄒᄃᆡ 그난 그러치 아닌 것이 ᄌᆡ물이 잇셔야 나라이 부ᄒ고 나라이 부ᄒ여야 군슈가 강ᄒ고 군슈가 강ᄒ여야 빅셩이 편ᄒ 법이라 금광이란 것은 곳 ᄌᆡ물의 근원이니 엇지 ᄌᆡ물을 ᄯᅡ에다 뭇어두고 아니 파 쓸 리가 잇스며 션셰로 말ᄒ여도 비라는 것은 션젹과 션명과 션표가 잇셔야 어ᄃᆡ를 가던지 구익되ᄂ 일이 업ᄂ 것이오 ᄯᅩ 우셰ᄂ 유지ᄒᆫ 사름더러 쟈본금을 ᄂᆡ여 무본보험 회샤를 셜립ᄒ고 소 ᄆᆡ필에 돈량식 바다두엇다가 불힝이 우력이 잇셔 소가 죽으면 그 ᄃᆡ신 소를 주어셔 다시 소를 셰우게 ᄒ니 이게 다 기화ᄒᆫ 각국이 힝용ᄒᄂ 죠흔 법이라 아모리 녀인의 소견이기로 엇지 빅셩이 업고 말깃다 ᄒ나뇨 그녀인 왈 ᄂᆡ가 비록 계집 사름이나 ᄒᆫ 번 물어볼 말숨이 잇소 악가 말ᄒᄃᆡ 각 파원더러 그 셰젼을 바더다가 온젼이 국고에 밧쳐 국지를 보용ᄒᄂ지 빅셩의 피를 ᄲᅡ라셔 져의 빅를 치우ᄂ지오 ᄂᆡ가 드르니 나라를 사랑ᄒᄂ 사름은 몬져 빅셩을 사랑ᄒᆫ다 ᄒ니 빅셩에게 이갓치 학졍ᄒᄂ 사름들이 무삼 익국셩이 잇셔 셰젼을 바든 ᄃᆡ로 몰슈히 나라에 밧칠넌지 모로겟소 우리가 ᄃᆡ답ᄒᆯ 말이 업셔 웃고 도라 왓노라.

14.『제국신문(1900.7.11)』, 론셜

근일 한긔가 틱심ᄒ야 근심이 젹지 아니하던 차에 우연이 어느 시골 사ᄂᆞᆫ 사름을 맛나 농형을 무른즉 그 사름이 우연쟝탄ᄒ여 왈 긔막히ᄂᆞᆫ 말 마시오 시골 농ᄉᆞ 형편으로 말ᄒ게 드면 작년 가을 이후 금년 츈ᄒ ᄭᅡ지 큰비가 온 일이 업고 약간 온다ᄂᆞᆫ 것은 번번이 흔 허믜쟈락이 지나지 못ᄒᄋᆞᆻ스며 일젼 비로 말ᄒ야도 셔울은 슈삼 치 깁히가 왓다 ᄒ되 우리 시골은 흔 허믜쟈락이 변변치 못흔즉 농부의 급흔 마음으로 모를ᄂᆡ려ᄒ고 논을 갈다가 물이 말나 그만두엇스니 답답하기 측량업고 ᄯᅩ 이왕 약간 이죵ᄒᄋᆞᆻ던 것은 모다 바닥이 터지고 모가 타셔 직가 되어가고 ᄯᅩ 모판이 모다 말나셔 타죽으니 인제는 비가 오더릭도 모 업셔 이죵홀 슈 업ᄂᆞᆫ지라 셔울갓흔 틱평셰게에 감안이 들어 안잣ᄂᆞᆫ 량반들은 아즉 초복이 오륙 일 남엇스니 이죵ᄒ기가 과이 늦지 안엇다 ᄒ여 그러ᄒ되 그럿치 안은 것이 금년에는 이왕 묵은 물이 업슬 ᄲᅮᆫ더러 ᄶᅡ 감을이 심ᄒ야 손히가 비젼 우심ᄒ야 만불셩양이라 그러나 다힝이 아즉ᄭᅡ지 부지ᄒᄂᆞᆫ 것은 모빅이 풍등ᄒ야 지팅ᄒᄂᆞᆫ 모양이로되 농형은 여망이 업ᄂᆞᆫ 즁에 방빅 슈령들의 졍치ᄂᆞᆫ 약차ᄒ고 각식 위원 파원들의 달나ᄂᆞᆫ 것은 엇지 그리 만코 관속들의 토식과 부샹픽에 힝픽와 각 항 인ᄉᆞ가렴치가 과이 업셔 돈량 가진 사름들이 견틱는 슈가 업스니 빈한흔 사름은 더구나 살 슈가 잇소 지금 모빅은 풍년이라 ᄒ나 보리 흔 셤에 엽젼 십팔 량식 ᄒ니 사름 살겟소 나도 식구가 칠팔 명인대 쌍 마지기 농ᄉᆞᄂᆞᆫ 판들엇고 무엇ᄒ여 먹고 살ᄂᆞᆫ지 답답ᄒ야 경부텰도 역ᄉᆞ가 된다기로 모군이나 셔셔 구명이나도 싱홀가 ᄒ고 샹경ᄒᄋᆞᆻ더니 경부텰도 시작은 부지 하셰월이오 싱활이 무로ᄒ니 엇지ᄒ오 불가불 사ᄂᆞᆫ 슈ᄂᆞᆫ 업소 ᄒ며 츄연이 눈물을 흘니ᄂᆞᆫ지라 그 경샹이 진실노 참혹ᄒ더라.

15. 『제국신문(1901.4.16)』, 론셜

엇던 션빅 ᄒ나히 잇스되 ᄌ품이 총명ᄒ며 학식이 유여ᄒ나 평싱에 산리를 됴화ᄒ야 명산대쳔으로 두루 ᄃᆞ니며 부모의 만년유퇵의 명당을 엇으랴고 흔 산과 흔 물이라도 범연이 보지 아니ᄒ며 혹 이샹한 산록을 맛나면 동으로 브라보며 셔으로 도라보며 침음량구에 디가셔를 손에 들고 슈법을 마초아 보며 풍셰를 슬혀보고 방황ᄒ며 ᄎᆞ마 쩌나지 못ᄒ야 무어슬 일코 찻는 사름도 ᄀᆞᆺ고 혹 실진ᄒ야 방향 업시 ᄃᆞ니는 사름도 ᄀᆞᆺᄒ여 일편교심이 명묘대디를 엇어 쓰고 산음을 닙어 디디로 공경쟝샹이 면면부졀ᄒ야 부긔가 혁혁ᄒ기를 원ᄒ야 조샹과 부모 산소를 여러번을 이쟝ᄒ되 슈빅 리 도로에 지물을 만히 손샹ᄒ고 눔의 산록에 억지로 산소를 쓰느라고 시비가 분분ᄒ여 경향에 분쥬히 왕뤼하며 숑ᄉᆞ를 여러 번 ᄒ니 형용이 초췌ᄒ고 가산이 탕진ᄒ되 지긔 싱각에는 혜아리기를 비록 지금은 곤궁ᄒ나 만일 산운이 도라와 발복을 ᄒ면 일죠에 집안이 챵셩ᄒ야 도리혀 옥관ᄌᆞ를 붓칠 지샹이 몃빅 명이 될 거시오 도리혀 옥관자를 붓칠 지샹이 몃쳔 명이 날거시니 이런 대리가 셰샹에 어듸잇스오리오 ᄒ며 스스로 깃버ᄒ며 즐거워 ᄒ더니 ᄒᆞ로는 흔 손이 먼 듸로브터 오거늘 이에 ᄌᆞ셰히 보니 증왕에 졍분이 ᄌᆞ별ᄒ던 친구라 그 친구는 박람이 만코 지식이 고명ᄒ며 셩품이 츙후흔 사름이라 그 동안 격죠ᄒ야 맛나지 못흔 회포도 말ᄒ며 고금력듸에 긔이흔 ᄉᆞ젹도 말ᄒ며 셩경현견에 오묘흔 리치를 말흘ᄉᆡ 쥬인이 글ᄋᆞ듸 공지 말삼이 일은 죵시가 잇고 물건은 본말이 잇다 ᄒ셧시니 그런즉 셰샹에서 사름이 근본을 닥거야 만ᄉᆞ가 ᄎᆞ례로 흥황ᄒᆞ니라 ᄒ거늘 손이 글ᄋᆞ듸 엇더케ᄒᆞ여야 근본을 닥는 거시뇨 쥬인이 글ᄋᆞ듸 비컨듸 나무는 옥토에 ᄲᅮ리를 단단히 심어야 쳔지만엽이 무셩ᄒᆞ니 사름의 ᄲᅮ리는 곳 죠샹과 부모라 부모와 조샹의 산소를 명당에 쓰면 ᄌᆞ손이 발복ᄒ야 만ᄉᆞ가 대길ᄒ고 ᄌᆞ연이 부귀가 겸젼ᄒ야 됴흔 ᄯᅡᆼ에 나뭇가지와 닙사귀가 번셩ᄒᆞᄂᆞᆫ것ᄀᆞᆺ치 되리니 그러ᄒᆞᆫ 고로 조샹의 산소ᄅᆞᆯ 됴ᄒᆞᆫ 짜헤 쓰는 거시 곳 근본을 닥는 거시니라 ᄒᆞ거늘 손이 ᄀᆞᆯ오ᄃᆡ 셩경현젼을 샹고ᄒᆞ여 볼진ᄃᆡ 부모의 산소ᄅᆞᆯ 됴흔 ᄯᅡᆼ의 쓴 연후에야 사름이 부귀영화ᄅᆞᆯ ᄒᆞᆫ다ᄂᆞᆫ 말이 업스니 산리의 증거가 어ᄃᆡ 잇ᄂᆞ뇨 ᄒᆞᆫᄃᆡ 쥬인이 ᄀᆞᆯ오ᄃᆡ 산리ᄅᆞᆯ 의론ᄒᆞᆫ 칙이 심히 만흐나 대강 말ᄒᆞ면 구쳔현묘경과 봉인신셔와 쥬ᄉᆞ답산가와 인ᄌᆞ슈지라는 그 모든 칙에 쇼쇼ᄒᆞ게 리치ᄅᆞᆯ 말ᄒᆞ엿거늘 엇지 증거가 업스리오 손이 ᄀᆞᆯ오ᄃᆡ 지금 로형이 말ᄉᆞᆷᄒᆞᆫ 칙들은 셩현이 지어내신 거시 아니니 엇지 증거가 족히 되리오 ᄒᆞᆫᄃᆡ 쥬인이 ᄀᆞᆯ오ᄃᆡ 구쳔현묘경은 복희 팔괘가 잇고 쥬역 리치로 말ᄒᆞᆫ 거시 만ᄒᆞ며 쥬ᄉᆞ답산가ᄂᆞᆫ 쥬ᄌᆡ께셔 지ᄒᆞ신 거시여늘 엇지 셩현이 지은 글이 아니라 ᄒᆞ리오 ᄒᆞ거늘 손이 ᄀᆞᆯ오ᄃᆡ 구쳔현묘경에 복희 팔괘며 쥬역 리치ᄂᆞᆫ 그 칙을 ᄆᆞᆫ든 사름이 팔괘와 쥬역리치ᄅᆞᆯ 억지로 ᄯᅳ러다 말ᄒᆞ야 후셰 사름을 혹ᄒᆞ게 ᄒᆞ랴고 팔괘와 쥬역 리치ᄅᆞᆯ 빙자ᄒᆞ야 만든 거시니 일개 오괴ᄒᆞᆫ 션ᄇᆡ의 말이오 쥬ᄌᆞ답산가ᄂᆞᆫ 그 칙을 ᄆᆞᆫ든 사름이 쥬ᄌᆞ 두 글ᄌᆞᄅᆞᆯ 비러다가 써 셰샹 사름을 속이랴 홈이니 엇지 셩현이 지으신 글이라 ᄒᆞ리오 대개 산리ᄅᆞᆯ 의론ᄒᆞᆫ 말이 초한 이젼에는 업셧고 비로소 당나라 진ᄉᆞ 양숑균이가 산리의론을 창셜ᄒᆞ야 강남 디경에 젼파ᄒᆞ매 후셰 허황ᄒᆞᆫ 사름들이 밋고 분수 밧긔 욕심을 내여 명묘ᄅᆞᆯ 쓰면 부귀ᄅᆞᆯ 임의로 ᄒᆞᆫ다 하고 무고히 부모의 ᄇᆡᆨ골을 파셔 여러 번 이쟝ᄒᆞ니 이ᄂᆞᆫ 제가 망녕되게 부귀ᄅᆞᆯ 탐ᄒᆞ야 부모 ᄇᆡᆨ골을 임의로 여긔뎌긔 옴기니 부모ᄅᆞᆯ 위홈이 아니요 제 욕심을 익히지 못홈이니 불효을 면치 못홀 거시오 ᄯᅩᄒᆞᆫ 산리ᄅᆞᆯ 창론ᄒᆞᆫ 양숑균은 셩현이 아니오 허랑ᄒᆞᆫ 션ᄇᆡ니 사름의 말을 편벽되게 밋으니 미련홈을 면치 못홀 거시오 당나라 이후에 허다ᄒᆞᆫ 디관들이 응당 졔 부모ᄅᆞᆯ 명묘에 써쓸 거시어늘 그 디관의 ᄌᆞ손이 ᄃᆡᄃᆡ로 부귀쟝샹을 못 ᄒᆞ니 엇지 산리가 쇼연ᄒᆞ다 ᄒᆞ리오 로형은 이런 허무ᄒᆞᆫ 일을 밋지 말고 금일 이후로ᄂᆞᆫ 더욱 학문을 힘쓰며 ᄌᆞ질들을 ᄀᆞᄅᆞ쳐 집과 나라히 다 유익ᄒᆞ기ᄅᆞᆯ 내가 ᄇᆞ라노라 ᄒᆞ더라 그 두 션비의 문답호 말을 보니 산리를 밋고 부모의 산소를 공연이 여러 번 옴기며 놈의 산록을 욕심 내여 억지로 광졈ᄒ다가 서로 숑ᄉᄒ여 여러 히를 시비가 긋치지 아니ᄒ여 두 집이 다 가산이 탕진ᄒ기도 ᄒ며 셰력 잇는 부귀가에서는 널니 뎡ᄒ야 농ᄉᄒ는 사룸으로 ᄒ여곰 뎐답을 긔간ᄒ지 못ᄒ게 ᄒ고 옥토를 다 묵게ᄒ니 산리를 슝샹ᄒ는 거시 젼국에 리해가 크게 관계되는지라 진실노 국가를 위ᄒ는 사룸들은 유심홀 일일너라.

* 이병철(李炳哲)

서울 出生
高麗大學校 國語國文學科
大學院 文學博士 修了
文學四季 新春文藝 登壇
韓國敎育振興院 先任硏究員 歷任
新羅大學校 敎授學習開發센터 部長
韓國思想文化學會 硏究倫理委員
韓民族文化學會 硏究倫理委員
韓國 靑少年文化學會 理事
文學四季 運營委員 世宗大學校 柳韓大學과
永同大學校를 거쳐 現在 新羅大學校 敎授.

* 論著

『李孝石의 作品世界와 思想 硏究』, 『丙寅燕行歌 硏究』, 『李栗谷의 思想 論考』, 『御製思悼世子墓誌文 小考』, 『荀子의 性惡 小考』, 『＜春香傳＞의 口述連行 樣相』, 『開化期 單形敍事의 談論 硏究』, 『＜東歌選＞ 硏究』, 『＜元生夢遊錄＞의 文獻비교와 텍스트 分析』, 『歌辭發生과 關聯한 ＜西往歌＞의 論意』, 『林悌의 ＜元生夢遊錄＞ 再攷』, 『新小說의 장르槪念과 特性』, 『燕行歌辭의 提言과 ＜燕行歌＞를 통해 본 轉換期 朝鮮』, 『開化期 新聞의 敍事 受用 樣相』, 『短期 公務員試驗 對備』, 『歷史循環論 속에서의 歷史의 再認識』, 『금향선집(琴香選集)』, 『올바른 언어생활과 우리글 가꾸기(連載物)』, 『보고문 쓰기와 답안작성의 실제』, 『함께 하는 언어생활』, 『교양인을 위한 글쓰기 이론』, 『취업대비와 지성화 교육』, 『창의적 사고와 글쓰기』, 『사고와 표현(3인 공저)』, 『韓國古典文學論攷』등.

文學과 人間

지은이 이병철

인쇄일 초판1쇄 2009. 3. 5
발행일 초판1쇄 2009. 3. 7
펴낸이 정구형
편집·디자인 박지연 한미애 김숙희 강정수 이원석
마케팅 정찬용
관리 이은미
펴낸곳 국학자료원
　　　　등록일 2005 03 15 제17-423호
　　　　서울시 강동구 성내동 447-11 현영빌딩 2층
　　　　Tel 442-4623 Fax 442-4625
　　　　www.kookhak.co.kr
　　　　kookhak2001@hanmail.net

ISBN 978-89-6137-433-0 *93800
가격 13,000원

* 저자와의 협의하에 인지는 생략합니다.
　잘못된 책은 구입하신 곳에서 교환하여 드립니다.